RAIMON PANIKKAR

DER
DREIKLANG
DER
WIRKLICHKEIT

RAIMON PANIKKAR

DER
DREIKLANG
DER
WIRKLICHKEIT

DIE KOSMOTHEANDRISCHE
OFFENBARUNG

VERLAG ANTON PUSTET

Salzburg – München
edition solidarisch leben

Herausgegeben von der edition solidarisch leben
(WALTER ACHLEITNER, ERNST FÜRLINGER, MONIKA
LEITNER, JOSEF P. MAUTNER)

Originaltitel:
The Cosmotheandric Experience
© 1993 by Orbis Books, Maryknoll, New York

Aus dem Amerikanischen übersetzt von Veronika Merz

1. Auflage
© 1995 by Verlag Anton Pustet
Bergstraße 12, A-5020 Salzburg
Alle Rechte vorbehalten – Gedruckt in Österreich
Lektorat: Josef P. Mautner
Titelbild: „Kühle Verdichtung" von Wassily Kandinsky, 1930
Umschlaggestaltung: Christa Pottfay (Idee: Friedrich Pürstinger)
Gesamtherstellung: Salzburger Druckerei
ISBN 3-7025-0320-X

INHALT

EPILOG
Aspekte einer kosmotheandrischen Spiritualität

VORWORT

Haben wir das Recht, hat überhaupt irgendein Sterblicher die Instrumente, das in Angriff zu nehmen, was einige „die große Erzählung" oder „die Geschichte des Universums" nennen? Sind wir dann nicht „terribles simplificateurs" (schreckliche Vereinfacher) oder, noch schlimmer „nichts als Generalisten"? Einfacher gesagt: Sind die zwei Teile dieses Buches nicht ein Herumschweifen im allgemeinen, um nicht zu sagen willkürliche Spekulationen, die nicht verifiziert werden können und eine auf persönlichen Vorlieben beruhende Auswahl des Materials erkennen lassen?

Drei Bemerkungen sind hier angebracht:

1. Das Wissen um diese Tatsache, das der Grund ist, weshalb ich diese Überlegungen erst nach mehr als einem Vierteljahrhundert veröffentliche, versieht meine Hypothese mit einem Koeffizienten menschlicher Ungewißheit, die davor bewahrt, sie als Dogma oder als einzig mögliche Weltanschauung darzustellen.

Ich muß allerdings zugeben, daß dieser Koeffizient der Ungewißheit zur selben Ordnung gehört wie praktisch alle menschlichen Aussagen, selbst wenn diese sich darauf „beschränken", sich in ihre Grundlagen und Voraussetzungen zu vertiefen. Wenn wir irgendeine Behauptung über die heutige Situation der eben entstehenden Europäischen Union aufstellen oder die Politik Deutschlands nach Adenauer beurteilen, hängt unsere Beurteilung dieser Fakten letztlich immer auch von einem größeren Rahmen ab, in den wir diese Ereignisse stellen. All unsere Aussagen beruhen auf dem Verständnishorizont, den wir als gegeben voraussetzen und der in jedem einzelnen Moment in Zeit und Raum den vorherrschenden Mythos ausmacht. Um überhaupt etwas zu verstehen, müssen wir die angebliche Tatsache oder Behauptung auf einer Leinwand oder auf einem Horizont plazieren, der die Aussage oder die Tatsache die nötige Plastizität erreichen läßt, um sie erkennen zu können. Es gibt eine Wahrnehmung der Wirklichkeit, die jedem einzelnen Erkenntnisakt zugrunde liegt. Das Sein versteckt sich in allen Seienden.

2. Ich gebe zu, daß der historische Bogen, den ich kühnerweise über Tausende von Jahren geschichtlicher Erfahrung zu schlagen wage, eine gewaltige Spannweite hat, die für das bloße Auge unsichtbar bleibt, genauso wie die Extrapolationen der modernen Astronomie und Physik, wenn sie von fernen Galaxien reden oder vom Ursprung des Universums. Aber ich möchte zu bedenken geben, daß das Bestreben, die menschliche Geschichte als Ganzes zu umfassen, um dem menschlichen Leben Sinn zu geben, ei-

nerseits eine weniger schwache Hypothese ist, als jene der Fiktionen der modernen Wissenschaft, andererseits aber ein notwendiges Unterfangen darstellt.

Der Grund dafür ist einfach. Ob Andromeda so und so viele Lichtjahre entfernt ist oder das ergründbare Universum einige Bruchteile von Sekunden früher begonnen hat, mag an sich ein interessantes oder gar faszinierendes Detail sein, ist aber letztlich nicht wirklich relevant, um ein sinnvolles menschliches Leben zu leben – es sei denn, natürlich, wir verlassen die „Physik" und landen in der Metaphysik. Im Gegensatz dazu hat schon ein flüchtiger Blick auf die Gesamtsituation unserer Existenz im Universum direkten Einfluß auf unsere konkrete persönliche, menschliche Existenz. Deshalb ist dieser Blick eine notwendige Perspektive. Es scheint heute tatsächlich beinahe ein Konsens darin zu bestehen, die gegenwärtige Situation der Menschen und der Erde als etwas Einmaliges zu sehen, als ob wir in eine neue Periode, in einen neuen Zyklus eintreten würden. Wir sind nicht die einzigen, die neue Windungen der Mutation erahnen, um einen biologischen Vergleich aufzugreifen. Wenn wir unser Leben als sinnvoll erfahren wollen – und das wollen wir –, dann reicht es nicht zu sagen, die Ursachen für unsere Probleme lägen im Zweiten Weltkrieg, bei Napoleon, in der Eroberung Indiens durch die Muslime, bei Descartes, im Fall von Konstantinopel, in der konfuzianischen Revolution, in Buddhas Predigten oder in der Entdeckung des Feuers. Wir sind uns bewußt, wie wir alle miteinander verwoben sind, und wie geschichtliche Tatsachen zusammenhängen und sich auf unser gegenwärtiges Selbstverständnis auswirken.

Wie ich im folgenden zeigen werde, ist es die Geschichte selbst, die auf dem Spiel steht und in Frage gestellt wird. Wir sind uns bewußt, daß die Fäden, die sich durch unser Leben ziehen, von weit her kommen und daß unsere Archetypen nicht von vorgestern sind.

Sagen wir es nochmal anders: Gerade das Studium der Geschichte läßt uns dessen bewußt werden, daß keine historische Tatsache heute eine befriedigende Erklärung finden kann, wenn wir vor dieser umfassenden Vision der geschichtlichen Zivilisation haltmachen.

3. Es gibt noch eine andere, für uns wichtigere Überlegung, die unser Vorhaben rechtfertigt und es davor bewahrt, bloße „Fiktion" zu werden. Und diese ist nicht historischer Natur. Es ist eine anthropologische Einsicht oder vielmehr eine metaphysische, religiöse oder kosmologische. Und das Wissen darum bewahrt uns davor, dogmatisch oder unkritisch zu sein. Der Wert der folgenden Überlegungen beruht nicht allein oder gar hauptsächlich auf einer Vision der Geschichte, sondern auf einer Erfahrung, von dem was wir sind, auf einer Vision, von der das Menschengeschlecht Zeugnis

ablegt, zumindest seit jenem Zeitabschnitt, den wir in unser Bewußtseins-
feld einzubeziehen suchen. Es ist dies: Wir sind uns der Transzendenz bewußt – des Mehr, des Anderen, des Un-Endlichen, des Unbekannten, des
Mysteriums.
Der Mensch ist ein Lebewesen, aber er ist mehr als das. Das menschliche
Leben ist mehr als eine bloße Spezies einer Gattung, die Leben genannt
wird. Wir nennen es Leben, weil wir vermutlich über kein besseres Wort
verfügen und weil dieses LEBEN alles Leben, alles Seiende durchtränkt.
Aber wir sind uns dieses Lebens bewußt – und dieses Bewußtsein wohnt in
uns. Einige Traditionen haben es etwa mystische Erfahrung, Vergöttlichung, das Dritte Auge, Glaube, *anubhava, satori,* Erleuchtung genannt.
Ich sage dies unabhängig davon, ob die heute vorherrschende Evolutionstheorie richtig ist oder nicht. Die menschliche Rasse mag aus einem früheren Tier oder einer protomenschlichen Rasse entstanden sein, aber was das
menschliche Bewußtsein entdeckt hat, ist etwas, das einer anderen Seinsordnung angehört als all die zeitlichen Gegebenheiten oder biologischen
Gesetze. Die Wirklichkeit, die sich dem menschlichen Bewußtsein selbst
erschließt, zeigt eine andere (nicht abtrennbare) ontologische Dimension
als die raum-zeitliche „Welt" – auch wenn wir später (a posteriori) entdek-
ken mögen, daß alle diese anderen Wesen ebenfalls zu diesem tempiternalen Bereich gehören. Wir werden dahin geführt, Unterscheidungen zu machen, nicht Trennungen. Aber es liegt an uns, den Menschen, denen die
Unterscheidungen klarwerden.
Der Mensch ent-deckt die absolute Sphäre, nennen wir sie nun Gott,
nirvāna, Nichts, Wirklichkeit, *brahman, anātman, tao,* Illusion oder wie
immer. Dieses Bewußtsein ist eine spezifisch menschliche Dimension der
Wirklichkeit.
Zusammengefaßt bedeutet dies: Der erste Grund macht unsere Untersuchung zu einer deduktiven. Wir wagen es, verschiedene Ideen aus gewissen
Grundüberzeugungen herzuleiten. Der zweite Grund macht sie induktiv.
Wir wagen es, aus der Beobachtung des menschlichen Abenteuers auf der
Erde nach diesen letzten sechs- bis achttausend Jahren menschlicher Erfahrungen gewisse Schlüsse zu ziehen.
Der dritte Grund macht sie experientiell, eine Frucht der menschlichen Erfahrung. Sie findet einen angemessenen Rahmen, um in kohärenter Weise
eine Einsicht zum Ausdruck zu bringen, von der ich behaupten möchte,
daß sie den Menschen als Menschen gemeinsam ist, obwohl sie nicht ein
allgemeiner Besitz der Menschheit ist. Ein für uns nicht verfügbarer Logos
geht quer durch uns und durch alles hindurch, aber wir sind uns seiner bewußt.

Der ‚Mensch‘ der theo-anthropo-kosmischen Erfahrung, der *anthrōpos* der kosmotheandrischen Vision, ist nicht einfach ein vernunftbegabtes Tier (das Ergebnis einer Kosmogenese), sondern die tatsächliche Verkörperung, Inkarnation, Manifestation . . . der intellektuellen oder spirituellen Dimension der Wirklichkeit, die zum Beispiel „ewiges Leben", *intellectus, noûs, cit* genannt worden ist. Im menschlichen Leben gibt es etwas, was konstitutiv ‚mehr‘ ist als Zeit und Raum. Dieses ‚Mehr‘, das sich unserem menschlichen Bewußtsein auftut, ist nicht nur unser Intellekt. Wir nehmen nicht nur wahr, daß wir bewußte und selbstbewußte Wesen sind. Wir nehmen auch wahr, daß dieses ‚Mehr‘ keine Grenzen hat, un-endlich, unbewohnt, leer, geheimnisvoll ist. Das ist es, was praktisch alle menschlichen Traditionen gesagt haben: Alle Wesen haben von Natur aus etwas Göttliches (Atman-brahman; *panta gar physei echei ti theion)*.

Die folgende Besinnung möchte unsere Ohren darauf einstimmen, nicht nur die Musik der Sphären zu hören oder nur die Klänge menschlicher Kreativität oder ausschließlich die Gesänge göttlicher Engel, sondern den Dreiklang der Wirklichkeit.

Raimon Panikkar   Tavertet

                                                                  Epiphanie 1995

Teil 1

COLLIGITE FRAGMENTA –
„SAMMELT DIE BRUCHSTÜCKE"

Die Integration der Wirklichkeit

VORWORT

Das Mysterium der Verklärung soll als Symbol für diesen Essay gelten.[1] Nichts wird geringgeachtet, nichts zurückgelassen. Alles wird integriert, übernommen, umgestaltet. Nichts wird für die Zukunft aufgehoben: Die umfassende Anwesenheit ist da. Nichts wird zur Seite geschoben oder als unerlösbar betrachtet; der ganze Leib, die ganze menschliche Erinnerung ist einbezogen. Verklärung ist nicht die Halluzination einer angenehmeren Wirklichkeit oder bloße Flucht auf eine erhabenere Ebene. Sie ist die vollständig integrierte Intuition des nahtlosen Gewebes der Wirklichkeit als Ganzes: *die kosmotheandrische Vision.* Es bedeutet eine allgemeine Versuchung für uns Menschen, all das zu sehr zu vereinfachen, sogar zu beseitigen oder nicht zur Kenntnis zu nehmen, was wir uns nicht ohne weiteres aneignen können. Reduktionismus ist eine gängige philosophische Sünde. Obwohl die Zivilisationen in ihrem Bemühen, sich in der Wirklichkeit einzurichten, meist Einseitigkeiten und Extremismen aller Art zu vermeiden versuchten, muß man eingestehen, daß jede ihren Anteil an unmenschlichen Asketen, herzlosen Weisen und Jenseitsheiligen ebenso wie an übersättigten Hedonisten, grausamen Herrschern und vulgären Massen aufzuweisen hat. Im großen und ganzen gelang es, Konzentration auf einen Schwerpunkt und Unterscheidungskraft dadurch zu erreichen, daß wesentliche Teile der Wirklichkeit ausgeklammert wurden, oft sogar mit dem Ergebnis, daß das, was dadurch gerettet wurde, zeitweilig weniger attraktiv

---

[1] Cf. *Matth.* 17, 1–8, aber auch Texte aus anderen Traditionen, z. B. Krishnas Apotheose im Buch XI der *Bhagavad Gītā.*

und wertvoll erschien als das, was über Bord geworfen wurde. Man könnte dafür in jedem Lebenslauf Beispiele finden, von der Politik über die Wissenschaften bis zum akademischen Bereich, nicht zu reden vom geistig-spirituellen Bereich (der, wie das Wort antönt, bereits von einem ungerechtfertigten Vorurteil zugunsten des Geistes gegenüber der Materie ausgeht). Sicherlich ist jetzt die Zeit gekommen, die Bruchteile einzusammeln, sowohl Fragmente der modernen westlichen Welt, die sich durch Analyse und Spezialisierung hervortun, als auch Bruchstücke anderer Zivilisationen der Welt, von denen jede ihre eigenen Vorzüge und Unzulänglichkeiten in sich trägt. Wenn wir die vollständige Wiederherstellung der Wirklichkeit erreichen wollen, die heute zu einem Muß geworden ist, können wir es nicht zulassen, daß irgendeine Religion, Kultur oder Teilwirklichkeit – selbst wenn sie von einer späteren Zivilisation als „Überbleibsel" oder von einem höheren Bewußtsein als zerbrochene Scherbe etikettiert wird – vergessen, vernachlässigt oder verworfen wird.

Dieser Essay ist der Versuch, sich einer solchen Integration der ganzen Wirklichkeit anzunähern. Wir müssen die zerstreuten Bruchstücke einsammeln, auch wenn es sich nur um „Brosamen" handelt.[2] Wir müssen den Leib Prajāpatis, des Urbildes des Menschen, wiederherstellen, auch wenn einige Teile glauben, sie seien weniger wert.[3] Oder philosophisch ausgedrückt: Wir müssen alle diese Fragmente unserer gegenwärtigen Welt *denken,* um sie zu einem harmonischen – aber nicht monolithischen – Ganzen zusammenfügen zu können.[4]

Ich rede hier nicht einem naiven Optimismus das Wort, als ob es das Böse nicht gäbe, als ob Vernichtung nicht möglich, als ob Harmonie von vornherein sichergestellt wäre. Die Integration bleibt ein Ideal, die Rekonstruktion ist noch *in potentia,* eine Möglichkeit. Es ist nicht unsere Sache, auszuwählen und auszuschließen, bevor die Zeit reif ist.[5] Aber zumindest eine Art umfassenden Vertrauens sollten wir uns aneignen . . .

---

[2] Cf. *Joh.* 6, 12: „Colligite quae superaverunt fragmenta, ne pereant." „Sammelt die übriggebliebenen Brocken, damit nichts verlorengehe."
[3] Cf. die vielen verschiedenen vedischen Texte, wie sie z. B. im Kapitel IV („Der Mythos von Prajāpati") meines Buches *Myth, Faith and Hermeneutics* referiert sind; deutsch in der Teilübersetzung *Rückkehr zum Mythos.* Frankfurt a. M. (Insel) 1985, p. 81–123.
[4] Cf. die (seit Augustinus) traditionelle Etymologie des Wortes *cogitare* (denken) als *colligere* (sammeln). Im Wort klingt auch die Bedeutung von „Schlüsse ziehen" an.
[5] Cf. *Matth.* 13, 24–30.

I

EINLEITUNG

Sicut nullus potest videre pulchritudinem carminis, nisi aspectus eius feratur super totum versum; sic nullus videt pulchritudinem ordinis et regiminis universi, nisi eam totam speculetur.

Bonaventura, *Breviloquium*, Prologus[6]

Dieser Essay hat den bescheidenen, aber mutigen Anspruch, einen Beitrag zu einer radikalen Neuorientierung des heutigen Menschen zu leisten, indem er den Menschen in einem *offenen Horizont* ansiedelt und dabei die Jahrtausende menschlicher Erfahrung in den verschiedenen Kulturen der Welt einbezieht.[7] Es wäre kleinmütig zu glauben, der Mensch verfüge nicht über ein Gedächtnis, das seine eigene individuelle Erinnerung übersteigt.[8] Die Sprache, die wir sprechen, und die Biologie, die unser Leben in Gang hält, manifestieren in verdichteter Form die Erfahrungen unzähliger Generationen. Heute wird uns immer mehr bewußt, daß nur ein *offener Hori-*

---

[6] Ed. Quaracchi, V, 204 b. „Wie aber niemand die Schönheit eines Liedes erfassen kann, wenn er es nicht in seiner Ganzheit betrachtet, so erkennt auch keiner die Schönheit und Ordnung der Weltregierung, wenn er sie nicht in ihrem Zusammenhange überblickt." *Breviloquium des hl. Bonaventura,* übersetzt von Fanni Imle. Werl (Franziskus-Druckerei) 1931, p. 11.

[7] Da dieser Essay etwas Keimhaftes hat, füge ich bibliographische Hinweise bei, aus denen deutlich wird, in welchem Kontext er angesiedelt ist. Die Anmerkungen sollen aber nicht im Sinne „unterstützender Autoritäten" verstanden werden, sondern als Wegleitung. Es empfiehlt sich, den Essay in einem ersten Durchgang zu lesen, ohne bei jeder Fußnote einzuhalten.

[8] Ich lege hier ein für allemal klar, daß für mich das Wort *Man* [engl. für Mensch, im Original groß geschrieben] den androgynen Menschen bezeichnet und nicht das männliche Element, das bisher den Alleinanspruch auf dieses Wort hatte – wobei ich bei den Pronomina wie allgemein üblich verfahre. Denn noch immer warte ich auf das *utrum*, das neue grammatikalische Geschlecht, das sowohl das Maskulinum als auch das Femininum umfaßt, ohne beide auf das nicht-menschliche Neutrum zu reduzieren. Das Problem besteht nicht darin, daß das Maskulinum für den ganzen Menschen steht, sondern daß der ganze Mensch diese ungehörige Vorherrschaft durch das Mann/das Männliche akzeptiert hat. Man sollte aber – auch wenn man diesen Zusammenhang erkannt hat – Genus nicht mit Geschlecht verwechseln. Die Lösung liegt nicht darin, beide Formen (er/sie usw.) nebeneinander zu verwenden, sondern in der Integration. [In der deutschen Übersetzung stellt sich das Problem beim Substantiv weniger, da *Man* mit Mensch übersetzt wird. Allerdings ist auch dieser Ausdruck klar durch die Konnotation mit dem Männlichen geprägt. Bei den Pronomina besteht in beiden Sprachen das gleiche Problem: der Mensch – er; Anm. d. Ü.].

zont einen befriedigenden Hintergrund für das Verständnis des Menschen bietet. Andererseits kann aller gute Wille, alles ernsthafte Streben und der schärfste Intellekt der Welt die begrenzte *menschliche Perspektive* nicht überwinden. Nur ein Tropfen echten Wassers kann den Durst nach dem Allumfassenden stillen – wenn auch nicht für immer löschen. Wir sind uns dieser Situation bewußt und möchten eine Bestandsaufnahme unseres gegenwärtigen Bewußtseins vorlegen. Dabei ist klar: Viele der einzelnen Wellen müssen namenlos bleiben, wenn der ganze Ozean seinen Namen murmeln will.

Noch haben diese Überlegungen die Prüfung durch die Zeit und das Urteil einer kritischen Wertung zu bestehen. Der Autor stellt sie als Arbeitshypothese vor und hofft zutiefst, daß die Kritik, die ihm in seinem Anspruch, die Zeichen der Zeit zu entdecken – und damit zu inspirieren – zuteil wird, die unvermeidlichen Mängel dieser *theanthropokosmischen* Vision beheben wird. Dieses Buch ist eine Einladung zum Dialog.⁹

Ich weiß nicht, weshalb ich noch immer auf autobiographische Bezüge allergisch reagiere. Nicht weil ich mein *bios* als Privatbesitz betrachte, sondern weil ich denke, daß der *graphos* meines Lebens nicht relevanter ist als die Worte, die ich äußere.¹⁰ Ich spreche aus mir selbst, nicht über mich selbst. Die Bedeutung dessen, was ich zu sagen habe, liegt im Wahrheitsgehalt meiner Worte. Und dennoch realisiere ich immer mehr, daß ein bestimmtes Wissen, wenn schon nicht über die Quelle der Worte, dann wenigstens über die Kanäle, durch die sie fließen, vielleicht doch mehr ist als bloße Neugierde. Es könnte sogar dazu beitragen, diese Kanäle von meinen eigenen Sperren zu reinigen.

---

⁹ Eine frühere Version dieses Textes wurde veröffentlicht unter dem Titel „*Colligite Fragmenta: For an Integration of Reality*" im Buch *From Alienation to At-One-Ness*. Proceedings of the Theology Institute of Villanova University, edited by F. A. Eigo and S. E. Fittibaldi. Villanova. Pa. (The Villanova University Press) 1977, pp. 19–132. Die Hauptstoßrichtung des zweiten und dritten Kapitels wurde in meinem Beitrag am Second International Symposium on Belief, „The Emerging Dimensions of the Religious Consciousness of our Times" entwickelt, das im Januar 1975 in Wien stattfand, und ist in jener Kurzform unter dem Titel „La visione cosmoteandrica: il senso religioso emergente del terzo millenio" erschienen in: R. Caporale (ed.), *Vecchi e nuovi Dei*. Torino (Valentini) 1976, pp. 521–544. Ähnliche Ideen wurden auch am Internationalen Kolloquium über „Ecological Anthropology from the Perspective of the Different Traditions of Mankind" vorgetragen, das im April 1974 im St. George House, Windsor Castle, England, abgehalten wurde und am Symposium über „Natur – Natürlichkeit – Naturverständnis" im Oktober 1974 in Kyoto, unter der Patenschaft des Institute of Intercultural Research (Heidelberg). Cf. auch eine Kurzfassung einiger dieser Gedanken in „The New Innocence", *Cross Currents*, XVII, 1 (Spring 1977), pp. 7–15.

¹⁰ Cf. *Apg.* 20, 24, wo es heißt, ich lege dem (meinem) Leben keinen großen Wert bei.

Seit über fünfzig Jahren befasse ich mich mit dem hier angesprochenen Problem. Über all diese Jahre hin konnte ich mich selbst nicht davon überzeugen, daß Wahrheit durch Ausschließen oder Freiheit durch „Entscheidung" erreicht werden kann, das heißt durch das Beschneiden realer Möglichkeiten und authentischer Ausschnitte der Wirklichkeit. Aber dies ist nicht das Thema des vorliegenden Essays. Ich war überzeugt davon, daß geschlossene Kreisläufe ihre eigenen Ziele unterlaufen und daß eine Synthese nicht unbedingt systematisch sein muß. Ich konnte mich nicht dazu bringen, nur die Naturwissenschaften zu studieren oder die Höhen der philosophischen Spekulation zu erklimmen, die Praxis aber zu vernachlässigen, oder meine Zuflucht bei der Theologie zu suchen, als ob der verborgene Ort des verborgenen Gottes nicht in allem wäre, was ist. Begriffe wie Theophysik, Sophodizee, Ontonomie, Mikrodoxie, Katachronismus, Tempiternität und Christophanie, die ich in den vierziger Jahren prägte, aber auch meine lebenslange Vorliebe für Synthese, Theandrismus, Mythos und Apopathismus sprechen für diese Haltung, die ich nun als Hypothese zu formulieren versuche. Die Hypothese muß einerseits noch als allgemeine Erkenntnistheorie, andererseits als universelles Prinzip der Praxis überprüft werden. Alles in allem bleibt diese Vision der unvollkommene Schimmer eines glimmenden Funkens – einer *scintilla,* eines *Fünkleins,* über das bereits die erstaunlichsten Dinge gesagt wurden und in Zukunft noch gesagt werden.

1. DER OFFENE HORIZONT

Kann unserer Epoche eine umfassende Vision der Wirklichkeit gelingen? Können wir es uns leisten, das Versagen so vieler Philosophien und Weltbilder zu ignorieren, indem wir auf der Notwendigkeit einer Synthese bestehen? Können wir im weiteren die Tatsache vernachlässigen, daß die großen Entdeckungen und Fortschritte des letzten Jahrtausends offenbar dadurch zustande gekommen sind, daß man auf solche philosophische Träume verzichtete und sich auf spezialisierte Forschungsbereiche konzentrierte? Verlangt die Sozialisierung der Menschheit nicht von jedem und jeder von uns, sich um seine bzw. ihre eigenen Angelegenheiten zu kümmern, um einen Beitrag zum allgemeinen Wohl zu leisten? In einem Wort: Ist es nicht Zeit, uns bescheiden und realistisch mit den Bedingungen des Menschseins abzufinden und die großen Ideen, wie sie von allen Metaphysiken und Theologien vertreten worden sind, aufzugeben? Sollten wir nicht endlich erkennen, daß die Quellen der menschlichen Kreativität nicht

mehr in den traditionellen Gebieten der Religion, Theologie und Philosophie liegen?[11] Strebt die „Philosophie" an sich nicht danach, eine „positive Wissenschaft" zu werden?[12] Ebenso in der Literatur:
"Things fall apart; the centre cannot hold; mere anarchy is loosed upon the world . . ."
(„Alles fällt auseinander, die Mitte hält nicht mehr; bare Anarchie bricht aus über die Welt.")[13]
Ist unsere Zeit nicht eigentlich das Zeitalter der Wissenschaft und der Technologie?[14]
Aber der Mensch trägt einen Hunger nach Einheit und Harmonie in sich, der keineswegs durch die Neuigkeit gestillt werden kann, die alten Ideale der Weisheit, *hŏkmāh, sophia, jñāna* usw., seien bloße Träume, die heute angesichts des analytischen und positivistischen „Denkens"[15] ihren Glanz verloren haben; oder das mittelalterliche Ideal der *sapientia* sei für immer verschwunden[16] und das Ideal des Renaissancemenschen ein unverträgliches utopisches Modell[17]; oder der Versuch einer europäischen Enzyklopädie sei ein gescheitertes Unterfangen[18]; ebenso sei es atavistisch und elitär,

---

[11] Ist dies nicht eine der kathartischen Wirkungen eines gewissen Existentialismus? Er verzichtet auf „philosophische" und abstrakte Verallgemeinerungen zugunsten „konkreter" existentieller Situationen.

[12] Cf. zwei aufschlußreiche Bände von Heinrich Rombach, *Substanz, System, Struktur.* Freiburg/München (K. Alber) 1965, 1966, mit dem langen, bezeichnenden Untertitel: *Die Ontologie des Funktionalismus und der philosophische Hintergrund der modernen Wissenschaft.* Cf. auch das Kapitel „Conocimiento científico y conocimiento filosófico" in meinem Buch *Ontonomía de la ciencia.* Madrid (Gredos) 1961, pp. 86–127.

[13] W. B. Yeats, „The Second Coming", zitiert bei Nathan A. Scott, Jr. in *The Broken Center. Studies in the Theological Horizon of Modern Literature.* New Haven (Yale University Press) 1966, dessen Buch ein gutes Beispiel darstellt. Deutsch: „Der Jüngste Tag", *Werke I.* Neuwied, Berlin (Luchterhand) 1970, p. 149.

[14] Cf. als einzelnes Beispiel die Sammlung von Essays, herausgegeben von H. Freyer, J. Ch. Papalekas, G. Weippert, *Technik im technischen Zeitalter.* Düsseldorf (J. Schilling) 1965.

[15] Cf. als eine Instanz unter vielen G. Marcel, Les Hommes contre l'humain. Paris (La Colombe) 1952.

[16] Cf. als Hintergrund: J. Maritain, Les degrés du savoir. Paris (Desclée), 5. Aufl. 1946. Es ist bezeichnend, daß das dreibändige moderne *Handbuch philosophischer Grundbegriffe.* München (Kösel) 1973–1974 auf seinen 1874 Seiten keinen Artikel zum Begriff *Weisheit* enthält.

[17] Cf. zum Beispiel eine Gestalt wie Nikolaus Cusanus. Seine Werke sind zugänglich in einer handlichen dreibändigen, zweisprachigen Ausgabe: Hrsg. von L. Gabriel, *Nikolaus von Kues, Philosophisch-Theologische Schriften.* Wien (Herder) 1964, 1966, 1967. Die kritische Ausgabe von R. Klibansky et al. ist dadurch allerdings keineswegs überholt: *Nicolai de Cusa. Opera Omnia* (iussu et auctoritate Academiae Litterarum Heidelbergensis). Hamburg (F. Meiner) 1970 sq. Cf. *etiam* E. Cassirer, *Individuum und Kosmos in der Philosophie der Renaissance* (1927). Darmstadt (Wissenschaftliche Buchgesellschaft) 1969. Dem Leser wird empfohlen, einige von Cassirers Clichés im Licht von H. De Lubac, *Pic de la Mirandole.* Paris (Aubier) 1974 zu korrigieren.

[18] Cf. die Bücher von Georges Gusdorf, *Dieu, la nature, l'homme au siècle des lumières,* und *L'avenement des sciences humaines au siècle des lumières.* Paris (Payot) 1972, 1973.

die Spezialisierung „barbarisch" zu nennen[19], und der Ruf nach Synthese bliebe daher nur ein frommer Wunsch.[20] Es geht hier um die alte geschichtsträchtige Frage der Polarität, die am Anfang des menschlichen reflektierenden Bewußtseins zu stehen scheint. Die Griechen drückten es mit dem Satz aus: *hén kaì pollá* – das Eine und das Viele.[21] Das Problem heißt nicht Einheit *oder* Vielheit, sondern liegt in diesem *kaì (und),* das sie verbindet, in deren Synthese also.[22] Besteht überhaupt irgendeine Verbindung zwischen einem letztlich starren und tödlichen Monismus einerseits und einer letztlich anarchischen und um nichts weniger verhängnisvollen Pluralität andererseits? In unserer gegenwärtigen Situation können wir nicht einfach verantwortungslos eine dieser beiden menschlichen Erfahrungen als Lösung akzeptieren. Wir haben lange und intensiv genug mit den Folgen beider Möglichkeiten gelebt, um vor einer Wiederholung dieser Fehler auf der Hut zu sein.[23] Ist die Geschichte die

---

[19] Cf. die scharfen Überlegungen in „La barbarie del ‚especialismo'" in José Ortega y Gasset, *La rebelión de las masas* (1930), *Obras Completas.* Madrid (Revista de Occidente), Bd. IV, 6. ed., 1966, pp. 215–220; deutsch: *Der Aufstand der Massen.* Hamburg (Rowohlt) 1959, pp. 79–84. Cf. auch R. Buckminster Fuller:
„Therefore in direct contradiction to present specialization
All educational processes
Must henceforth commence
At the most comprehensive level
of mental preoccupation,
And that level is the one
That consists of the earnest attempt
To embrace the whole eternally regenerative phenomenon
Scenario Universe."
„Intuition: Metaphysical Mosaic", *Intuition.* New York (Doubleday) 1972, p. 46. Cf. auch sein monumentales zweibändiges Werk: *Synergetics & Synergetics 2. Explorations in the Geometry of Thinking,* in Zusammenarbeit mit E. J. Applewhite. New York (Macmillan) 1975, 1979.
[20] Cf. die erste größere Arbeit, mit der ich mein Debüt in der intellektuellen Arena hatte: „Visión de síntesis del universo", *Arbor,* I/1. Madrid (1944), Nachdruck in: *Humanismo y Cruz.* Madrid (Rialp) 1963, pp. 9–60, die das selbe Motto trägt, das ich auch dieser Arbeit vorangestellt habe.
[21] Cf. Plato, *Philebus,* 15 d, und *Brihadāranyaka Upanishad* I, 2, 1 ff. und *Chāndogya Upanishad,* VI. 2, 1 ff.
[22] Man könnte die ganze Geschichte der christlichen Theologie des Westens als verzweifelten Versuch bezeichnen, offensichtlich – und dialektisch – unvereinbare Extreme „miteinander zu kombinieren": eins und drei in der Trinität; eins und zwei in der Christologie, *Filioque, simul iustus et peccator,* eins und eins in der Schöpfung und in der beseligenden Gottesschau usw.
[23] Cf. die Hoffnungen klassischer Autoren: „Die Geschichte endlich, die Zeugin der Zeiten, das Licht der Wahrheit, das lebende Gedächtnis, die Lehrerin der Menschen (*magistra vitae*), die Verkünderin der Altertums . . ." Cicero, *De Oratore* II, 9 (36), deutsch: *Von dem Redner,* übersetzt von Fr. C. Wolff. Altona (Hammerich) 1801, p. 143–144; oder: „Wer weiß, zum Beispiel, nicht, daß es zu den ersten Pflichten des Geschichtsschreibers gehöre, keine Unwahrheiten zu reden, keine Wahrheit aus Furcht zu verschweigen, sich bei seiner Erzählung weder durch Gunst noch Feindschaft leiten zu lassen? Daß die Geschichte auf solche Grundlagen gebaut sein müsse, ist allgemein bekannt." *Ibid.* II, 15 (62–63), deutsch p. 156. Und Tacitus sagt: „Mir scheint es die Hauptaufgabe der Annalen zu sein, Tugenden nicht zu verschweigen und der Verworfenheit in Wort und Tat Furcht vor üblem Nachruhm einzuflößen." *Annalen* III, 65 (übersetzt von August Horneffer. Stuttgart [Kröner] 1964).

magistra vitae (Lehrmeisterin des Lebens) oder bloß die bedrückende Chronik menschlicher Fehltritte?[24] Einerseits scheint die Suche nach Einheit etwas zu sein, das zum Wesen des Menschen gehört. Nichts Geringeres als Einheit, nichts Geringeres als Wahrheit – wobei Wahrheit nicht als privater Wert verstanden wird – wird die Menschen zufriedenstellen. Verständnis verlangt nach Zurückführung auf Einheit, Liebe strebt nach Einssein.[25] Weder Dualität noch Pluralität kann die Lösung sein, denn allein schon die in beiden angelegte Vielfältigkeit legt das Weiterfragen nahe.[26] Der Hunger nach Einheit ist nicht nur ontologisch und erkenntnistheoretisch (Einheit des Seins, Einheit des Erkennens); er ist auch soziologisch und politisch (Einheit der Menschheit, Einheit der Zivilisationen). Gesellschaften neigen dazu, sich zu vereinigen und zusammenzuballen; Menschen neigen zu gesellschaftlicher Assimilierung und Sozialisation.[27] Andererseits ist das Scheitern der Einheitsbestrebungen in Wissenschaft, Philosophie oder Religion – verbunden mit der nur allzu gegenwärtigen

[24] Cf. die gewaltigen Anstrengungen von Arnold J. Toynbee in seinem elfbändigen Werk *A Study of History;* deutsch: *Der Gang der Weltgeschichte* (gekürzte Fassung der Bde. 1–6) und *Studie zur Weltgeschichte* (gekürzte Fassung der Bde. 7–10). Zürich, Wien (Europa-Verlag) 1949, 1958, in dem er versucht, eine philosophische Historiographie aufzubauen, die dem modernen Menschen die richtige Perspektive anbietet, um die Grundstimmung der Vergangenheit zu erfassen. Oder wie er am Anfang eines seiner letzten Bücher sagt: „Die Frage des Schicksals unserer menschlichen Rasse nimmt im Denken der Menschen nicht immer viel Raum ein." *Change and Habit. The Challenge of our Time.* London, New York (Oxford University Press) 1966, p. 3.
[25] Cf. Dionysius, *De Div. nom.,* c. IV, 15 (P. G. 3, 713): *tón eróta . . . enōtikēn tina kai synkratikēn ennoēsōmen dýnamin.* „Den Eros . . . wollen wir als einende und vermischende Kraft begreifen." Pseudo-Dionysius Areopagita, *Die Namen Gottes,* übersetzt von Beate Regina Suchla. Stuttgart (Hiersemann) 1988, p. 53, den Thomas von Aquin paraphrasiert: „Amor es vis unitiva et concretiva" und Migne übersetzt: „Amorem . . . inquamdam sive potestatem copulantem et commiscentem intelligamus" loc, cit., col. 714). Cf. R. Panikkar, *El concepto de naturaleza.* Madrid (CSIC), 2. Aufl. 1972, pp. 249–271.
[26] Cf. Plotinus im letzten Kapitel der *Enneaden* (VI, 9,1), das den Titel trägt *Das Gute (das Eine)* und mit der grundsätzlichen Aussage beginnt: *pánta tá ónta tō není estin ónta.* „Alles Seiende ist durch das Eine ein Seiendes." Übersetzt von Richard Harder. Hamburg (Meiner) 1956, p. 171.
[27] Der Name Pierre Teilhard de Chardin fällt einem hier unweigerlich ein. Cf. sein Vorwort zu *Le phénomène humain.* Paris (Seuil) 1955, deutsch: *Der Mensch im Kosmos.* Zürich (Ex Libris) 1978, oder sein vielsagender Ausdruck in einem Artikel von 1952: „. . . un champ de sympathie à l'echelle planétaire", *La vision du passé,* Paris (Seuil) 1957, p. 378; deutsch: „. . . eines Sympathiefeldes planetarer Größenordnung", *Die Schau der Vergangenheit* (Werke, Bd. 4). Olten, Freiburg i. Br. (Walter), p. 388. Oder: „Was würde an dem Tag geschehen, da wir anstelle dieser blinden Gottheit der Gegenwart eines bewußten Zentrums totaler Konvergenz erkennen würden? Dann würden sich auf Grund eines Determinismus, der dem entgegengesetzt ist, gegen den wir uns schlagen, die in den unwiderstehlichen Strom der menschlichen Totalisation hineingenommenen Individualitäten durch eben die Bewegung gestärkt fühlen, die sie einander nähert. Je mehr sie sich unter einem Personalen gruppieren würden, um so mehr würden sie selbst notwendig personal. Und letzteres ganz natürlich, mühelos, kraft der Eigentümlichkeiten der Liebe." *Die menschliche Energie* (Werke Bd. 6). Olten, Freiburg i. Br. (Walter) 1966, p. 205.

Erfahrung von Fanatismus, Diktatur und jeglicher Art von Ausbeutung im Namen des *einen* Gottes, der *einen* Wahrheit, Religion, Partei oder *eines* Systems – viel zu schmerzlich, verheerend und zeitlich naheliegend, als daß wir vereinheitlichenden Visionen und monolithischen Systemen anders als mit wacher Skepsis begegnen könnten. Hier liegen Macht und Anziehungskraft der verschiedensten Befreiungsbewegungen: Sie stellen autonome, unabhängige Reaktionen auf heteronome, andersartige Verhaltensweisen dar. Nichts, was die Freiheit des Menschen unterdrückt, kann von Dauer sein oder als wirklich menschlich bezeichnet werden.[28] Menschlichkeit erfordert die freie Erfüllung für den Menschen. Es gibt keine Gerechtigkeit, solange die Freiheit nicht respektiert wird.[29] Aber es gibt auch keine Freiheit, wo die Gerechtigkeit verletzt wird.[30] Kein monistisches System, kein einheitliches Weltbild wird je die unerschöpfliche Anpassungsfähigkeit des Menschen zufriedenstellen, dessen größte Würde untrennbar mit seiner Freiheit und Einzigartigkeit verbunden ist.

Das Dilemma kann erschreckend sein:

a) Am einen Ende des Poles finden wir Anarchie (Herrschaftslosigkeit), Kämpfe unter Bürgern und Zivilisationen, Kriege unter Parteien, Ideologien und Gruppierungen jeglicher Art, die letztlich in politischer Zersplitterung enden. Zugegeben, diese Situation tritt in vielen liberalen Ideologien nicht immer offen zutage, aber unausgesprochen ist sie vorhanden und taucht in jenem Augenblick auf, in dem die logischen Folgerungen nachvollzogen werden oder die unterschwelligen Spannungen an die Oberfläche kommen. Pluralität ist letztlich immer unbeständig.

b) Am anderen Ende steht die Diktatur des Großen Bruders – sei er nun Kommissar, Präsident, religiöser Führer oder Wirtschaftsreformer – mit all seinen untertänigen Maschinen und bürokratischen Organen, die „ihn" unterstützen. Auch hier ist die Situation auf den ersten Blick vielleicht nicht offensichtlich, aber sie wird sich unerbittlich zeigen, sobald die mythischen Strukturen in Frage gestellt werden, das heißt wenn grundlegende

---

[28] Cf. R. Panikkar, „Hermeneutic of Religious Freedom: Religion as Freedom", Kapitel XVI von R. Panikkar, *Myth, Faith and Hermeneutics*, op. cit., pp. 418–460.
[29] Dies ist ein integrierender Aspekt der „Befreiungstheologie". Cf. G. Gutiérrez in seiner *Teologia de la liberacion. Perspecivas.* Salamanca (Siguentes) 1973. Deutsch: *Theologie der Befreiung.* München (Matthias Grünewald) 10. Aufl. 1992.
[30] Cf. den einleitenden Teil der „Erklärung über die Religionsfreiheit" (Dignitatis humanae personae) des Zweiten Vatikanischen Konzils (1965). „Die Würde der menschlichen Person kommt dem Menschen unserer Zeit immer mehr zum Bewußtsein, und es wächst die Zahl derer, die den Anspruch erheben, daß die Menschen bei ihrem Tun ihr eigenes Urteil und ihre verantwortliche Freiheit besitzen und davon Gebrauch machen sollen, nicht unter Zwang, sondern vom Bewußtsein der Pflicht geleitet. In gleicher Weise fordern sie eine rechtliche Einschränkung der öffentlichen Gewalt, damit die Grenzen einer ehrenhaften Freiheit der Person und auch der Gesellschaftsformen nicht zu eng umschrieben werden." In *Das Zweite Vatikanische Konzil,* Konstitutionen, Dekrete und Erläuterungen, Teil II, p. 713.

Entscheidungen sich nicht länger durch allgemein akzeptierte Mythen rechtfertigen lassen. Der Monismus ist letztlich explosiv. Gibt es einen Ausweg aus diesem Dilemma? Es gibt viele: Zum einen kann das Dilemma auf verschiedenen Ebenen interpretiert werden. Die metaphysische Problemstellung befaßt sich mit der Versöhnung des Einen und des Vielen in der letztgültigen Seinsordnung. Die erkenntnistheoretische Frage richtet das Augenmerk auf Identität und Verschiedenheit. Beim wissenschaftlichen Ansatz wird nach Einheit und Zusammenwirken der Wissenschaften geforscht. Die Soziologie sucht nach Grundmustern des Erkennens, und die Politik versucht, praktische Wege zur Organisation des menschlichen Lebens aufzuzeigen. Wir gehen hier nicht dem menschlichen Grundproblem von Einheit und Vielfalt, Identität und Verschiedenheit, Pluralität und Pluralismus nach.[31] Wir möchten nur eine allgemeine Typologie anbieten, die sich auf verschiedene Ebenen anwenden läßt, ob es nun um die Einheit der Lebewesen, der Religionen, der Regierungen oder der Institutionen geht.

Eine erste Möglichkeit, das Dilemma zu lösen, besteht darin, es gar nicht zu sehen, das heißt es entweder überhaupt nicht zu begreifen oder sich nicht einzugestehen, daß ein Dilemma existiert. Es ist das pragmatische (auf die Praxis ausgerichtete) Verhalten, das in der Vielfalt und gegenseitigen Unvereinbarkeit der grundlegenden Auffassungen nicht ein Problem sieht, sondern einfach eine Tatsache, die keiner weiteren Erläuterung bedarf. Es gibt keine Möglichkeit, sich mit dem Nichtwissen(wollen) auf eine Diskussion einzulassen, wie es auch nicht möglich ist, die Naivität zu besiegen – solange beide einfach sind, was sie sind. Sobald die Vielfalt aber zum Problem wird, gerät diese erste Haltung zu einem Kompromiß: Der Mensch stellt sich nicht zur Gänze den Herausforderungen seiner Lebenssituation, sondern zieht es vor, unbestimmt zu bleiben, sich an ungewisse Hoffnungen oder künftige Erwartungen zu klammern. Dies umschreibt vermutlich die Situation vieler Menschen, solange sie nicht durch persönliche oder geschichtliche Krisen dazu gezwungen werden, sich extremen Herausforderungen zu stellen. In diesem Fall kann Leiden als das universellste Sakrament bezeichnet werden, durch das der Mensch sich einer höheren Instanz öffnet, die sonst zugunsten einer verschwommenen Mittelmäßigkeit in Vergessenheit gerät. Außer in Krisensituationen – in die wir meist durch Leiden geraten – neigt der Mensch dazu, in einer Welt orientierungsloser Vielfältigkeit ein mittelmäßiges Leben zu führen. Nur Genies jeglicher Prä-

---

[31] Man könnte eine Geschichte des westlichen Denkens schreiben, beginnend mit Platos *hén kaì pollá* bis zu *Identität und Differenz* von M. Heidegger. Pfullingen (Neske) 1957.

gung, Propheten und Heilige scheinen dieser allgemeinen Bedingung des menschlichen Lebens zu entgehen und ihr Leben als Einheit gestalten zu können. Die übrigen Sterblichen leben mehr oder weniger bequem mit all dem Unvereinbaren menschlichen Lebens: Wir wissen, daß unsere Prinzipien des Erkennens alles andere als bewiesen sind, dennoch verlassen wir uns auf unsere logischen Denkgebäude; wir wissen, daß unsere Anschauungen größtenteils beliebig sind, dennoch behalten wir sie unkritisch bei; wir ahnen, daß unsere Art zu leben ungerecht, unwahr und letztlich nicht lebbar ist, aber wir trösten uns damit, daß „alle das so machen" und „dies nun mal das menschliche Leben ist"; wir haben für gewisse Formen der Sklaverei ein Nachsehen und nehmen Ausbeutung und Ungerechtigkeit hin, betrachten uns aber dennoch als einigermaßen rechtschaffen. Wo wir keine Entschuldigung finden, können wir – instinktiv? – eine der ausgeklügeltsten Maschen zu Hilfe nehmen, um uns zu rechtfertigen: Wir bekennen, daß wir um unsere eigene „Unredlichkeit" wissen und sie eigentlich nicht ausstehen können.[32] Feigheit, ob wir dazu stehen oder nicht, das offensichtliche Auseinanderklaffen von dem, was wir glauben, und dem, was wir tun, Anpassung an die Umstände durch eine fast unbegrenzte Bandbreite von Entschuldigungen sind sicherlich gang und gäbe in der Geschichte der Menschheit, sowohl auf persönlicher[33] als auch auf kultureller Ebene.[34] *Ad*

---

[32] Ein unschuldiges Sich-Flüchten in die gerechtfertigte Sündhaftigkeit ist nach dem Gleichnis vom Pharisäer und dem Zöllner nicht mehr möglich. Cf. Lk. 18, 9–14.

[33] Cf. A. I. Solschenizyn: „Allgemeine Schuldlosigkeit bewirkt auch allgemeine Untätigkeit. *Vielleicht holen sie dich nicht? Vielleicht geht's vorbei? . . . Die schimmernde Hoffnung läßt die meisten dumm werden. Ich bin unschuldig, warum sollten sie mich holen? Ein Mißverständnis!* Und schon packen sie dich am Kragen, schleifen dich fort, du aber kannst es nicht lassen, dich selbst zu beschwören: ,Ein Mißverständnis! Es wird sich *erweisen!'* Die anderen holen sie massenweise, ohne Logik auch dort, und doch bleibt in jedem Fall ein Vielleicht: ,Vielleicht ist gerade der . . .?' Du aber, du bist doch ohne Zweifel unschuldig!" *Der Archipel Gulag.* Zürich (Ex Libris) 1975, S. 23–24 (Hervorhebungen im Original).

[34] Ein eindrückliches Beispiel gibt George Steiner in *Language and Silence:* „Literatur handelt im wesentlichen und unaufhörlich vom Bild und Form und Triebkraft menschlichen Verhaltens. Was der Mensch dem Menschen vor so kurzer Zeit erst angetan, hat Einwirkungen auf den schriftstellerischen Grundstoff genommen – nämlich die Summe und das Potential menschlicher Verhaltensweise – und es bedrückt die Phantasie mit erneuter Düsternis. Überdies stellt es die Grundbegriffe einer humanistisch geprägten Kultur in Frage. Das Äußerste, was wir an politischer Barbarei erlebt habe, wuchs aus dem Kern Europas hervor. Zwei Jahrhunderte, nachdem Voltaire ihr Ende proklamierte, wurden Folterungen wieder zu einem normalen Instrument politischer Aktion. Nicht allein, daß die allgemeine Ausstreuung von kulturellen und literarischen Werten sich als kein Hindernis erwiesen hat für das Aufkommen des Totalitarismus; wir wissen heute, daß in bemerkenswerten einzelnen Fällen hohe Ämter für humanistische Kunst und Bildung den neuartigen Terror sogar begrüßt und tatkräftig unterstützt haben. Auf dem Urboden christlichen Humanismus, der Renaissance-Kultur und des klassischen Rationalismus hat die Barbarei die Oberhand gewonnen. Heute wissen wir, daß Männer, die Auschwitz ersonnen und verwaltet haben, angehalten worden sind, Shakespeare und Goethe zu lesen – und dies weiterhin tun." „Menschliche Bildung" *Sprache und Schweigen.* Frankfurt a.M. (Suhrkamp) 1969, pp. 34–35.

impossibile nemo tenetur: „Niemand ist dazu verpflichtet, das Unmögliche zu tun", so lautet ein traditioneller moralischer Grundsatz. Viele Dinge scheinen unmöglich und werden es letztlich gerade dadurch, daß niemand es wagt, sie zu tun! Was aber den Menschen von der Straße unmöglich scheint, ist dem *mahātma* Herausforderung, Anspruch oder gar Pflicht.[35] Letzten Endes ist für Gott kein Wort unmöglich.[36]

Es gibt *einen zweiten Weg,* dem Dilemma zu entkommen. Er besteht darin, das Dilemma als theoretisch unlösbar zu erklären, so daß die Philosophie und alle intellektuellen Lösungsmöglichkeiten zugunsten einer konkreteren Lebensweise, die von Tag zu Tag entscheidet, verworfen werden und man aus der Situation das Beste macht. Auch hier haben wir, wie im ersten Fall, zwei extreme Möglichkeiten, die Frage auf Eis zu legen. Die eine ist der Weg der Helden, der trotz aller intellektuellen Hemmschwellen einem inneren Bedürfnis folgt. Der andere Weg ist pragmatisch und unproblematisch, er legt die „übertriebenen" Ansprüche des Verstandes ganz einfach zu den Akten.

Eine *dritte Reaktion* streitet ab, daß überhaupt ein echtes Dilemma besteht, und schlägt als vermeintliche Lösung vor, das kleinere Übel zu wählen. Auch hier haben wir wieder zwei Möglichkeiten: Die eine rechtfertigt den Liberalismus, den Dualismus und die Freiheit als praktische Lösung für das Dilemma. Die andere setzt auf Ordnung, Gerechtigkeit, Einheit und Wahrheit als praktikable Lösung für ein lebbares menschliches Leben.

Während der erste Lösungsvorschlag behauptet, die Trauben seien sauer, weil sie für uns zu hoch hängen, versucht die zweite zu beweisen, daß überhaupt keine Trauben da sind, und die dritte postuliert, die Trauben seien nur in einem der Rebberge reif.

Es gibt noch *einen vierten Weg,* der sich bei den meisten traditionellen Religionen in ihren volkstümlichen Ausprägungen zeigt. Er besteht darin, jegliche Lösungsmöglichkeit innerhalb dieser Welt auf unbestimmte Zeit zu

---

[35] Cf. „Therefore the sage takes care of all men / And abandons no one. / He takes care of all Things / And abandons nothing." *Tao te Ching* 27, translated by Gia-Fu Feng and J. English. Deutsche Übersetzung von Richard Wilhelm: „Der Berufene versteht es immer gut, die Menschen zu retten; darum gibt es für ihn keine verworfenen Menschen. Er versteht es immer gut, die Dinge zu retten; darum gibt es für ihn keine verworfenen Dinge." Laotse, *Tao te king.* Zürich (Ex Libris) 1976, p. 67. Oder auch: „The gentleman makes demands on himself; the inferior man makes demands on others." *Analects* XV, 20, übersetzt von W. Th. de Bary, *Sources of Chinese Tradition.* New York/London (Columbia University Press) 1960, Vol. 1, p. 31. Nicht ohne Absicht habe ich hier das Wort *mahātma* (große Seele) verwendet und verweise damit auf Mahātma Gandhi als modernes Beispiel.

[36] Cf. Lk. 1, 37 und beachte die Schwierigkeiten bei der Übersetzung dieses Abschnitts; die genaueste Übersetzung ist wahrscheinlich jene der Revised Version: „For no word from God shall be void of power." (Die deutsche Version der Jerusalemer Bibel übersetzt: „Denn für Gott ist nichts unmöglich.")

vertagen. Jenes Aufschieben einer Lösung in diesem „Tal der Tränen" kann endgültig sein, da hier alles *duhkha, māyā, hamartía* (Leiden, Täuschung, Sünde) ist. Denn der *status deviationis* oder die *samsārische* Bedingung des menschlichen Lebens (der Zustand der Sünde oder der Pilgerschaft) ist in dieser Welt der einzig wahre – und damit ist der Aufschub radikal, nämlich bis zu jener Zeit, wann wir *in patria* (im wahren, endgültigen Vaterland) sind. Sicherlich haben übernatürliche Himmel und Zukunftsideologien eine positive reinigende Wirkung, allerdings nur so lange, als die Menschen daran glauben. Sobald dieser Glaube enttäuscht wird, folgt eine Gegenreaktion, und so pendelt der Mensch von einem Extrem zum anderen, sowohl in seinem persönlichen als auch im geschichtlichen Dasein.[37] Dies ist zugleich die Stärke und die Schwäche jedes eschatologischen (von der Frage nach dem Ende der Welt ausgehenden) Standpunktes. Es bietet sich damit ein Alibi für den *status deviationis* der tatsächlichen Grundbedingungen des menschlichen Lebens an: Einerseits wird dadurch das Dasein etwas erträglicher, andererseits kann es auch alle fruchtbaren Bestrebungen zur Verbesserung der Situation lähmen.[38] Weshalb sich soviel Mühe geben, wenn wir am Schluß „das Reich Gottes" doch nicht erlangen oder wenn das Reich Gottes „nicht von dieser Welt" ist?

Was an gewissen Eschatologien nicht zu überzeugen vermag, ist nicht deren Suche nach einer definitiven Lösung, sondern das Aufschieben dieser Lösung auf einen anderen, unzugänglichen Bereich, der entweder zeitlich in der Zukunft oder in einer „anderen" Welt liegt. Was nicht überzeugt, ist das Auseinanderklaffen zwischen dem Problem und der Lösung, zwischen Vielfalt und Einheit, zwischen den „vorläufigen" und den „definitiven" Zuständen. Können wir mit unserer Vergänglichkeit anders zurechtkommen als dadurch, daß wir die unendliche Dimension hinausschieben, daß wir uns vertrösten lassen und den unlöschbaren Durst nach Vollkommenheit für einen „anderen" Augenblick im Raum oder in der Zeit, in der Geschichte oder in der Wirklichkeit aufsparen? Oder sollten wir diesen

---

[37] Cf. das europäische Spätmittelalter, wie es J. Huizinga beschreibt: „So grell und bunt war das Leben, daß es den Geruch von Blut und Rosen in einem Atemzuge vertrug. Zwischen höllischen Ängsten und kindlichstem Spaß, zwischen grausamer Härte und schluchzender Rührung pendelt das Volk hin und her wie ein Riese mit einem Kinderkopf. Zwischen der absoluten Verleugnung aller weltlichen Freuden und einem wahnsinnigen Hang zu Reichtum und Genuß, zwischen düsterem Haß und der lachlustigsten Gutmütigkeit lebt es in Extremen." *Herbst des Mittelalters.* Stuttgart (Kröner) 1938, p. 30–31.

[38] Cf. die Kritik von Karl Marx: „Der Kampf gegen die Religion ist also mittelbar der Kampf gegen *jene* Welt, deren geistiges *Aroma* die Religion ist . . . Es ist also die *Aufgabe der Geschichte*, nachdem das *Jenseits der Wahrheit* verschwunden ist, die *Wahrheit des Diesseits* zu etablieren." (Hervorhebungen im Original). „Zur Kritik der Hegelschen Rechtsphilosophie", in Karl Marx & Friedrich Engels, *Werke* (Bd. 1). Berlin (Dietz) 1961, pp. 378–379.

Wunsch – als einen weiteren Irrtum angesichts unserer tatsächlichen Situation – gänzlich unterdrücken?[39] *Altiora te ne quaesieris.*[40]

Hier ist weder die Zeit noch der Ort, alle diese Theorien zu diskutieren. Jedenfalls mag der Hinweis genügen: Welche Lösung auch immer man vertritt, in dem Augenblick, in dem das Problem sich zeigt, erfordert es eine universale Lösung – eine Lösung, die nicht einstimmig sein muß, sondern pluralistisch sein kann und unterscheiden kann zwischen einer offenbleibenden *Synthese* und einem vollständigen *System* (oder einem, das sich zumindest vervollständigen läßt).

In jedem Fall brauchen wir einen offenen Horizont.[41] Wir brauchen ihn jetzt erst recht, wo unsere Welt nicht nur geographisch, sondern auch geschichtlich zu einem einzigen, ganzen Planeten wird und die Technologie die Mittel für den Umgang mit den Grundbedingungen unseres Lebens vereinheitlicht. Konkreter ausgedrückt: Das Bedürfnis nach einer Einheitsvision der Wirklichkeit ist noch dringlicher, da ja bereits viele vereinigende Faktoren am Werk sind, die eine teilweise Einheit schaffen könnten, die aber grundlegende Bereiche des Menschseins nicht wahrhaben wollen und deshalb der Wirklichkeit Gewalt antun.

Mit anderen Worten: Keine Lösung, die nicht eine gewisse Endgültigkeit in sich trägt, wird den Menschen zufriedenstellen. Nichts, was hinter der Einheit zurückbleibt, kann die Endstation auf dieser Pilgerschaft sein – geistig, vom Herzen her oder existentiell.[42] Aber können wir den Anspruch erheben, in einer besseren Position zu sein als unsere Vorgänger, die so vieles

---

[39] Cf. beinahe jeden Artikel im Buch *Temporalité et Aliénation.* Paris (Aubier) 1975, hrsg. von E. Castelli.

[40] Cf. *Sir.* 3, 21: „Such nicht zu ergründen, was dir zu wunderbar ist, untersuch nicht, was dir verhüllt ist." Cf. auch die Haltung Buddhas: Wir sollten nicht die letzten Fragen diskutieren, sondern unsere Anstrengungen darauf richten, das Leiden aufzuheben. Cf. auch mein Buch: *Gottes Schweigen. Die Antwort des Buddha für unsere Zeit.* München (Kösel) 1992, *passim.*

[41] Cf. die Bemühungen eines jungen Wissenschaftlers, Joël De Rosnay, *Le macroscope. Vers une vision globale.* Paris (Seuil) 1975, der, zusätzlich zur mikroskopischen (unendlich kleinen) und zur teleskopischen (unendlich großen), die makroskopische (unendlich komplexe) Sicht des ganzen menschlichen Ökosystems einführen möchte. Cf. auch E. Morin, *Le Paradigme perdu: la nature humaine.* Paris (Seuil) 1973 (mit einer umfangreichen Bibliographie) und verschiedene Artikel von Thomas Berry über eine universale Spiritualität, z. B. „Traditional Religions and the Modern World", *Cross Currents,* XXII/2 (Spring 1972), pp. 129–138; „Contemporary Spirituality: The Journey of the Human Community", *Cross Currents,* XXIV (Summer – Fall 1974), pp. 172–183.

[42] In T. S. Eliots „Little Gidding" finden wir den oft zitierten Refrain:
„We shall not cease from exploration
And the end of all our exploring
Will be to arrive where we started
And know the place for the first time.
When the last of earth left to discover
Is that which was the beginning . . ."
Aus: *The Four Quartets.* London (Faber and Faber) 1944.

gesagt haben, was ihnen wichtig und endgültig erschien und was wir heute als überholt erachten? Ist der „offene Horizont" nicht im Grunde auch eine menschliche Perspektive? Dabei sprechen wir ausdrücklich von einem *offenen Horizont* und nicht von einer *globalen Sicht,* wie es heute oft geschieht. Das Ideal einer globalen Sicht – mit all den gutgemeinten Slogans („Denke global, handle lokal"[43] usw.) – ist aus mindestens zwei Gründen nicht überzeugend:

Erstens enthält dieser Ausdruck genau genommen einen Widerspruch. Eine Perspektive von 360 Grad kann es gar nicht geben, nicht einmal eine von 180 Grad. Jede Perspektive ist begrenzt. Es ist dem Menschen nicht möglich, von irgend etwas eine globale Sicht zu haben. Denn diese müßte nicht nur einander widersprechende Visionen enthalten, sondern auch die Kenntnis der Dinge, um die es geht, völlig ausschöpfen. Beides ist unmöglich.

Zweitens erscheint mir die Begeisterung für die globale Sicht als Überrest eines nicht so leicht aus der Welt zu schaffenden imperialistischen Gehabes, das vorgibt, etwas zu präsentieren, von dem man annimmt, es sei allgemeingültig und diene dem Wohl der ganzen Menschheit. Die Gefahr liegt darin, unkritisch die eigene begrenzte Sicht zum globalen Muß aufzublasen, das angeblich jedermann gut ansteht. Dieser Anzug sitzt aber nie vollkommen, und die Folgen können verheerend sein. Diese – oft unbeabsichtigte – Haltung verewigt die immer gleichen Archetypen von der *einen* Wahrheit, dem *einen* Gott, der *einen* Kirche, Zivilisation usw., wobei heute noch *eine* Technologie und *ein* gemeinsamer Markt hinzukommen.

Der *offene Horizont* andererseits könnte den Wert dieses Trends zu Einheit und Universalität bewahren, ohne ihn auf eine einzige Perspektive, Vision oder auf ein System zu verengen. Wir brauchen einen Horizont, um sehen und verstehen zu können. Aber wir sind uns bewußt, daß andere Menschen einen anderen Horizont haben. Wir trachten danach, diese Horizonte einzubeziehen, aber wir sind uns bewußt, daß jeder Horizont aufgrund seiner ihm eigenen Offenheit für uns immer unfaßbar bleibt.

Deutsch:
„Werden wir nicht nachlassen in unserem Kundschaften
Und das Ende unseres Kundschaftens
Wird es sein, am Ausgangspunkt anzukommen
Und den Ort zum ersten Mal zu erkennen.
Durch das unbekannte, erinnerte Tor,
Wenn der letzte Fleck Erde, der zu entdecken bleibt,
Jenes ist, das den Anfang gebildet."
Zitiert nach T. S. Eliot, *Gesammelte Gedichte 1909–1962.* Frankfurt a. M. (Suhrkamp) 1988, p. 335.
[43] Cf. zum Beispiel René Dubos, *Celebrations of Life.* New York (Mc Graw Hill) 1981, ch. 3, pp. 83–127.

2. DIE MENSCHLICHE PERSPEKTIVE

Diese Überlegung sollte sehr ernst genommen werden; man vermeidet den gängigen Fehler, dem Modernen zu huldigen, als ob die jeweils letzte Entdeckung und die neueste Studie endgültig wären oder zumindest wahrer als alle früheren und somit eine bessere Grundlage für die Synthese bildeten.[44] Hier scheinen zwei Faktoren eine wesentliche Rolle zu spielen. Zum einen: Wir können die Allgemeingültigkeit, die unseren Ansichten in jenem genau abgegrenzten Bereich zukommt, in dem sie den Anspruch auf Wahrheit erheben, nicht aufgeben, sobald wir einen gewissen Grad an intellektueller Reflexion erreicht haben. Dies ist eines der grundlegenden Axiome des Denkens. Diese Grundannahme kann nicht bestritten werden, denn, sie zu widerlegen, würde die Gültigkeit gerade dessen voraussetzen, was durch sie in Frage gestellt wird. Jede Aussage ist eine wahre Aussage, insofern sie den Anspruch erhebt, eine Wahrheit festzustellen.[45] Andererseits wissen wir aber auch, daß zwar keine Epoche der Geschichte der Menschheit das „letzte" Wort hat, aber gleichwohl jedes Wort *in seiner Zeit und für seine Zeit* eine gewisse Wirksamkeit besitzt. Das gleiche gilt für jeden Autor und jede Aussage.

Aus der Feststellung

„A ist B"   (a)

folgt, daß ich behaupte, daß

„A ist B" wahr ist

[oder (a) ist wahr]   (b).

Aus dieser Aussage ergibt sich als dritte:

„A ist B" ist immer wahr   (c),

[oder (b) ist immer wahr],

da aus rein logischen Gründen

(a) = (b) = (c).

Wenn (c) nicht zutreffen würde, könnten wir auch nicht wissen, ob (b) zutrifft. Dies bedeutet, daß die Gleichung (a) solange gilt, als A A bleibt und B B bleibt. Es gibt aber in A und B selbst kein Kriterium, das sicherstellt, daß das, was wir als A und B kennen, unverändert bleibt – sei es in unserer

---

[44] Jemand sollte den Einfall haben, eine Beispielsammlung von Denkern zusammenzustellen, die bewußt oder unbewußt wiederholen: „Heute wissen wir . . .", „das Allerneueste in der Wissenschaft ist . . .", „eben kürzlich wurde entdeckt . . .", „die moderne Variante lautet . . .", „heute sind wir endlich zum Schluß gekommen . . .", „Forschungen des Labors X oder an der Universität Y haben ergeben . . .", „das neueste Buch zu diesem Thema sagt . . ." usw. Neuheit ist nicht nur ein Modetrend, sondern das Wesentliche der heutigen Erkenntnisse scheint „die Neuigkeit" an sich zu sein. Aber jeder Autor muß, wenn er zu seinen Zeitgenossen spricht, dem Mythos Zeit seinen Tribut leisten.

[45] Cf. das berühmte Paradoxon des Kreters Epimenides: „Alle Kreter sind Lügner", das sich auf den Satz reduzieren läßt: „Die Aussage, die dies behauptet, ist falsch."

Wahrnehmung von A und B oder im Umfeld, das sie zu dem macht, was sie sind, A zu A und B zu B. Dies bedeutet, daß (a) gleichgesetzt werden kann mit der Aussage

„A ist B, solange A A ist und B B ist"   (d).

Wir wissen aber nicht, wie lange A und B ihre jeweilige Identität behalten werden. Mit anderen Worten, die jeweilige Identität von A und B ist für das logische Denken ein notwendiges Postulat (eine unbeweisbare Annahme), dem aber keinerlei Garantie von außen zukommt. Wird das, was wir heute als

„A ist B"   (a)

sehen, auch morgen so sein? Die drei Aussagen (a), (b) und (c) sind sicherlich gültig, aber keine von ihnen enthält irgendeine Garantie, daß sie auch morgen noch gültig sein werden.

(a) = (b) = (c) = (d)

führt zur Feststellung, daß der Zeitfaktor („so lange als") in jeder logischen Aussage stillschweigend enthalten ist, und daß eine Veränderung im zeitlichen Faktor die logische Aussage zunichte machen kann.

Unser Problem liegt darin, nicht zu wissen, ob der heutige offene Horizont morgen nicht einfach eine weitere begrenzte menschliche Sichtweise sein wird. Es handelt sich dabei um ein wohlbekanntes hermeneutisches Problem: Der Text ist immer eine Funktion seines Kontextes.[46] In welchem Sinne können wir überhaupt allgemeingültige Aussagen aufstellen, wenn diese von einem bestimmten, begrenzten Kontext abhängig sind und uns kein universaler Kontext zur Verfügung steht?

Um es in unserer Diktion zu sagen: Tappen wir in genau die gleiche Falle wie unsere Vorgänger, wenn wir vom Ende einer Epoche und von globaler Sicht sprechen? Wenn ich zum Beispiel sage, wir hätten heute die Möglichkeit einer weltweiten Vision und einer ganzheitlichen Auffassung der Wirklichkeit, falle ich dann nicht naiv dem gleichen Trugbild zum Opfer?

Aus diesem Grunde braucht es eben eine zweite Stufe der Reflexion, um die Skylla des Agnostizismus und die Charybdis des Dogmatismus zu umschiffen. Hier scheint es mir wichtig, klar zwischen *Relativismus* und *Relativität* zu unterscheiden, zwischen einer agnostischen Haltung, die sich durch die Furcht vor Irrtum intellektuell lähmen läßt, und einem Bewußtsein von Relativität, das weiß, daß nichts seine Bedeutung unabhängig von

---

[46] Hans Georg Gadamer stellt diese „rhetorische" Erfahrung in einen weiteren Rahmen: „Denn die Unverständlichkeit oder Mißverständlichkeit überlieferter Texte, die sie ursprünglich auf den Plan gerufen hat, ist nur ein Sonderfall dessen, was in aller menschlichen Weltorientierung als das ‚atopon', das Seltsame begegnet, das sich in den gewohnten Erwartungsordnungen der Erfahrung nirgends unterbringen läßt." *Kleine Schriften.* Tübingen (J. C. B. Mohr) 1967, Vol. I, S. 118.

einem *begrenzten* Kontext hat, weil alles Wissen und Erkennen, ja alles Seiende überhaupt, miteinander und in sich selbst in Beziehung steht.[47]

Zum Schluß möchte ich folgendes besonders betonen: Es wird sich keine Lösung, keine überzeugende Antwort finden lassen, bevor der Mensch nicht einen Mythos entdeckt hat, einen Horizont, der seinen intellektuellen und emotionalen Fähigkeiten gerecht wird. Das Aufzeigen eines vereinigenden Paradigmas, das nicht zugleich ein monolithisches, geschlossenes System ist, scheint von allergrößter Wichtigkeit zu sein. Diese Überlegungen bilden den umfassenden Hintergrund für die Hypothese, die ich hier aufstelle. Was ich präsentiere, ist nicht ein System, das heißt eine systematische Abhandlung über die Situation des Menschen im Universum. Was ich anbiete, ist eine Synthese, die offen bleibt und unterschiedliche Deutungen nicht nur zuläßt, sondern herausfordert.

Im weiteren gehe ich davon aus, daß diese Synthese dem Bereich des Mythos zuzurechnen ist, daß es sich nicht um die Vision einer Vision handelt, sondern ganz einfach um eine Vision. Das Mitteilen einer Vision geschieht nicht durch das Vorführen (von Bildern, von Wirklichkeit), sondern ist ein gemeinsames Teilhaben, eine „Kommunion" (im Schauen, am Universum): ein Mythos.[48]

3. ZUSAMMENFASSUNG

Versuchen wir a) aus phänomenologischer und b) aus philosophischer Sicht kurz zusammenzufassen. Anschließend folgt c) eine anthropologische Beschreibung und schließlich d) eine mythologische Erzählung.[49]

a) Als der Urmensch seine Laufbahn als bewußtes menschliches Wesen auf der Erde begann, fand er die Götter bereits vor. Dies scheint eine wichtige,

---

[47] Cf. das Kapitel „Pratītyasamutpāda" in meinem Buch *Gottes Schweigen.* München (Kösel) 1992, S. 98–108.

[48] Das Wort Mythos wird hier so verwendet, wie es in meinem Buch *Myth, Faith and Hermeneutics* (Teilübersetzung ins Deutsche unter dem Titel: *Rückkehr zum Mythos)* als grundlegender Verstehenshorizont definiert ist. Der Mythos ist das, woran du glaubst, ohne zu glauben, daß du daran glaubst: „Der Mythos dient als letzter Bezugspunkt, als Prüfstein der Wahrheit, mit dessen Hilfe Tatsachen als Wahrheiten erkannt werden. Wenn der Mythos von innen heraus geglaubt und gelebt wird, so wird nicht verlangt, daß man ihn tiefer ausloten muß, d. h. daß man ihn transzendieren muß auf der Suche nach einem noch tieferen oder jenseitigen Grund; der Mythos verlangt nur, immer deutlicher ausgedrückt zu werden, denn er offenbart den eigentlichen Grund unserer Überzeugung von der Wahrheit." *Rückkehr zum Mythos.* Frankfurt a. M. (Insel) 1985, p. 126. Cf. auch Virginia Corwin, *St. Ignatius and Christianity in Antioch.* New Haven 1960, pp. 127 sq., die folgende Kurzdefinition des Mythos (unter Einbezug von *Phil.* 2, 6) gibt: „eine Wahrheit, die in dramatische Form gegossen wurde, um dem dynamischen Beziehungsgeflecht zwischen dem Göttlichen, der Welt und dem Menschen Ausdruck zu geben." *Apud,* R. P. Martin, *Carmen Christi.* Cambridge (Cambridge University Press) 1967, p. 120 (Fußnote).

[49] Wir verzichten in dieser Zusammenfassung auf jegliche Fußnoten oder detaillierten Erklärungen von dem, was – so hoffen wir – in den folgenden Kapiteln klar werden wird.

wenn auch oft übergangene phänomenologische Tatsache zu sein. Die Götter sind älter als der Mensch, waren schon vor ihm da – im Bewußtsein des Menschen. Der Mensch der Urzeit war sich der Existenz des Göttlichen sicherer als der Existenz des Menschlichen. Und er hegte keine Zweifel in bezug auf den Kosmos. Er sann über die Götter genauso nach, wie er über die Natur und sich selbst nachsann. Alle drei Elemente waren bereits vorhanden. Und dann, als sich das menschliche Bewußtsein auf seinen langen Weg der Analyse und der Selbstreflexion begab, begann dieses ununterschiedene Ganze auseinanderzubrechen.

Damit einhergehend entfaltete sich allmählich ein zweites Moment im menschlichen Bewußtsein: eine lange Zeitspanne des unterscheidenden Wahrnehmens und der zunehmend sich aufgliedernden Perspektiven. Das Göttliche löst sich immer mehr aus dem Gewebe der Welt, und der Mensch wird immer mehr zum unabhängigen Wesen, das die unterschiedlichen Kräfte und Teilgesetze der umfassenden Wirklichkeit entdeckt und aufspaltet, aber auch sich selbst als immer individueller und als das Zentrum des Wirkens und Handelns erkennt. Es geht dabei um einen Prozeß des Aufspaltens und der Vereinzelung.

Es gibt im menschlichen Bewußtsein aber noch ein drittes Moment: die noch unvollständige Aneignung einer neuen Unschuld, die Synthese einer integrierenden Erfahrung. Die verschiedenen Seinsbereiche und Formen des Bewußtseins streben eine komplexe Einheit an; die zerstreuten Teile des zweiten Momentes drängt es zur Wiederherstellung des Ganzen; der Leib des Menschen wird erneut zum konstituierenden Teil seiner selbst, und die Welt erscheint wieder als jener größere Leib, mit dem der Mensch verwoben ist. Die menschliche Gemeinschaft wird sich bewußt, daß sie mehr ist als eine undifferenzierte Masse oder eine Anhäufung einander fremd gegenüberstehender Einzelner. Die vertikale, göttliche Dimension wird nicht mehr auf ein „anderes" Wesen projiziert, sondern als unendliche Dimension der Wirklichkeit selbst erfahren. Das Ideal der Synergie (des Zusammenwirkens) von Gott, Mensch und Kosmos existierte vermutlich bereits vom ersten Auftauchen des menschlichen Bewußtseins an. Es verharrte aber gewissermaßen in einem Schwebezustand des Aufkeimens und beginnt sich heute in immer klareren, zusammenhängenderen Formen herauszukristallisieren. Es scheint sich langsam eine echte Mutation (eine sprunghafte, nicht mehr rückgängig zu machende Veränderung) in der umfassenden Dynamik der Wirklichkeit abzuzeichnen. Denn eine Veränderung des Bewußtseins zieht unweigerlich auch eine Veränderung der Wirklichkeit nach sich.

Wie bereits gesagt, befaßt sich dieser Essay mit den letzten zehntausend Jahren der menschlichen Erinnerung und versucht, sowohl die östliche als auch die westliche menschliche Erfahrung einzubeziehen. Um die Moderne in ihrem weltweiten geographischen und geschichtlichen Zusammenhang zu verstehen, müssen wir das ganze Gewebe der menschlichen Erfahrung berücksichtigen, auch auf das Risiko hin, bestimmte Details zu wenig zu beachten.

b) Eine philosophische Zusammenfassung würde anmerken, daß im ersten Moment das menschliche Bewußtsein vom *Mythos des Kosmos* beherrscht wurde, das heißt von einer alles durchdringenden Wahrnehmung des Raumes. Die Wirklichkeit ist räumlich, und die drei Welten werden in räumlichen Begriffen verstanden: *oben* die Welt der Götter, *dazwischen* das Spektrum des Menschlichen und *darunter* die Unterwelt. Nichts ist wirklich, wenn es „aus dem Rahmen fällt", wenn es nicht irgendwo im Raum seinen Ort hat. Da alle – Gott, Mensch und Welt – wirklich sind, haben sie auch alle ihren Ort „im" Raum.

Im zweiten Moment ist die Zeit vorrangig. Die Wirklichkeit ist zeitlich, und die drei Welten sind die Bereiche von Vergangenheit, Gegenwart und Zukunft. Für einige gehört Gott vorwiegend der Vergangenheit an, für andere der Zukunft, für jene aber, die Mystiker genannt werden, ist das Göttliche vor allem und ursprünglich gegenwärtig. Auch der Mensch reist von einer zeitlichen Welt zur anderen, und der Kosmos offenbart sich selbst in der „Naturgeschichte". Der *Mythos von der Geschichte* ist das Hauptmerkmal dieses zweiten Moments. Erkenntnistheoretisch ist das Wahrnehmen der Subjekt-Objekt-Relation die große Errungenschaft dieses Momentes, denn es ist das Zeitbewußtsein, das es dem Menschen ermöglicht zu entdecken, daß er vor jedem Erkennen des (erkannten) Objektes die Struktur des (erkennenden) Subjektes berücksichtigen muß. Das Fortschreiten vom mehr räumlichen Objekt zum mehr zeitlichen Subjekt kann helfen, die wichtigste Dynamik dieses Momentes schematisch zu erfassen.

Den Mythos des dritten Momentes können wir nicht vollständig formulieren, weil wir ihn sonst zerstören würden. Wir können ihn vorläufig einen *vereinigenden Mythos* nennen und seine Tendenz zu einer Überwindung der Dichotomie von Subjekt und Objekt sowie jedes metaphysischen Dualismus zur Kenntnis nehmen. Wir können diesen Mythos als Bewegung auf Ganzheit und auf das Ideal der Synthese hin umschreiben. Die drei Welten sind nicht mehr vorwiegend räumlich oder zeitlich geprägt; sie sind viel eher die Welten des Geistes, des Lebens und der Materie; die Sphären des Göttlichen, des Menschlichen und des Kosmischen, die sowohl zeitliche als auch räumliche Universen durchziehen. Monismus und Dualismus scheinen überholt. Pluralismus (was nicht dasselbe ist wie Pluralität) und verschiedene nichtdualistische und trinitarische Einsichten scheinen sich immer mehr durchzusetzen. Nicht nur das raum-zeitliche Feld wird vereinigt, auch die Kluft zwischen Zeit und Ewigkeit (engl.: temporal – eternal) scheint in einem *tempiternen* Bewußtsein überbrückt zu werden.

Man könnte auch in einer etwas philosophischeren Ausdrucksweise von drei Phasen der Evolution des menschlichen Bewußtseins oder der Philosophie selbst sprechen: von der metaphysischen Philosophie, von der transzendentalen Philosophie und von einer alles umfassenden „Philosophie". Diese alles integrierende Philosophie versucht, jene Aporien zu überwinden, die das Merkmal praktisch jeder kritischen Philosophie sind, indem sie erkennt, daß die Elemente, die das Problem darstellen, nicht nur als jeweils zwei gegensätzliche auftreten – Subjekt – Objekt, Mensch – Welt, Idealismus – Realismus, Theorie – Praxis, Vorstellung – Wirklichkeit, Intellekt – Wille usw. –, sondern daß vielmehr die Beziehung zwischen diesen Elementen das Bindeglied bildet, das die trinitarische Einheit der Wirklichkeit ausmacht. Dann tritt der „circulus vitalis" (Lebenskreis) an die Stelle des „circulus vitiosus" (Teufelskreises).

c) Die anthropologische Variante dieses Essays betont den abertausendjährigen Prozeß, den der Mensch durchgemacht hat. Sie ruft die offensichtlich unbestreitbare Tatsache in Erinnerung, daß der Mensch ursprünglich ein verschwommenes undifferenziertes Bewußtsein hatte. Sie beschreibt das Einssein, in dem der Mensch einst lebte, und jenen komplexen schmerzhaften, aber auch wundervollen Prozeß des Unterscheidens, der Differenzierung und Entfremdung, den der Mensch ebenfalls durchgemacht hat. Sie beschreibt den Moment der Hinwendung nach außen und weist darauf hin, daß es jetzt an der Zeit ist, sich nach innen zu wenden, die Bruchstücke wieder zusammenzufügen und das Eins-Werden (engl.: „at-one-ment"; vgl. „atonement" = Versöhnung, Anm. d. Übers.) neu zu entdecken, das dem Menschen schon immer als Ideal vorgeschwebt hat. Die Anthropologie betont auch den phylogenetischen (die stammesgeschichtliche Entwicklung betreffenden) sowie den ontogenetischen (die Entwicklung des einzelnen Menschen betreffenden) Aspekt dieses Prozesses und weist darauf hin, daß die Krise unserer Zeit eng mit der Tatsache verbunden ist, daß auf der einen Seite das Bedürfnis nach Einheit stärker ist als je zuvor und daß auf der anderen Seite der Verlust des Weges dorthin so aktuell ist wie schon immer. Obwohl wir überzeugt sind, daß es an der Zeit ist, die Bruchteile einzusammeln und in organischer, harmonischer Weise neu zusammenzusetzen, scheint niemand zu wissen, wie das geschehen soll. Das einzige, was wir wissen, ist, daß wir jedem mißtrauen, der den Anspruch erhebt, im Besitz irgendeiner Art Allheilmittel zu sein. Eines sollten wir uns allerdings klarmachen: Die Synthese kann keine bloß intellektuelle sein. Es geht vielmehr um eine Art Rekonstruktion des großen *purusha,* des Urmenschen.

d) Die Erzählung vom Urmenschen ist bemerkenswerterweise einer der universalsten Mythen aller Zeiten, in Ost und West. Im Rahmen dieses Essays legen wir als Paradigma eine Kombination aus dem semitischen Mythos von Adam und der indoeuropäischen Erzählung von Prajāpati vor.

Es war einmal: ein glücklicher Anfang, ein Punkt Alpha, ein unterschiedsloser geheimnisvoller Ursprung von allem, was ist. Aus welchen Gründen auch immer – oder genauer: ohne äußeren Anstoß (denn dort ist nichts) – begann der Urgrund (Boehme), der Uranfang, Gott, die Leere, das Nicht-Sein . . . sich zu regen und brachte das Sein hervor, die Welt, das Licht, die Schöpfung und, in einem bestimmten Augenblick, den Menschen. Natürlich weisen die beiden Mythen entscheidende Unterschiede auf, aber beide stimmen darin überein, daß eine unterschiedslose Einheit, ein geheimnisvolles Prinzip sich aus seiner Einsamkeit herausbegab, sich aus seinem Untätigsein befreite und Zeit, Raum und alles, was sich dazwischen hin und her bewegt, schuf, es hervorbrachte, gebar. Es gab oder (vielmehr) gibt ein auslösendes Moment, einen Ursprung, eine Einheit, einen Gott, eine Materie, einen Samen.

Dieser Ursprung schafft, läßt entstehen, teilt sich selbst, einfach weil er nicht mehr allein sein will. Dies ist aber nur möglich, weil er sich seiner selbst bewußt geworden ist. Dieses Bewußtsein läßt den Urgrund in seiner eigenen Spiegelung (Reflexion) für ihn selbst sichtbar, das heißt wirklich werden. Dies ist eine doppelte Bewegung – die eine im Schoß des Urgrundes selbst, die andere „nach außen". Gott zeugt und schafft, er zergliedert sich selbst und schafft die Welt. Der Eine wird zur verborgenen Quelle und erschafft die Vielfalt. Aus diesem Prozeß geht der Mensch hervor. Er hat also denselben Ursprung wie der Kosmos, dieselbe Quelle, die wahre Macht jenes Göttlichen, das sich im Anfang regte. Alle drei existieren gemeinsam. „Vor" der Schöpfung war der Schöpfer sicherlich kein Schöpfer; vor dem „Vielen" gab es nicht einmal das Eine. Und doch verläuft diese Dynamik nur in einer Richtung: Das Eine ist im Urbeginn, es ist der Ursprung – aber es ist Ursprung nur insofern, als es alles aus sich entspringen läßt. Aus sich *selbst* ist es nichts.

Der Sündenfall kann das erste Moment sein oder auf einer zweiten Stufe kommen. In jedem Fall gibt es einen Sündenfall, und die Folge davon ist die historische Situation des Menschen, sind seine realen Lebensbedingungen. Im Menschen ist ein Hunger, ein Drang, ein Verlangen danach, Gott

zu sein, den Endzweck, das Ziel zu erreichen (obwohl viele Denker die Formulierung vorziehen „zu sein *wie* Gott", um es zu vermeiden, Gottes Abso-
lutheit oder die Identität des Menschen zu „trüben"). In Gott besteht die
gleiche Glut und eine unvergleichliche Liebe zum Menschen und zur Welt.
Auch hier besteht eine doppelte Bewegung: aus den Tiefen in die Höhen,
von der Welt, angespornt durch den Menschen, zu Gott hin, aber auch von
oben in die Abgründe, vom Einen zum Vielen. Dabei wird überall die
wechselseitige Dynamik von Opfer und Sakrament sichtbar. Letztlich hat
alles denselben Ursprung, ist alles mit allem verbunden. Das ganze Universum ist eine Familie, ein Makro-Organismus; es sind sozusagen „Blutsban-
de", die alles beleben, was ist. Wir gehören zur gleichen Rasse. Wir sind die
abgetrennten Glieder des einen Leibes. Unsere Aufgabe (und unser Vorrecht) ist es, den zerstückelten Leib zu er-innern, ihn wieder ganz zu machen, das heißt zu heilen, und all die *disjecta membra,* die abgespaltenen, in
alle Zeiten und Räume zerstreuten Teile der Wirklichkeit wieder einzuglie-
dern. Die Kraft für diese „Heilstat" mag aus verschiedenen Richtungen
kommen, sie stammt aber aus einer einzigen Quelle.

II

DIE DREI KAIROLOGISCHEN MOMENTE
DES BEWUSSTSEINS

Ich berücksichtige zwar die Zurückhaltung und die Vorbehalte, die beim Aufstellen einer Hypothese von solch umfassender Zielsetzung notwendig sind, dennoch wage ich aber die Aussage, daß wir in der Entfaltung des Bewußtseins drei menschliche Grundhaltungen entdecken können. Um ihren qualitativen Charakter hervorzuheben, nenne ich sie *kairologische* und nicht chronologische Momente.[50] Die drei kairologischen Momente, die wir im folgenden beschreiben, sind weder als bloß chronologische Epochen noch ausschließlich als Entwicklungsstufen in einem linearen Modell zu verstehen. Denn zum einen ist jedes der drei Momente jeweils auch in den beiden anderen gegenwärtig; darüber hinaus lassen sich aber alle drei auch mit mehr als einem der Schemata vereinbaren, die von Fachleuten auf diesem Gebiet aufgestellt wurden.[51] Dies schließt nicht aus, daß es in einer bestimmten Kultur eine chronologische Abfolge dieser drei Momente geben könnte oder daß Zivilisationen nicht räumlich nebeneinander, zeitlich aber diachron (verschiedene Zeiten übergreifend) bestehen könnten.[52] Dennoch können diese Momente kairologisch genannt werden, da sie klar einen zeitlichen Aspekt und sogar eine geschichtliche Abfolge aufweisen, auch wenn sie nicht logisch oder dialektisch den Mustern eines linearen, meßbaren Zeitablaufs folgen.[53] Die Idee einer kairologischen Dynamik sollte nicht

[50] Ich bin mir völlig bewußt, daß das griechische Wort *kairós* nicht immer das bedeutet, was ihm gewisse moderne Theologen gerne an Bedeutung beilegen (möchten), obwohl es eher den qualitativen Aspekt zum Ausdruck bringt als das Wort *chronos*. Zur Kritik der Unterscheidung im Neuen Testament siehe J. Barr, *Biblical Words for Time*. London (SCM) 1962, pp. 20–46. Ich könnte hier Ausdrücke aus der indischen Tradition verwenden; dies ist aber nicht unbedingt nötig, wenn wir im Hinterkopf behalten, daß Zeit sowohl einen sequentiellen, eher formalen (chronologischen) Aspekt als auch einen qualitativen, sich eher am Inhaltlichen orientierenden (kairologischen) Aspekt hat.
[51] R. Bellah zum Beispiel unterscheidet in seiner „Religious Evolution", *American Sociological Review*, XXIX (1964), pp. 358–374, fünf Stufen in der Entwicklung der Religion: die primitive, archaische, historische, früh-neuzeitliche und neuzeitliche.
[52] Cf. die Schwierigkeiten, denen Arnold Toynbee begegnete, und die Vorbehalte, die er beim Versuch anbrachte, in seiner bereits klassischen Untersuchung *A Study of History, op. cit.*, die Kriterien für eine „Vergleichende Studie der Zivilisation" aufzustellen und noch weit mehr beim Versuch, einen „Überblick über die Zivilisationen" zu erstellen. Chronologische Zeit allein genügt nicht.
[53] Für mich selbst ist es eine Bestätigung und für Eric Voegelin ein Beweis seiner intellektuellen Ehrlichkeit, daß er das zeitliche Muster aufgegeben hat, mit dem er sein Vorhaben eines sechsbändigen Werkes über *Order and History* begonnen hatte. Der rote Faden der linearen Zeitlichkeit riß nach dem dritten Band. Die gesammelten Fakten und gewonnenen Einsich-

mit einem linearen Konzept von „Fortschritt" oder einer starren Vorstellung von Entwicklung bzw. „Evolution" verwechselt werden.[54] Die Bewegung des Bewußtseins ist weder geradlinig noch chronologisch, sondern eher spiralförmig und kairologisch.[55] Wenn wir uns die großen Werke der Antike anschauen, müssen wir uns fragen, ob wir überhaupt irgendeinen Schritt weitergekommen sind. Ich nenne nur die Upanishaden, die Prophezeiungen des Jesaja, das Tao te king, die vier Bücher des Konfuzius, Platons Dialoge, das Majjhima Nikāya und die Erzählungen der Evangelien, um diese Behauptung zu unterstreichen. Mehr noch: Jeder, der Geschichte studiert, weiß, daß die meisten scheinbar modernen Vorstellungen bereits bei den Menschen der Antike zu finden sind. Ein chinesisches Sprichwort sagt: Alles, was gelernt werden kann, ist nicht wert, gelehrt zu werden. Ebenso bekannt ist, daß der alte Goethe Eckermann gegenüber ausrief: Wenn er besser verstanden hätte, was bereits vor ihm gesagt worden ist, hätte er es nicht gewagt, auch nur ein einziges Wort hinzuzufügen.[56] *Nil novum sub sole:*[57] „Es gibt nichts Neues unter der Sonne" . . . Und doch wachsen und gedeihen diese kostbaren Samen, die Früchte außergewöhnlicher Persönlichkeiten, in vielen Böden, so daß, was einst die Ausnahme, den Höhepunkt der Erfahrung einer bestimmten Epoche bildete, zum Allgemeingut einer späteren wird.[58]

ten überzeugten den Autor von der „Unmöglichkeit, die empirischen Typen in irgendeiner zeitlichen Abfolge linear anzuordnen, die es erlauben würde, daß die tatsächlich vorgefundenen Strukturen in einer Geschichte zum Vorschein kämen, die als ‚Ablauf' begriffen wird" – wie er in der Einleitung zum vierten Band seines monumentalen Werkes *The Ecumenic Age.* Baton Rouge (Louisiana State University Press) 1974, p. 2, feststellt.

[54] Cf. C. Dawson, *Progress and Religion.* London (Sheed and Ward) 1929, J. B. Bury, *The Idea of Progress. An Inquiry into its Origins and Growth.* New York, 2nd ed., 1955 usw.

[55] Cf. den von R. Guardini verwendeten vergleichbaren Ausdruck *Kairologie,* mit dem er die Macht und Einzigartigkeit des menschlichen Momentes zwischen Anfang *(Archäologie)* und Ende *(Eschatologie)* umschreibt, in: *Die letzten Dinge.* Würzburg (Werkbund-Verlag) 1940, Einleitung (ohne Seitenangaben).

[56] „. . . tout ce qui méritait d'être dit . . . a été proclamé et répété mille fois au long des siècles qui nous ont précédés." (. . . alles, war verdient gesagt zu werden . . ., ist in den Jahrhunderten vor uns bereits tausendmal gesagt worden.) G. Thibon, *L'ignorance étoilée.* Paris (Fayard) 1974, IX, der auch das chinesische Sprichwort und Goethes Worte anführt.

[57] Koh. 1,9.

[58] Leonardo da Vinci zum Beispiel verfeinerte das Prinzip der linearen Perspektive in der Malerei bis zu einem in seiner Zeit (oder müßte ich sagen bis heute?) unerreichten Grad. Seine Art zu sehen bestimmte so weitgehend die Sichtweise der folgenden Jahrhunderte, daß seine Gemälde heute als fast *zu* normal erscheinen. Sie sind zum Allgemeingut geworden. Der gewöhnliche Museumsbesucher findet kaum etwas anderes Bemerkenswertes daran als deren Berühmtheit. Ein anderes Beispiel ist die bekannte Geschichte des englischen Studenten, der seinen Professor fragte, weshalb Shakespeare so viele Clichés verwendet habe. Die Sichtweise der Meister ist immer *gewöhnlich* im doppelten Wortsinn: Sie gewöhnt die Menschen daran, die Dinge in einer bestimmten Weise zu sehen, so daß sie selbst unweigerlich der banalen Gewöhnlichkeit des Clichés verfällt und nur – wenn überhaupt – mittels außergewöhnlicher Anstrengungen oder der Intuition zurückgewonnen werden kann. [Im Englischen wird für „ge-

Es gibt allerdings noch einen anderen Grund, lebendige Wahrheiten immer und immer zu wiederholen; jede ehrliche Aussage stellt eine Neuinszenierung dar, die auch einen gewissen Neuheitswert in sich trägt. Man eignet sich bestimmte Wahrheiten neu an, die letzlich nur einleuchten können, wenn sie von neuem erlebt werden. Sprechen und Schreiben können so als liturgische Handlungen verstanden werden, die nicht nur wiederholen, sondern neu erschaffen.

Wie dem auch sei, ich werde nun die riskante Aufgabe auf mich nehmen, jene Kräfte und kulturellen Vektoren zu skizzieren, obwohl sie eigentlich viel ausgedehntere Studien erfordern würden, um ihnen wirklich gerecht zu werden. Man könnte denselben Prozeß in nicht-abendländischen Kategorien oder aus anderen Perspektiven (theologischen, anthropologischen usw.) darstellen. Auch wenn jede Epoche für sich in Anspruch nimmt, Endgültiges auszusagen, wissen wir doch, daß es keine endgültigen Aussagen gibt, sondern nur für die jeweilige Zeit gültige.

Damit wir uns nicht in rein methodischen Überlegungen verlieren, können wir ein eigentlich wichtiges Kapitel nur streifen, ein Kapitel, in dem wir unsere Methode ausführlich rechtfertigen und die sich daraus ergebenden Kriterien analysieren würden. Einige Überlegungen scheinen allerdings unabdingbar, und auf diese werde ich mich im folgenden beschränken.

1. Es kann in dieser Art Forschung keine von vornherein festgelegte Methode geben. Die Methode leitet sich aus dem untersuchten Gegenstand ab, und dieser Gegenstand kann nur ermittelt werden, wenn wir eine Methode anwenden, mit der das fragliche Phänomen sich überhaupt aufdecken und entschleiern läßt. Gerade in diesem Zusammenhang stellen „Vor-Verständnis", „hermeneutischer Zirkel" und „Methode" im allgemeinen große Probleme dar. Ich betone nochmals, daß ich das Ganze als *circulus vitalis* (Lebenskreis) charakterisieren würde – in Unterscheidung und als Gegensatz zum *circulus vitiosus* (Teufelskreis).

2. Das Nachdenken über die letzten Dinge kann, im Unterschied zu jeder anderen Art des Denkens, seine Methode nicht von irgendwo außerhalb entlehnen, zum Beispiel aus einem mathematischen Vorgehen oder einem Evolutionsschema. Es gibt keine höhere Instanz, auf die es sich berufen könnte. Deshalb muß es sich ganz auf sich selbst verlassen. Es kann nur

wöhnlich" der Ausdruck ordinary verwendet, der die Doppelbedeutung von *ordnen,* einrichten, bestimmen und *ordinieren,* zum Priester weihen enthält, Anm. d. Ü.] Cf. meinen Artikel „Common Patterns of Eastern and Western Scholasticism", *Diogenes* (1973), No. 83, pp. 103–113.

versuchen, für sich selbst transparent zu werden, das heißt in diesem Prozeß der Aneignung einer echten Möglichkeit des Verstehens sich seiner selbst bewußt und selbstkritisch sein. Andernfalls handelt es sich nur um angewandte Wissenschaft und nicht um Grundlagenforschung.

3. Nachdenken über das Ganze läßt überdies keinen Raum für irgend etwas außerhalb seiner selbst, nicht nur methodisch, sondern auch in bezug auf den eigentlichen Gegenstand des Nachdenkens. Wenn wir zum Beispiel von Wachstum sprechen, können wir nicht von einem bereits vorgegebenen Muster ausgehen. Wenn wir von der Entfaltung von Momenten reden, können wir nicht voraussetzen, daß diese einem vorgeschriebenen Gesetz oder irgendeiner „höheren" Instanz gehorchen.

4. Die letzte Grundlage für die Methode wird genau jene Wirklichkeit sein müssen, die mit Hilfe dieser Methode offengelegt wird. Es gibt kein Bewußtwerden ohne Voraussetzungen und Annahmen. Letztere sind die bewußten Ausgangspunkte, die eine kritische Untersuchung sich klargemacht hat und die sie „annimmt", um weitergehen zu können. Die ersteren sind, wie das Wort sagt, Voraus-Setzungen, das heißt sie sind der eigentliche Grund, den man als sicher voraussetzt und auf dem die Annahmen ruhen, ohne daß man sich ihrer bewußt ist. Nur jemand anderer kann unsere Voraussetzungen aufdecken. Wir können sie dann entweder akzeptieren – und sie damit in Annahmen verwandeln – oder sie zurückweisen, das heißt sie verändern.

5. Dem allgemeinen Gesetz der Ökonomie alles „Seienden" folgend: *Entia non sunt multiplicanda sine necessitate* (man vervielfache das Seiende nicht ohne Notwendigkeit), haben wir versucht, unsere Annahmen auf ein Minimum zu beschränken. Wir können dieses Minimum erreichen, wenn wir versuchen, in einer Sprache zu sprechen, die für so viele philosophische Systeme und Sprachen als möglich sinnvoll ist. Außerdem wird die Sprache hier soweit als möglich in formaler Weise verwendet, so daß die Wörter verschieden interpretiert werden können. Wenn wir zum Beispiel das Wort „Heil" *(salvation)* benutzen, meinen wir damit nicht ausschließlich, was ein Christ unter *sotería* versteht, sondern hoffen, damit auch *moksha, nirvāna,* Befreiung, Frieden und jeden anderen Begriff einzubeziehen, der das umfaßt, was ein bestimmtes Denksystem mit „Heil" bezeichnet.

6. Außer von den unbewußten Voraussetzungen leiten wir unsere Annahmen mit Absicht noch vom gegenwärtigen Bewußtsein ab, und zwar in einem Ausmaß, das es erlaubt, an diesem Bewußtsein teilzuhaben und dessen Annahmen zu kennen. Dies bedeutet, daß ich zwar durch Zeit, Raum, Sprache und Tradition geprägt, aber dennoch nicht direkt durch eine be-

stimmte Denkschule oder eine einzelne Religion beeinflußt bin – soweit dies einem Menschen überhaupt möglich ist.

In Anwendung dieser Grundsätze besteht also die Hauptannahme für unsere Untersuchung in der Bereitschaft, uns der ganzen Bandbreite der menschlichen Lebensbedingungen zuzuwenden, indem wir uns jener Hilfsmittel bedienen, die uns die Situation selbst zur Verfügung stellt. Anders gesagt: Wir verlassen uns nicht auf die Richtigkeit irgendeiner von außen herangetragenen Theorie; die Erklärung muß selbsterklärend sein. Dies bedeutet, daß wir die heute lebendigen Mythen als Bezugspunkte und als unseren Verstehenshorizont verwenden müssen, ohne den Versuch, sie zu rechtfertigen. Dies bedeutet im weiteren, daß wir unsere Zuflucht zu dem nehmen, was uns unmittelbar gegeben ist, nämlich zu unserem Bewußtsein.

Geschichtsphilosophien und -theologien, Religionssoziologien und -wissenschaften, aber auch Anthropologien und Psychologien jeder Art haben sich mit dem Problem befaßt, in der Evolution des menschlichen Bewußtseins eine gewisse Ordnung auszumachen. Viele Denker haben verschiedene Schemata vorgeschlagen, mit all den obligaten Perioden, Unterteilungen, Phasen usw. Allein sie aufzuzählen, würde einen ganzen Essay für sich in Anspruch nehmen.[59] Wenn unsere Dreiteilung von besonderem Wert ist, ist es jener, daß sie diese ausgearbeiteten und vervollständigten Schemata zusammenfaßt, in bestimmter Weise reflektiert und zum Ausdruck bringt. Allerdings geht sie dabei von weniger Annahmen aus und arbeitet mit einer größeren Bandbreite von Tatsachen, als sie damals verfügbar waren. In gewissem Sinne liegt meine Stärke darin, daß ich mich auf die Werke anderer stütze, obwohl die umfassende Einsicht eher die Frucht einer Vision, eher eine Erfahrung als die Schlußfolgerung aus einer intellektuellen Übung ist. Dies mag auch erklären, weshalb die hier beschriebene Intuition nicht auf die Geschichte oder den Menschen beschränkt ist, sondern die ganze Reichweite der Wirklichkeit einzubeziehen versucht.

---

[59] Um nur einige der bekanntesten Namen zu nennen: G. B. Vico, *La scienza nuova* (1744). Milano (Rizzoli) 1963, 2 Bände; J. G. Herder, *Ideen zur Philosophie der Geschichte der Menschheit* (1784–1791). Darmstadt (Melzer) 1966; A. Compte, *Cours de philosophie positive* (1830). Paris (Costes) 1908–1934, 6 Bände; besonders Bd. V: *La partie historique de la philosophie sociale;* G. W. F. Hegel, *Vorlesungen über die Philosophie der Geschichte* (1837). Leipzig (Reclam) 1907 usw. Cf. auch die Theorie der drei Zeitalter, nämlich des Vaters, des Sohnes und des Heiligen Geistes, wie Joachim von Fiore sie in seinem *Expositio in Apocalypsim* (oder *Apocalypsis nova)* aufstellte, und die sechs *aetates* des Augustinus, z. B. in *De Genesi ad litt.* XII (P. L. 34, 253 sq.) *De Genesi cont. manich.* I, 23, 41 (P. L. 34, 193), *Confess.* XII, 8, 8 (P. L. 32, 829) usw.

1. DAS ÖKUMENISCHE MOMENT

Es ist viel geschrieben worden über den Menschen der Urzeit. (Ich schlage vor, daß wir ihn nicht länger „primitiv" nennen, aus Gründen, die ich im folgenden darlegen werde.) Nach unzähligen Studien verschiedenster Art, anthropologischen, historischen, psychologischen und soziologischen, neigen wir heute zu einem gesunden Gleichgewicht zwischen den extremen Vorstellungen, die den urzeitlichen Menschen entweder zu einer minderwertigen Abstammungslinie des *homo sapiens* oder zum reinsten Beispiel der Menschlichkeit machen wollen. Im ersten Fall macht erst die Kultur den Menschen zum Menschen; im zweiten Fall ist die Zivilisation eine Krankheit. Ein gesundes Gleichgewicht wird die Unterschiede nicht übersehen, aber auch die Kontinuität nicht durchbrechen.

Außerdem müssen wir irgendwie fähig sein, uns diese urzeitliche Mentalität innerlich zu eigen zu machen, sie zu integrieren. Wenn keine Kontinuität zwischen dem Menschen der Urzeit und dem heutigen Menschen besteht, also ein urzeitliches Menschsein nicht in jedem von uns noch lebendig ist, kann es uns in keiner Weise gelingen, unsere Vorfahren – und uns selbst – wirklich zu verstehen.[60] Die Geschichte des Menschen ist mehr als einfach ein Spezialgebiet der „Naturgeschichte".

Es ist deshalb angebracht, mit der Beschreibung des ökumenischen Zeitalters zu beginnen, einer Epoche, die wir unter den Titel *der Mensch in der Natur* stellen können. In dieser Epoche ist die Natur der *oikos,* das Haus, die Wohnstätte des Menschen.[61] Hier erscheint das Göttliche als in die Natur eingebunden, die nicht bloß „natürlich" ist, sondern heilig und letztlich mit dem Göttlichen eins.[62] Es ist das, was die Historiker manchmal als die

---

[60] Cf. die aufschlußreichen Bemerkungen von M. Eliade in *The Quest:* „Es fällt mir schwer zu glauben, daß die Religionswissenschaftler, die in einem historischen Augenblick wie dem unseren leben, die schöpferischen Möglichkeiten ihrer Disziplin wahrnehmen sollten. Wie will man kulturell die geistigen Universen, die Afrika, Ozeanien und Südostasien uns eröffnen, assimilieren? Alle diese geistigen Universen haben einen religiösen Ursprung und eine religiöse Struktur. Wenn man sich ihnen nicht von der Religionswissenschaft her nähert, werden sie als geistige Universen verschwinden: Sie werden auf Tatsachenmaterial über soziale Organisationen, wirtschaftliche Regimes, Epochen der vorkolonialen und kolonialen Geschichte und dergleichen reduziert werden. Man wird sie nicht als geistige Schöpfungen erfassen, sie werden die westliche und die Weltkultur nicht bereichern – sie werden nur die schon beängstigende Zahl von Dokumenten vermehren, die in Archiven klassifiziert sind und nur auf den Computer warten, der sie sich einverleiben wird." *Die Sehnsucht nach dem Ursprung.* Frankfurt (Suhrkamp) 1976, p. 102–103.
[61] Natur ist *vish,* das Haus. Der Mensch ist *vishpati,* der Hausherr (Cf. *veshah, vicinus,* Nachbar und *vicus,* Gruppe von Häusern).
[62] Cf. A. Toynbee, der sagt: „Die älteste Art von Religion, über die Aufzeichnungen existieren, besteht aus Mythen über die nichtmenschliche Natur." *A Study of History* (Revised and abridged edition by the author and J. Caplan). London (Oxford University Press) 1972, p. 344, wo auch gesagt wird, daß die Natur heute nicht mehr religiös ist, weil der Mensch „mit

Epoche der Ackerbaukultur bezeichnen. Die gesamte Welt ist der Lebensraum des Menschen; er lebt von der Erde und bebaut sie. Er hat keinen „Sinn" für die Natur, denn er ist Teil der Natur. Er hat kein Bedürfnis danach, über die Natur nachzudenken, da er ihr selbst angehört. Er jagt, fischt und bebaut die Erde, er pflanzt sich fort und führt Krieg auf ihr. Er ist weder Zuschauer noch Schauspieler auf der Erde, sondern deren „natürliches" Produkt. Er ist deshalb heilig, denn das ganze Universum ist heilig, und er ist Teil dieses Ganzen. Die Verbundenheit mit der Wirklichkeit ist umfassend, ohne jede trennende und reflektierende Bewußtheit des eigenen Ich.

Natürlich ist sich der Mensch der Natur bewußt, genauso wie er sich seiner selbst bewußt ist. Mit der Zeit unterscheidet er sich immer mehr von der Natur, ohne sich aber von ihr abzuspalten. Dies zeigt die eigentümliche Beziehung des Menschen zur natürlichen Welt während dieser Epoche: Die Natur weckt Ehrfurcht, ruft Verehrung hervor, muß besänftigt werden; sie wird oft als der höherstehende Teil einer persönlichen Beziehung betrachtet. Personifizierung und Vergöttlichung gehen Hand in Hand. Der Mensch lebt mitten in all den natürlichen und göttlichen Kräften des Universums. Die Natur bringt Götter hervor, lebendige Wesen, Menschen und Dinge aller Art. Sie ist die große Urheberin. Sie ist ebenso *naturans* wie *naturata,* ebenso erzeugende wie erzeugte Natur. Ja mehr noch: Bei den Griechen gilt *physis* (Natur) als das dynamische Prinzip für alles.[63]
Die Beziehung des Menschen zur Natur unterscheidet sich in dieser Epoche nicht wesentlich von seiner Beziehung zu den Mitmenschen. Natur und Kultur sind nicht zwei getrennte Einheiten, und noch weniger stehen sie einander dialektisch gegenüber. Für das chinesische, römische oder germanische Recht zum Beispiel stehen viele Vergehen gegen „Dinge" auf derselben Stufe wie Vergehen gegen Menschen; und viele andere Rechtssysteme bestrafen „Dinge" wie Menschen. Diese Vision von der Wirklichkeit ist *kosmozentrisch.* Die Erde ist der Mittelpunkt des Universums und die Religiosität des Menschen zutiefst chthonisch, der Erde zugewandt.
Dieses kosmozentrische Bewußtsein muß nicht unbedingt als primitiver animistischer Glaube gedeutet werden. Die meisten „hochentwickelten"

Hilfe der Technologie" die Natur wissenschaftlich erforscht statt sie mythisch zu „entschlüsseln": „Der Mensch hatte allerdings seinen entscheidenden Sieg über die nichtmenschliche Natur gegen Ende des vierten Jahrtausends v. Chr. bereits gewonnen, als es ihm gelang, die Wasser des Unteren Euphrat-Tigris-Tales und des Unteren Niltales zu regulieren." Zuerst war das Göttliche mit der Natur „vermischt". Später wurde das Göttliche allein „erfahren" und noch später im Menschen. Jetzt ist es Zeit für die Synthese.
[63] Cf. R. Panikkar, *El concepta de naturaleza.* Madrid (CSIC) 1972 (2nd ed.), p. 23 sq.

Zivilisationen hegten diese Art von kosmischem Gefühl. Ich denke hier nicht ausschließlich oder hauptsächlich an die vorsokratische Überzeugung, die Welt sei heilig und deshalb „voller Götter".[64] Es handelt sich eher um die Überzeugung, der ganze Kosmos sei ein lebendiger Organismus – eine Überzeugung, die sich in der abendländischen Welt weit über Isaac Newton hinaus und in anderen Weltbildern bis in die heutige Zeit erhalten hat.[65] In den Worten eines modernen und doch traditionellen Theologen: ein *macanthropos*.[66] Tatsächlich hat Pico della Mirandola genau diesen Ausdruck gebraucht[67], der offensichtlich mit der biblischen Vorstellung verbunden ist, Adam repräsentiere das ganze Universum.[68] Diese Auffassung unterscheidet sich aber von einem bloß materialistischen Verständnis der Beziehung zwischen Mensch und Welt.[69] Sie findet ihr Gegenstück in der Idee vom Menschen als Mikrokosmos.[70] Dieser Gedanke ist nicht nur eine

[64] Der ganze Abschnitt lautet: „Aber es gibt auch einige, die sagen, die Seele sei mit dem All vermischt. Weshalb vielleicht auch Thales glaubte, alles sei voll von Göttern." Aristoteles, *De anima* I, 5 (441 a 8–9), übersetzt von Willy Theiler. Berlin (Akademie-Verlag) 1959, p. 21–22. Cf. eine verwandte Stelle in *Metaphysik* I, 3 (938 b 20 sq.), wo Aristoteles den ersten Grundsatz des Thales erörtert, und die einsichtsvollen Kommentare von E. Gilson, *God and Philosophy*. New Haven (Yale University Press) 1941 in seinem ersten Kapitel „God and Greek Philosophy." Cf. Augustinus, *De civitate Dei* VII, 6 (P. L. 41, 199), wo er Varros Ansicht überliefert, daß die vier Teile des ganzen Universums – Äther, Luft, Wasser, Erde – alle „voller Seelen" sind.

[65] Cf. als ein Beispiel den faszinierenden Bericht von Alexandre Koyré, *From the Closed World to the Infinite Universe*. New York (Harper) 1957; deutsch: *Von der geschlossenen Welt zum unendlichen Universum*. Frankfurt 1980, der bei der Beschreibung der „Krise des europäischen Bewußtseins" im 16. und 17. Jahrhundert diese auf die „Zerstörung des Kosmos" (von einem endlichen, wohlgeordneten Ganzen zu einem unbegrenzten, ja unendlichen Universum) und „die Geometrisierung des Weltraumes" (von den aristotelischen Räumen der Innenwelt zu einer euklidischen unendlichen und homogenen Ausdehnung) reduziert.

[66] „Le monde, dirait-on, fait un tout, un ensemble, et cet ensemble est humain – il est un ‚macanthropos'." (Die Welt, möchte man sagen, ist ein Ganzes, eine Einheit, und diese Einheit ist menschlich – es ist ein „Makanthropos") E. Mersch, *Le Christ, l'homme et l'univers*. Paris (Desclée de Brouwer) 1962, p. 13. Nicht ohne Grund hebt der große Theologe des Mystischen Leibes diese Vorstellung durch das ganze Buch hindurch hervor, das den Untertitel trägt: *Prolégomènes à la théologie du corps mystique*.

[67] „Advertendum vocari a Mose mundum hominem magnum. Nam si homo est parvus mundus, utique mundus est magnus homo, etc. Videtis quam apte omnes hae mundi partes et hominis congruant . . ." *Heptaplus*, in fine (apud H. de Lubac, *Pic de la Mirandole*. Paris, Aubier, 1974, p. 163).

[68] Cf. Augustinus, *In psalm.* XCV, 15 und Sekundärliteratur bei de Lubac, *op cit.*, p. 161.

[69] Cf. Macrobius *Scipio's Dream* II, 12: „Physici munduus magnum hominem brevem mundum esse dixerunt." Lipsiae: ed. Teubner, 1868, p. 614 (apud de Lubac, *op. cit.*, p. 167).

[70] Cf. den gängigen Glauben der scholastischen Tradition, wie er sich im folgenden Text widerspiegelt: „Et propter hoc homo dicitur *minor mundus*, quia omnes creatura mundi quodammodo inveniuntur in eo." „Darum wird der Mensch eine ‚Welt im Kleinen' genannt, weil alle Geschöpfe der Welt sich in ihm in gewisser Weise vorfinden." Thomas von Aquin, *Sum. theol.* I, q. 91, a. 1; deutsch: *Summa theologica*, Bd. 7: „Erschaffung und Urzustand des Menschen", p. 18. Das „dicitur" bezieht sich auf Aristoteles, *Phys.* VIII, 2, wo „der Philosoph" in seiner Verteidigung der These, daß „nie eine Zeit war, in der es Bewegung nicht gab, und nie eine Zeit sein wird, in der es keine Bewegung geben wird" (252 b 6) sagt: „Wenn das aber an

griechische Idee, trotz des griechischen Ausdrucks dafür, sondern auch eine nachhellenistische, christliche Vorstellung. Das Symbol ist vielleicht in der Grammatik selbst zu finden: vom *micros kosmos* zum *microcosmos*.[71]

Es gibt aber zwei unterschiedliche Momente in der Vorstellung vom Menschen als Mikrokosmos: ein immanentes und ein transzendentes Moment. Das erste, das geltend macht, der Mensch sei nichts als eine Mischung aus den vier Elementen, wurde von Gregor von Nyssa in Frage gestellt[72], von Duns Scotus hingegen gutgeheißen.[73] Das zweite wird von den christlichen Kirchenvätern, der Scholastik und der Renaissance mit überwältigender Zustimmung akzeptiert.[74]

Es ist also eine seit Platon vertraute Vorstellung[75], die in der christlichen Welt eine Zuspitzung erfährt. Origines betrachtet sie als wahrscheinlich[76], und Augustinus hat sie nicht widerlegt.[77] Später wurde sie, in verschiede-

---

einem Lebewesen geschehen kann, was hindert dann [die Annahme], daß das gleiche sich ereignen kann auch bezüglich des Alls? Wenn es doch in der ‚*kleinen Ordnung*' geschieht, so auch in der großen; und wenn in der geordneten Welt, dann auch in der grenzenlosen Unbestimmtheit . . ." 256 b 25–29, (übersetzt von Hans Günter Zekel. Hamburg [Meiner] 1988).

[71] Cf. de Lubac, *op. cit.* p. 160 sq. der auf Clemens von Alexandrien, Augustinus, Philo, Isidor, die Scholastiker bis zu Cusanus, Luís de León und Calvin verweist.

[72] *De hominis creatione* XVI, 3 (Cf. Laplace, SC VI, p. 151 sq.).

[73] *De divisione naturae* IV, 12 (P. L. 122, p. 793 sq.).

[74] Cf. de Lubac, *op. cit.*, pp. 160–169 für einschlägige Hinweise und erhellende Kommentare.

[75] Cf. den *locus classicus, Timaeus* 33 sq. und *Laws* 896 sq.

[76] „Obgleich also die Weltordnung im Ganzen in verschiedene Amtsbereiche gegliedert ist, darf man doch nicht glauben, sie sei unharmonisch und widersprüchlich. Wie unser Leib einer ist, aber aus vielen Gliedern zusammengefügt [vgl. 1 Kor. 12, 12], und von einer Seele zusammengehalten wird, so muß man, meine ich, auch das Weltganze gleichsam als ein ungeheuer großes Lebewesen ansehen, das wie von einer Seele von Gottes Kraft und Planung beherrscht wird. Das wird, meine ich, auch in der heiligen Schrift gedeutet, wenn es bei dem Propheten heißt [*Jer.* 23, 24]: ‚Bin ich es nicht, der Himmel und Erde füllt? spricht der Herr' und wiederum [*Jes.* 66, 1]: ‚Der Himmel ist mein Thron, die Erde der Schemel meiner Füße.' Ferner, wenn der Erlöser sagt [Cf. *Matth.* 5, 34 f.], man solle nicht schwören, weder beim Himmel, denn er ist Gottes Thron, noch bei der Erde, denn sie ist seiner Füße Schemel. Schließlich, wenn Paulus in der Rede vor den Athenern sagt [*Apg.* 17, 28]: ‚In ihm leben wir, bewegen wir uns und sind wir.' Denn inwiefern leben wir, bewegen wir uns und sind wir in Gott außer darum, daß er mit seiner Kraft die Welt umfaßt und zusammenhält? Und inwiefern ist der Himmel Gottes Thron und die Erde seiner Füße Schemel, wie der Erlöser selbst sagt, es sei denn darum, daß im Himmel wie auf Erden seine Kraft alles erfüllt, wie er auch sagt [*Jer.* 23, 24]: ‚Bin ich es nicht, der Himmel und Erde füllt? spricht der Herr.' Daß also Gott, der Vater des Alls, die ganze Welt mit der Fülle seiner Kraft erfüllt und zusammenhält, wird nach diesen Ausführungen, glaube ich, jeder leicht zugeben." Origines, *Vier Bücher von den Prinzipien* II, 3; übersetzt von Herwig Görgemanns und Heinrich Karpp. Darmstadt (Wissenschaftliche Buchgesellschaft) 1976, p. 289.

[77] Cf. *De genesi ad litteram*, 17 (P. L. 34, 226–227): „Potest autem et aliter intelligi, ut spiritum Dei, vitalem creaturam, qua universis iste visibilis mundus atque omnia corporea continentur et moventur, intelligamus; cui Deus omnipotens tribuit vim quamdam sibi serviendi ad operandum in iis quae gignuntur. Qui spiritus cum sit omni corpore aethereo melior, quia omnem visibilem creaturam omnis invisibilis creatura antecedit, non absurde spiritus Dei dicitur. Quid enim non est Dei ex iis quae condidit, cum etiam de ipsa terra dictum sit, *Domini est terra et plenitudo ejus* (*Psal.,* 23, 1); et illud universali complexione quod scriptum est, *Quoniam tua sunt omnia, Domine, qui animas amas* (*Sap.* 11, 27)? Sed tunc potest iste spiritus sic

nen Formen, scholastisch[78] und neuzeitlich.[79] Erst als es zu einer Identifikation der Weltseele entweder mit Gott oder mit dem Heiligen Geist kam[80], verurteilte die christliche Kirche diese Vorstellung.[81]

intelligi, si quod dictum est, *In principio fecit Deus coelum et terram,* tantum de visibili creatura dictum sentiamus; ut super materiam rerum visibilium in exordio fabricationis earum superferretur invisibilis spiritus, qui tamen ipse creatura esset, id est non Deus, sed a Deo facta atque instituta natura. Si autem universae creaturae, id est intellectualis et animalis et corporalis, materia creditur illo aquae vocabulo enuntiata, nullo modo hoc loco Spiritus Dei potest nisi ille incommutabilis et sanctus intelligi, qui ferebatur super materiam omnium rerum quas fecit et condidit Deus." Oder weiter: „Tertia opinio de hoc spiritus oriri potest, ut credatur spiritus nomine, aeris elementum enuntiatum; ut ita quatuor elementa insinuata sint, quibus mundus iste visibilis surgit; coelum silicet, et terra, et aqua, et aer: non quia jam erant distincta et ordinata; sed quia in illius materiae quamvis informi confusione, tamen exortura praesignibantur: quae informis confusio tenebrarum et abyssi nomine commendata est. Sed quaelibet sententiarum istarum vera sit, omnium rerum quae ortae sunt, quae videntur, et quae non videntur, non quantum ad vitia quae contra naturam sunt, sed quantum ad ipsas naturas attinet, Deum esse auctorem et conditorem credendum est; nullamque omnine esse creaturam, quae non ab ipso initium perfectionemque habeat generis et substantiae suae." *Ibid.,* 18 (P. L. 34, 227). Oder weiter: „At vero secundum istam novellam interpretationem, quam veteres corum si habuissent, mirum si Ciceronem Varronemque latuisset, Saturni filiuum Jovem dicunt, tanquam ab illa summa mente profluentem spiritum, quem volunt esse velut animam mundi hujus, omnia coelestia et terrena corpora implentem. Unde illud Maronis est, quod paulo ante commemoravi, *Jovis omnia plena.* Numquid non, si possent isti, sicut ipsam interpretationem, ita etiam superstitionem hominum commutarent, et aut nulla simulacra, aut certe Saturno potius quam Jovi Capitolia constituerent? Neque enim ullam animam rationalem sapientem fieri disputant, nisi participatione summae illius incommutabilisque sapientiae; non solum cujusquam hominis animam, sed ipsius etiam mundi, quam dicunt Jovam. Nos vero, esse quamdam summam Dei sapientiam, cujus participatione fit sapiens quaecumque anima fit vere sapiens, non tantum concedimus, verum etiam maxime praedicamus. Utrum autem universa ista corporalis moles, quae mundus appelatur, habeat quamdam animam, vel quasi animam suam, id est rationalem vitam, qua ita regetur sicut unumquodeque animal, magna atque abdita quaestio est: nec affirmari debet ista opinio, nisi comperta quod falsa sit. Quid autem hoc ad hominem, etiamsi semper eum lateat; quandoquidem nulla anima fit sapiens vel beata ex alia quacumque anima, sed ex illa sola summa atque incommutatibili Dei sapientia?" *De consensu evangelistarum* I, 35 (P. L. 34, 1058); *et etiam Retractationes* I, 5, 3 (P. L. 32, 591) und I, 11, 4 (P. L. 32, 601–602); *De civitate Dei* VI, 6 (P. L. 41, 199).

[78] Ein interessantes Argument wurde von Thomas von Aquin entwickelt, indem er, einer gängigen christlichen Tradition folgend, die These übernahm, Gott bewege die Welt wie die Seele den Leib. Cf. Albert Mg., *Summa de creaturis* II, q. 3, a.1 und Bonaventura, *In III Sent.,* dist. 2, a. 1, q. 2. Beide zitieren, wie sie als einen Ausspruch von Augustinus betrachten: „Ita est anima in suo corpore, sicut Deus est in mundo", obwohl der Satz in Wirklichkeit aus Alcherus Claravallensis, *De Spiritu et Anima,* c. 35 (P. L. 40, 805) stammt. Thomas von Aquin formuliert den Einwand so: „Praeterea, homo dicitur *minor mundus,* quia sic est anima in corpore, sicut Deus in mundo." Und er schließt, daß „similitudo attinditur quantum ad aliquid: quia scilicet, sicut Deus movet mundum, ita anima movet corpus. Non autem quantum ad omnia: non enim anima creavit corpus ex nihilo, sicut Deus mundum . . ." *Sum. theol.* I–II, q. 17, a. 8 ad 2.
[79] Cf. das monumentale Werk von P. Duhem, *Le système du monde; histoire des doctrines cosmologiques de Plato à Copernic* (1913). Paris (Hermann), 1954–1959, 10 vols.
[80] Cf. das Konzil von Sens (1140), das den Petrus Abelard zugeschriebenen Irrtum verurteilte: „Quod Spiritus Sanctus non sit de *substantia* [omnipotentia] Patris [aut Filii], *immo anima mundi.*" Oder gemäß einer neueren Version, „Quod Spiritus Sanctus sit anima mundi." Cf. Denz. 722.
[81] Wir denken hierbei unter anderem an die Ideen von Scotus Eriugena, Averroës, Avicenna, Siger von Brabant.

Der heutige Mensch verdrängt die Tatsache, daß diese Vision für den Menschen der Antike, des Mittelalters und der Renaissance Allgemeingut war, eine Vision vom ganzen Universum als einer lebendigen Wirklichkeit, in der Engel die Planeten bewegen, Dämonen herumstolzieren und jegliche Art von Geistern die kosmischen Sphären bevölkern.[82] Philosophen wie Theologen achteten allerdings sorgfältig darauf, das formale oder materielle Prinzip der Welt von Gott zu unterscheiden, aus Furcht davor, daß er sonst zu einer bloßen innerweltlichen Wirklichkeit abgewertet würde. Dennoch bestand darin Übereinstimmung, daß es ein dem Universum innewohnendes vereinigendes Prinzip gebe. Dieses Prinzip mache das Universum zur Einheit und sei in gewisser Weise dem Menschen eine würdige Ergänzung. Bezeichnend ist hierfür das Wortspiel des Methodus von Olympia, das mit der doppelten Bedeutung von Kosmos als Schmuckstück und Welt spielt. Der Mensch ist, so sagt er, *ho kósmos toû kósmoû,* „die Zierde (das Diadem) der Welt".[83] Es ist eine andere Art, die traditionelle Vorstellung vom Menschen als *magnum miraculum,* als großem Wunder, zum Ausdruck zu bringen.[84]

Aber diese Vorstellung macht das hierarchische Konzept des Universums keineswegs zunichte.[85] Im Gegenteil, sie verstärkt die Hierarchie, indem sie

---

[82] Zum Beispiel die Bestätigung von Albertus Mg. (*Summa de creaturis* I, tract. III, q. 16, a. 2): „Wir bekennen zusammen mit den heiligen Autoren, daß die Himmel keine Seelen haben und keine Tiere sind, wenn das Wort *Seele* im engeren Sinne verwendet wird. Aber wenn wir die Wissenschaftler *[philosophos]* mit den heiligen Autoren in Übereinstimmung bringen, können wir sagen, daß es in den Sphären gewisse Intelligenzen gibt . . . und sie werden die Seelen der Sphären genannt . . . aber sie sind nicht in einer Weise mit den Sphären verbunden, die es rechtfertigen würde, die (menschliche) Seele die Entelechie des Leibes zu nennen. Wir haben in Übereinstimmung mit den Wissenschaftlern gesprochen, die den heiligen Autoren nur in der Benennung widersprechen." Der heilige Thomas stimmt dem zu *(Sum. theol.* I, q. 70, a. 3). Cf. C. S. Lewis, *The Discarded Image.* Cambridge (University Press) 1971 für eine wirklich mittelalterliche Version. Cf. Dantes ganze *Commedia,* z. B. *Inferno* VII, 73 ff.; *Paradiso* II. Für eine vertiefte Behandlung des Themas cf. den Epilog am Schluß dieses Buches.
[83] *De resurrectione,* I, 35 (apud De Lubac, *op. cit.,* p. 163).
[84] Das Zitat aus Mercurius, das auf den Menschen als „magnum miraculum" verweist, war im Mittelalter, aber auch in der Renaissance allgemein bekannt. Cf. Augustinus, *De civitate Dei* X, 12, und andere „auctoritates" wie sie bei De Lubac, *op. cit.,* p. 161 sq. zitiert sind.
[85] Cf. den bedeutenden Text des heiligen Thomas, der die allgemeine Mentalität seiner Zeit zusammenfaßt: „Ex omnibus autem his . . . colligere possumus quod . . . Deus omnia per seipsum disponit; unde super illud: *Quem posuit alium super orbem, quem fabricatus est? (Job* 24, 13) dicet *Gregorius:* mundum quippe per se ipsum regit qui per se ipsum condidit, et Boethius: Deus per se solum cuncta disponit. Sed, quantum ad executionem, inferiora pers superiora dispensat, corporalia quidem per spiritualia; unde *Gregorius* dicit: In hoc mundo visibili nihil nisi per invisibilem creaturam disponi potest; inferiores vero spiritus per superiores; unde dicit *Dionysius* quod caelestes essentiae intelectuales primo in seipsas divinam edunt illuminationem, et in nos deferunt quae supra nos sunt manifestationes, inferiora etiam corpora per superiora; unde dicit *Dionysius* quod sol ad generationem visibilium corporum confert et ad vitam ipsam movet . . . De his autem omnibus simul dicit Augustinus: Quemadmodum corpora grossiora et inferiora per subtiliora et potentiora quodam ordine regentur, ita omnia corpo-

dem Menschen sowie allen über- und untergeordneten Wesen ihren je eigenen Platz zuweist. Sie stellt auch nicht in Frage, daß der Mensch eine besondere Rolle spielt und einen einzigartigen Auftrag zu erfüllen hat. Hier wird der alttestamentliche Gedanke vom Menschen, der über die Erde herrscht und sie bebaut[86], durch die Vorstellung des Neuen Bundes ergänzt, der Mensch arbeite gemeinsam mit Christus an der Erlösung der Welt.[87] Wir möchten aber nicht bei diesen historischen Hypothesen verweilen[88], sondern noch eine weitere Überlegung zur Diskussion stellen.

Normalerweise wachsen Korn und Unkraut gemeinsam. Nur die Übereifrigen bringen nicht die nötige Geduld – Toleranz[89] – auf, die richtige Zeit abzuwarten, um erkennen zu können, was wirklich ist.[90] In unserem Falle ist das „Korn" die positive (und einst so vertraute) Idee der Weltseele, der *anima mundi,* das heißt die sich nach oben ausrichtende Überzeugung, daß das Universum ein lebendiger Organismus ist und wir „Sterblichen" das Schicksal des gesamten Kosmos teilen; daß unser Leben an der allgemeinen Erleuchtung teilhat[91] und daß wir Funken jenes Lichtes sind, das jeden

---

ra per spiritum vitae rationalem, et spiritus rationalis peccator per spiritum rationalem justum." *C. Gentes* III, 83. Cf. einen weiteren Kommentar zu dieser grundlegenden Idee der kosmischen Ordnung in meinem Werk, *El concepto, op. cit.,* pp. 238–248.

[86] Cf. *Gen.* 1, 28.

[87] Cf. 1 *Kor.* 3, 9: *theoû gár esmen synergoí,* „Wir sind Gottes Mitarbeiter".

[88] Eine gute Einführung in die Diskussion geben die Artikel von L. White, Jr.; R. Dubos, H. P. Santmire, G. Fackre *et al.* in *Western Man and Environmental Ethics,* edited by I. G. Barbour. Massachusetts (Addison-Wesley Publishing Co.) 1973.

[89] Cf. *Lk.* 21, 19: *en tē hypomonē-hymōn ktēdesthe tàs psychàs hymōn.* „Wenn ihr standhaft bleibt *[patientia],* werdet ihr das Leben gewinnen." Cf. auch meinen Essay „Pluralismus, Toleranz und Christentum" in *Pluralismus, Toleranz und Christenheit.* Nürnberg (Abendländische Akademie) 1961, pp. 117–142.

[90] Cf. *Matth.* 13, 24–30 und *Sir.* 1, 23: „Der Geduldige hält aus bis zur rechten Zeit, doch dann erfährt er Freude."

[91] Cf. Augustinus: „Deus intelligibilis lux, in quo et a quo et per quem intelligibiliter lucent, quae intelligibiliter lucent omnis." *Soliloq.* I, 1, n. 3 (P. L. 32, 870). „Dich, o Gott – Licht der Erkenntnis, Ursprung, Grundlage und Urheber des Erkenntnislichtes in allem, was in dem Strahle des Lichtes erkennbar ist." *Selbstgespräche,* übersetzt von Peter Remark. München (Heimeran) 1951, p. 11. Oder weiter: „Cum vero de his agitur, quae mente conspicimus, id est intellectu atque ratione, ea quidem loquimur, quae praesentia contuemur in illa interiore luce veritatis, qua ipse, qui dicitur homo interior, illustratur et fruitur; sed tum quoque noster auditor, si et ipse illa secreto ac simplici oculo videt, nouit quod dico sua comtemplatione, non verbis meis. Ergo ne hunc quidem doceo vera dicens vera intuentem; docetur enim non verbis meis, sed ipsis rebus deo intus pendente manifestis . . ." *De magistro* XII, 40 (P. L. 32, 1217); Cf. auch „De ideis", no. 2, *De div. quaest.* LXXXIII, q. 46 (P. L. 40, 30), Div. Thom. *Sum. theol.* I, q. 84, a. 5; q. 88, a. 3. „Handelt es sich jedoch um Dinge, die wir geistig, das heißt mit Einsicht und Verstand betrachten, drücken unsere Worte allerdings etwas aus, das wir als etwas Gegenwärtiges in jenem inneren Licht der Wahrheit erblicken, das den sogenannten ‚inneren Menschen' mit seiner Helligkeit und seinem Genuß durchdringt. Aber auch in diesem Falle gewinnt unser Hörer die Erkenntnis solcher Dinge bloß durch sein in der Seele verborgenes Auge, und was ich ihm sage, erfährt er durch seine vergeistigte Anschauung und nicht durch meine Worte. Wenn ich ihm also Wahres sage, lehre ich ihn schon nicht mehr die Wahrheit, denn er betrachtet sie ja selbst; er wird daher nicht durch meine Worte zu belehren

Menschen erleuchtet, der in diese Welt kommt[92]. Dieses Licht zeigt sich nur bei ganz seltenen Gelegenheiten in seinem Glanz vom Berg der Verklärung.[93] Das Leben ist Solidarität; wir alle sind in die Ereignisse des Universums einbezogen; jedes Handeln findet seinen Widerhall im Universum.[94] Der Mensch ist nicht isoliert. Auch wenn er in Einsamkeit leidet, dient dies nur dazu, das Band neu zu knüpfen, das ihn mit dem Ganzen verbindet, wenn es sich durch widersprüchliche Gefühle verwickelt hat oder durch Verstrickung in bloße Teilaspekte der Schöpfung zerrissen ist.[95]

Das negative störende Element (das „Unkraut") ist in diesem Falle die Vorstellung, daß diese Seele Gott sei; ein Gedanke, der nicht nur die Unabhängigkeit und Transzendenz Gottes erstickt – er macht Gott gänzlich diesseitig –, sondern dieser Welt auch jede offene Möglichkeit versperrt, sich zu entwickeln und neue, bisher unerforschte Pfade zu begehen – er macht die Welt zu einem gefügigen Instrument ihres belebenden Prinzips, der Seele, statt sie das Risiko der Kreatürlichkeit eingehen zu lassen. Wenn die Welt „aus dem Nichts" auftaucht, stehen ihr alle Möglichkeiten offen, auch jene, wieder ins Nichts zurückzukehren.[96] Wenn überdies Gott die Weltseele ist, wird die menschliche Freiheit zur Illusion, da der Mensch dann nicht seinen eigenen Weg gehen könnte, sondern allein von der der Welt innewohnenden Seele bewegt würde. Natürlich setzt all dies eine be-

sein, sondern durch die Dinge selbst, die er sieht, weil sie ihm Gott innerlich enthüllt hat." Übersetzt von Carl Johann Perl, *Der Lehrer.* Paderborn (Schöningh) 1959.
[92] *Joh.* 1, 4.
[93] Cf. *Mark.* 9, 2–8.
[94] Dies ist die wichtigste Erkenntnis der Theorie des *karma.* Cf. R. Panikkar, „The Law of *Karma* and the Historical Dimension of Man", Kapitel XIV von *Myth, Faith and Hermeneutics, op. cit.*, pp. 361–388.
[95] Cf. Pierre Rousselot, *Pour l'histoire du problème de l'amour au moyen âge* (Baeumker-Beiträge). Münster (Aschendorff) 1908, VI.
[96] Wir brauchen den Leser kaum daran zu erinnern, daß diese Vorstellung von der creatio ex nihilo in der christlichen Tradition eine lange und bedeutende Geschichte hatte. Cf. z. B.: „Non quia informis materia formatis rebus tempore prior est, cum sit utrumque simul concreatum, et unde factum est, et quod factum est. Sicut enim vox materia est verborum, verba vero formatam vocem indicant: non autem qui loquitur, prius emittit informem vocem, quam possit postea colligere, atque in verba formare: ita creator Deus non priore tempore fecit informem materiam, et eam postea per ordinem quarumque naturarum, quisi secunda consideratione formavit formatam quippe creavit materiam." – „Ce n'est que la matière informe soit temporellement antérieure aux choses formées: ces deux principes d'être sont en effet simultanément ,concréés' d'une part ce dont une chose est faire, d'autre part ce qu'elle est faite. C'est ainsi que la voix est la matière du mot et que les mots expriment la voix formée: néanmoins, celui qui parle ne commence pas par émettre une voix informe, susceptible d'être ensuite déterminée et formée en mots; pareillement, le Dieu créateur n'a pas dans un premier temps créé la matière informe, pour ensuite, dans une sorte de seconde considération, la former selon l'ordre de chaque nature; non, il a créé la matière formée." Augustinus, *De Genesis ad Litteram,* I, XV, 29, (P. L. 34, 257); cf. auch Div. Thomas, *Sum. theol.* I, q. 45, a. 1 und die interessanten Worte des *Tao te king* (XL): „Alle Dinge unter dem Himmel entstehen im Sein. Das Sein entsteht im Nichtsein." (übersetzt von Richard Wilhelm, Zürich. Ex Libris, 1976).

stimmte Vorstellung von Göttlichkeit voraus. Aber es war genau diese Vorstellung, die jene Epoche beherrschte, als der Mythos von der *anima mundi* hoch im Kurs stand. Es war die „gefährliche" Identifikation Gottes mit der Weltseele, die beiden Vorstellungen Schaden zufügte. Letztlich führte sie dazu, daß man von einer Vielzahl von Weltseelen ausging. Dennoch machte die inhärente hierarchische Struktur dieser mehrfachen Seelen ein höchstes Prinzip unvermeidlich: eine Seele der Seelen.[97]
Es markiert ein verhängnisvolles Moment in der menschlichen Entwicklung, daß die *Nuova Scienza* in der Leidenschaft ihres ersten Aufblühens innerhalb der europäischen Geschichte all dies als primitiven Animismus oder als Überbleibsel einer überholten Weltsicht abtun sollte. Statt Wachstum und Kontinuität begünstigte die Mathematisierung der Welt einen Bruch, dessen Folgen wir erst heute allmählich zu sehen und den Preis dafür zu bezahlen beginnen.
Wie verschieden dieser Prozeß aber auch im Detail von Kultur zu Kultur verlaufen mag, der Mensch lebte und lebt noch immer in einer Art und Weise in Gemeinschaft mit der Natur, die in den Ohren technologiegewohnter Städter befremdlich klingen mag: Die nichtstädtische Bevölkerung hat sich der Natur nicht entfremdet, sondern versteht sich sozusagen als deren Blutsverwandte. Erst mit der Vorherrschaft des quantitativen Weltbildes, wie sie die sogenannten „Natur"-Wissenschaften mit sich gebracht haben, taucht auch diese Entfremdung auf und wird heute zur allgemeinen Erfahrung.[98] Dies möchte ich im folgenden beschreiben.

2. DAS ÖKONOMISCHE MOMENT

Ist bereits die Literatur über den Menschen der Urzeit und die Ursprünge der Menschheit überwältigend, so ist die Überfülle an Gedanken, Ideen und Hypothesen zum Wesen der „Moderne" ganz einfach verwirrend und läßt sich kaum mehr übersichtlich zusammenfassen. Es würde uns außerdem von unserer eigentlichen Aufgabe ablenken, wollten wir auch nur einen flüchtigen Überblick über den Forschungsstand zu geben versuchen.

---

[97] Cf. die Analogie von Augustinus, der Gott „anima animae meae" nennt.
[98] Cf. René Guénon, *The Reign of Quantity and the Signs of the Times*. London (Luzac and Co.) 1963, (Orig. franz. 1945): „. . . in pure quantity . . . separation is at its maximum, since in quantity resides the very principle of separativity, and the being is more ‚separated' and shut up in himself the more narrowly his possibilities are limited, that is, the less his essential aspects comprises of quality" (p. 84). Cf. die klare Stimme des heiligen Thomas: „Scientia Dei est mensura rerum, non quantitative, qua quidem mensura carent infinita, sed quia mensurat essentiam et veritatem rei." *Sum. theol.* I, q. 14, a. 12, ad 3.

Wir müssen uns statt dessen bis zu einem Abstraktionsgrad hin einschrän-
ken, der philosophischen Spekulationen förderlich ist.

a) Wissenschaftlicher Humanismus

Habe ich das erste kairologische Moment als Epoche der urzeitlichen Mentalität bezeichnet, so möchte ich die zweite einerseits durch die wissenschaftliche Mentalität und andererseits durch die humanistische Einstellung charakterisieren. Heutzutage trägt beinahe alles, was als wertvoll betrachtet wird, das Etikett „wissenschaftlich" oder „humanistisch". In der
berühmten Maxime des Protagoras: „Der Mensch ist das Maß aller Dinge"[99], sind die beiden Ansatzpunkte dieser Einstellung in unübertroffener
Weise in einem einzigen Satz zusammengefaßt: Der *Mensch* steht im Mittelpunkt von allem, und das *Maß* ist der innerste Kern des Menschen. Es
ist dieses Vorwiegen des Maßes, das uns erlaubt, das zweite kairologische
Moment mit dem Begriff *Mensch über der Natur* zu charakterisieren. Hier
ist das Göttliche (ob anerkannt oder nicht) im Menschen verborgen. Ist in
der ersten Epoche die Natur mehr als natürlich, dann ist hier der Mensch
mehr als menschlich und damit der Mensch an sich auch mächtiger als jedes einzelne Individuum.

Die in diesem Moment wirksame Einsicht ist der *nomos,* das *dharma,* das
tao (ohne damit diese Vorstellungen als synonym zu bezeichnen). Der
Mensch entdeckt die *Gesetze* des Universums, die objektiven Strukturen
der Wirklichkeit; er unterscheidet, mißt, stellt Versuche an. Dies ist, genau
genommen, die *geschichtliche Epoche* der Zivilisation. Der Mensch ist *König*
der Schöpfung, der Herr des Universums. Überdies entdeckt er durch das
Erkennen der Gesetze des Kosmos allmählich seinen eigenen *nomos* . . . Er
wird sich immer mehr bewußt, daß sein Verstand, sein *nous* das Kriterium
für seine Erkenntnisfähigkeit und möglicherweise sogar für die Wirklichkeit ist. Nachdem er über die Natur gestaunt hat, beginnt er jetzt, über seinen eigenen Verstand zu staunen und erkennt ehrfürchtig, daß das physische Universum jenen Gesetzen zu folgen scheint, die sein Verstand entdeckt hat und zu formulieren vermag.

Das Göttliche erscheint – wie verschleiert auch immer, eingestandenerma-
ßen oder nicht – im Menschen selbst. Die ausgewogene Definition des
Menschen durch Aristoteles: *zōon echon logon,* ein mit dem *logos* ausgestat-

---

[99] „Aller Dinge Maß ist der Mensch" – *pántōn chrēmátōn métron ánthrōpos;* Protagoras, *Frag-
ment* 1. Cf. das Kapitel „La superación del humanismo" in meinem Buch *Humanismo y Cruz,
op. cit.,* pp. 178–253 (mit Bibliographie), das meine These von 1951 etwas ausführlicher
bringt: „El cristianismo no es un humanismo", Arbor, 62 (February 1951). Für weitere Hinweise cf. das Kapitel „Religion et humanisme" in H. De Lubac, *Pic de la Mirandole, op. cit.,*
pp. 145–159.

tetes Tier oder eher ein lebendiges Wesen, das von dieser geheimnisvollen – göttlichen – Kraft, genannt *logos*, durchquert wird, wird allmählich neu interpretiert, so daß die Animalität des Menschen vernachlässigt und seine Göttlichkeit, sein *logos* auf bloße Vernunft reduziert wird.[100] Dieser *logos* hat die erstaunliche Fähigkeit, nicht nur die Dinge zu „sehen" und objektiv zu erkennen, sondern auch zu sehen, daß er sieht, zu wissen, daß er erkennt.[101] Es handelt sich um mehr als bloße Reflexion. Der Mensch hatte in seinem moralischen Bewußtsein schon immer die Möglichkeit der Reflexion und einen Sinn für Verantwortung. Hier geht es um das Nachdenken, das zur dritten Macht erhoben wird, nämlich um Reflexion nicht über Dinge (ich weiß, daß ich Dinge erkenne), auch nicht über das Ich, das weiß (ich weiß, daß es mein Ich ist, das die Dinge erkennt), sondern um das Nachdenken an sich (ich weiß, daß ich in mir und durch meine Erkenntniskraft erkenne). Hier weiß der Mensch nicht nur, daß er ein erkennendes Wesen ist, sondern macht dieses Wissen, dieses Erkennen zum Gegenstand seines Nachdenkens. Und hier, im Erforschen seiner Erkenntnisfähigkeit, verfängt er sich auch. Die Frage bringt deshalb nicht nur Philosophie, sondern kritische Philosophie hervor: Es ist die *res cogitans* (das denkende Ding), um die es hier geht, das, was den Menschen zum Menschen und letztlich auch göttlich macht. Vernunft wird zum höchsten und positiven Wahrheitskriterium erhoben. In gewissem Sinne wurde die Vernunft schon immer als Negativkriterium betrachtet, seit der Mensch entdeckt hat, daß sein Bewußtsein auch reflexives, über sich selbst nachdenkendes Bewußtsein sein kann. Sie verfügt über eine Art Vetorecht: Was der Vernunft als

---

[100] Der Ausdruck von Aristoteles lautet: *lógon de mónon ánthrōpos échei tōn zōon*, deutsch: „Der Mensch ist aber das einzige Lebewesen, das Sprache [*logos*] besitzt." (*Polit.* I, 2, 1253 a 9 sq. Cf. VII, 13, 133b 5), deutsch von Olof Gigon, *Politik und Staat der Athener.* Zürich (Artemis) 1955, p. 58. Cf. „Mit anderen Worten: Man hat den Logos vergöttlicht. Die Theologen haben von *Verbum Dei* gesprochen und dieses *Verbum Dei* als Gott betrachtet, obwohl sie in Klammern hinzufügten, daß es der Sohn Gottes sei. Die Metaphysiker haben auf dem *verbum entis* aufgebaut, und dieses *verbum entis* wird als das Sein verstanden, das auch nicht selten vergöttlicht wurde. Die Erkenntnistheoretiker sind von dem *verbum mentis* ausgegangen, und dieses *verbum mentis* ist das letzte Kriterium, das dem Philosophen zur Verfügung steht, um über die Wahrheit zu entscheiden. Späte Philosophen haben das *verbum mundi* zum Ausgangspunkt gemacht und die Wissenschaftstheoretiker sowie die modernen Sprachphilosophen werden das *verbum hominis* als letzte Instanz anerkennen. Man hat nicht nur das Sein vergessen, man hat auch den Mythos außer acht gelassen, und diese Achtlosigkeit hat auch das Pneuma getroffen." R. Panikkar, „Die Philosophie in der geistigen Situation der Zeit", *Akten des XIV. Internationalen Kongresses für Philosophie.* Wien (Herder) 1971, S. 80.
[101] Cf. Aristoteles, der sagt, daß der Geist sich selbst (er)kennen kann: *kaì autòs dè autòn tóte dýnatai noeîn*, *De anima*, III, 4 (429 b 9) und wiederholt, daß der Geist selbst ebenso gedacht werden kann wie seine Objekte: *kaì autòs dè noētós estin hōsper tà noētá* (430 a 2) und darauf besteht, daß die theoretische Wissenschaft und ihr Gegenstand identisch sind: *hē gàr epistēmē hē theōrētikē kaì tò hoútōs epistētòn tò autò estin* (Ibid.). Cf. auch die scholastischen Kommentare dazu.

widersprüchlich erscheint, kann nicht so sein. Aber die negative passive Kraft der Vernunft wird mit dem Aufkommen der zweiten kairologischen Epoche positiv und aktiv.

In der abendländischen Welt könnte man Descartes als Repräsentanten dieser radikalen Veränderung betrachten. Sicherlich kann das, was widersprüchlich ist, nicht wahr sein; aber Wahrheit wird nicht ausschließlich durch Nichtwidersprüchlichkeit bestimmt. Die berühmten hundert Taler in Kants Geldbeutel sind nicht widersprüchlich, und dennoch müssen sie nicht notwendigerweise existieren. Der berechtigte Wunsch, ein positives Kriterium für Wahrheit zu finden, ließ Descartes behaupten, daß ich nur das als wahr akzeptieren kann, was ich mit Klarheit und Unterscheidungsvermögen als solches sehen kann. Diese Behauptung kann nicht umgekehrt werden, denn dann würde Wahrheit *ausschließlich* als das betrachtet, was ich mit klarem Unterscheidungsvermögen sehen kann. Genau dies aber tat Descartes beim Versuch, aus der ganzen Vielfalt unvereinbarer Meinungen ein einziges Wahrheitskriterium herauszugreifen. Das heißt, in dem Moment, in dem mir die Gewißheit mehr Anliegen ist als die Wahrheit, werde ich nicht mehr nur danach fragen müssen, was zutrifft, sondern auch danach, was mir die Gewißheit verschafft, daß dies zutrifft. Dies brachte Descartes, fast unabsichtlich, dazu, den Satz umzukehren, und er zog aus dem erkenntnistheoretischen Rat, nur das als wahr anzusehen, was klar und deutlich unterschieden werden kann, die ontologische Schlußfolgerung, daß Wahrheit nur das ist, was das menschliche Denkvermögen mit klarer Urteilskraft erkennen kann.[102] Von diesem Moment an war die Wahrheit die Gefangene der menschlichen Vernunft; und der Weg für die kopernikanische Revolution der Neuzeit stand offen.[103]

---

[102] Cf. Descartes' erste Regel: „. . . de ne recevoir jamais aucune chose pour vraie que je ne la conusse évidemment être telle; c'est-à-dire d'éviter soigneusement la précipitation et la prévention, et de ne comprendre rien de plus en mes jugements que ce qui se présenterait si clairement et si distinctement à mon esprit que je n'eusse aucune occasion de le mettre en doute." *Discours de la méthode, Œuvres de Descartes.* Paris (Librairie Joseph Gibent) 1940; deutsch: „. . . niemals eine Sache als wahr anzuerkennen, von der ich nicht evidentermaßen erkenne, daß sie wahr ist: d. h. Übereilung und Vorurteile sorgfältig zu vermeiden und über nichts zu urteilen, was sich meinem Denken nicht so klar und deutlich darstellte, daß ich keinen Anlaß hätte, daran zu zweifeln. *„Von der Methode"*, übersetzt von Lüder Gäbe. Hamburg (Meiner) 1960, p. 31.

[103] Dies ist die bekannte Formulierung von Kants Selbsteinschätzung seiner *Kritik der Reinen Vernunft.* Cf. die Anmerkung zu seiner Vorrede zur zweiten Auflage (1787): „So verschafften die Zentralgesetze der Bewegungen der Himmelskörper dem, was Kopernikus anfänglich nur als Hypothese annahm, ausgemachte Gewißheit und bewiesen zugleich die unsichtbare, den Weltbau verbindende Kraft (der Newtonschen Anziehung), welche auf immer unentdeckt geblieben wäre, wenn der erstere es nicht gewagt hätte, auf eine widersinnische, aber doch wahre Art die beobachteten Bewegungen nicht in den Gegenständen des Himmels, sondern in ihrem Zuschauer zu suchen. Ich stelle in dieser Vorrede die in der Kritik vorgetragene, jener Hypothese analogische Umänderung der Denkart auch nur als Hypothese auf, ob sie gleich in

Descartes' erkenntnistheoretisches Prinzip ließ aber immer noch Raum für das Überrationale und gestand der Wirklichkeit der Vernunft gegenüber eine gewisse Unabhängigkeit zu, da der menschliche Verstand noch immer als vorwiegend passiv aufgefaßt wurde. Seit Aristoteles wurde im Abendland die Seele, eben als das Prinzip des Verstandes, als *pánta pōs, quodammodo omnia*, „in gewisser Weise alles" betrachtet.[104] Verstehen [engl. „under-standing"] wurde wirklich als „unter" dem Einfluß der Dinge selbst stehend aufgefaßt [im deutschen Wort Ver-nunft ist ebenfalls das passive, empfangende Vernehmen noch mitgedacht, Anm. d. Ü.]. Es war Kant, der diese vorwiegend passive Rolle der Vernunft zu einer aktiveren Funktion machte. Wahrheit ist dann nicht nur, was wir mit klarer Urteilskraft sehen können, sondern vor allem das, was uns sicher ist, weil wir das richtige Funktionieren des Verstandes unter Kontrolle haben, ohne die Regeln oder grundlegenden Erfordernisse der empirischen Daten ungebührlich zu verletzen.[105]

Die weiteren Schritte sind bekannt. Die Vernunft wird zum Geist und der Geist zur höchsten Wirklichkeit, Gott. Jedenfalls wird Hegel später, in einem Kommentar zu Descartes, bemerken: „Bewußtsein ist ein wesentliches Wahrheitsmoment."[106] Der Idealismus regiert, und die Würde des Menschen liegt darin, diese Bewegung des Geistes zu teilen. Aber die Hälfte der Wirklichkeit ist in diesem Moment, gelinde gesagt, schlecht repräsentiert: Die Materie und die Welt der Praxis sind im Wirken des Geistes nur in abgeschwächter Form vorhanden. Kein Wunder, daß sich zwei Reaktionen auf der abendländischen intellektuellen Bühne im letzten Jahrhundert

der Abhandlung selbst aus der Beschaffenheit unserer Vorstellungen von Raum und Zeit und der Elementarbegriffe des Verstandes nicht hypothetisch, sondern apodiktisch bewiesen wird, um nur die ersten Versuche einer solchen Umänderung, welche allemal hypothetisch sind, bemerklich zu machen." Berlin (Cassirer) 1922, xxii (S. 21).

[104] Cf. *hē psychē tà ónta pōs esti pánta*: „Die Seele ist gewissermaßen die Gesamtheit der Dinge." Aristoteles, III *De anima* VIII (431 b 21), deutsch: *Über die Seele,* übersetzt von Willy Theiler. Berlin (Akademie-Verlag) 1959; Div. Thomas, *Sum. theol.* I, q. 14, a. 1 c.: „Propter quod dicit Philosophus, III *de Anima,* quod *anima est quodammodo omnia."*

[105] Cf.: „Bisher nahm man an, alle unsere Erkenntnis müsse sich nach den Gegenständen richten; aber alle Versuche, über sie a priori etwas durch Begriffe auszumachen, wodurch unsere Erkenntnis erweitert würde, gingen unter dieser Voraussetzung zunichte. Man versuche es daher einmal, ob wir nicht in den Aufgaben der Metaphysik damit besser fortkommen, daß wir annehmen, die Gegenstände müssen sich nach unserem Erkennen richten, welches so schon besser mit der verlangten Möglichkeit einer Erkenntnis derselben a priori zusammenstimmt, die über Gegenstände, ehe sie uns gegeben werden, etwas festsetzen soll." I. Kant, Vorwort, *Kritik der Reinen Vernunft, op. cit.,* xvi–xvii (pp. 17–18).

[106] Er sagt wörtlich, daß „das Selbstbewußtsein wesentliches Moment des Wahren ist." G. W. F. Hegel, *Vorlesungen über die Geschichte der Philosophie, Sämtliche Werke.* Stuttgart (Frommanns) 1959 (ed. Glockener) Bd. XIX, p. 328. Bemerkenswerterweise fährt Hegel weiter in seinem Kommentar (nachdem er zuvor Boehme erwähnt hatte): „Hier können wir sagen, sind wir zu Hause."

förmlich aufgedrängt haben: die eine, die Hegel scheitern ließ und zu Marx, Engels und ihrer Schule führte; und die andere, die zum Wiederaufleben des Arationalen und des Suprarationalen aller Arten führte, vom Fideismus (Wahrheiten können nur vom Glauben her, nicht aber vernunftmäßig erkannt werden) über den Voluntarismus (der dem Willen den Vorrang vor der Vernunft einräumt) zum Romantizismus bis zum Neo-Thomismus, Existentialismus und Mystizismus.

Wie auch immer es um diese Bewegungen stehen mag, das gemeinsame Merkmal dieses weiten und reichen Momentes in der Entwicklung des menschlichen Bewußtseins ist die zunehmende Entfremdung des Menschen von der Natur, nicht nur durch die Überlegenheit seiner Vernunft, sondern auch durch seine Gefühle und seine Geschichte. Diese Entfremdung, so scheint es, ist der Preis, den der Mensch für die übermäßige Entwicklung des Bewußtseins seiner Individualität bezahlen muß. In unserer Zeit ist dieser Prozeß aus verschiedensten Blickwinkeln bis in alle Tiefen erforscht worden. Die Individualisierung kann aber nur zum Ideal werden, wenn der Mensch in seiner Individualität die Erfüllung dessen findet, was er überhaupt je sein kann – alles andere wäre eine unannehmbare Verarmung. In dieser Epoche ist der wahre *oikos* des Menschen sein *nomos;* seine Heimat ist nicht mehr die Erde, die er für seine eigenen Zwecke ausbeutet, sondern die Welt der Ideen (seines Verstandes, eines – entkörperlichten – Geistes oder einer Zukunft, die gemäß seinen ideellen Projektionen geformt werden muß). Der Mensch ist der unumschränkte, souveräne *Herr* des Universums. Er steht über der Natur. Der Schwerpunkt verschiebt sich vom Kosmos auf den Menschen. Als nach Kopernikus die Erde nicht mehr der kosmologische Mittelpunkt des Universums war, wurde der Verlust dadurch wettgemacht, daß der Mensch das Vakuum füllte und selbst zum Mittelpunkt wurde. Dies ist die Epoche der verschiedensten Humanismen. Ihr liegt eine *anthropozentrische* Vision der Wirklichkeit zugrunde.

Wir stecken offensichtlich noch zu tief in dieser Epoche, als daß wir bereits einen kritischen Blick darauf werfen könnten. Sogar jene, die „ausgestiegen" sind, sind noch von ihren Grundhaltungen betroffen, trotz all der Kritiken, die heutzutage unter Denkern der „Avantgarde" so sehr in Mode zu sein scheinen. Merkwürdigerweise gibt es zwischen den Extremen immer Berührungspunkte („les extrèmes se touchent!"), denn was noch vor wenigen Jahrzehnten als beinahe mittelalterlicher (lies: unaufgeklärter) Obskurantismus galt, erscheint heute dem modernen Denken als das „Allerneueste".[107]

---

[107] Cf. den überzeugenden Überblick über die Entwicklung der westlichen Kultur seit dem Mittelalter in Lynn White, Jr., „Science and the Sense of the Self: The Medieval Background of a Modern Confrontation", *Daedalus* (Spring 1978), pp. 47–59.

So sehr viele der heutigen Kritiker auch recht haben, wir können den wesentlichen Wert der wissenschaftlichen Entdeckungen nicht leugnen; ebensowenig die Vorteile, die die Wissenschaft der Menschheit gebracht hat, die unbestrittenen Segnungen der modernen Zivilisation. Wir tun gut daran, uns in Erinnerung zu rufen, daß auch die am meisten anti-westlichen Länder und „reaktionären" Bewegungen weder in eine vorkoloniale Zeit noch zu einem vorwissenschaftlichen Weltbild oder zu einem primitiven Lebensstil zurückkehren wollen.[108] Das ökonomische Moment ist nicht nur eine Tatsache, sondern auch eine, die nicht mehr rückgängig gemacht werden kann. Unsere Aufgabe ist nicht, es abzuschaffen, sondern seine absolute Herrschaft über den heutigen Menschen zu überwinden.[109] Diese Epoche hat zum ersten Mal ein planetares Bewußtsein erahnen lassen oder wenigstens menschliche Kommunikation in globalem Maßstab möglich gemacht.

Wenn es auch zutrifft, daß viele unserer heutigen Probleme von eben jener wissenschaftlichen Zivilisation geschaffen worden sind, die sie nun zu lösen versucht, so kann auch nicht geleugnet werden, daß die moderne Zivilisation die Lebensqualität auf der Erde verbessert hat.[110] Kein Romantisieren, keine Nostalgie sollten uns der wirklichen Sachlage gegenüber blind machen.[111] Betrachten wir zum Beispiel die Maschine: Scheint sie einerseits den Menschen zur Materie zu degradieren, so hebt sie andererseits aber offensichtlich die Materie auf die Ebene des Menschen.[112]

---

[108] Als bemerkenswertes Beispiel könnte die Politik der meisten modernen afrikanischen Staaten angeführt werden.

[109] Cf. J. Ellul: „Ich verwende das Wort [Konvergenz], um zu zeigen, daß in einer technologischen Zivilisation die verschiedenen Methoden, mit denen der Mensch es in seinem alltäglichen Handeln zu tun hat, völlig unverbunden nebeneinander bestehen und oft sogar in verschiedene und scheinbar unvereinbare Richtungen ziehen; schließlich aber kommen sie alle auf den Menschen, laufen in ihm zusammen und drohen, ihn auf ein Objekt der Methoden zu reduzieren. Mit anderen Worten, es geht nicht so sehr darum, daß der Mensch mit den Technologien umgeht, als daß die Technologien mit dem Menschen umgehen." „Conformism and the Rationale of Technology", in *Can we Survive our Future? A Symposium*, ed. by G. R. Urban in collaboration with M. Glenny. London (The Bodley Head) 1971, pp. 89–90.

[110] Cf.: „Was die Menschheit braucht, ist nicht der Ausverkauf fortschrittlicher Technologien, sondern ein Sichten, ja eine weitere Entwicklung der Technologie nach ökologischen Prinzipien, die einen Beitrag zu einer neuen Harmonisierung der Gesellschaft und der Natur leistet." Ecology Action East, „The Power to Destroy, the Power to Create" in Barbour, *op. cit.*, p. 245.

[111] Sogar eine so harte Kritik wie jene von Ellul legt darauf Wert: „Ich verurteile weder die Technik noch die Technologie – ich versuche nicht, ein Urteil abzugeben . . . Ich versuche zu sehen, wie dem Einzelnen, der Hauptopfer der Technik ist, einiges an Leiden erspart werden könnte. Aber die Technik muß bleiben. Sie ist das Ergebnis eines Evolutionsprozesses, der uns vieles geschenkt hat, für das wir dankbar sein sollten. Aber, ich wiederhole es, nur wenn wir genau verstehen, wie das technische System funktioniert, können wir bestimmen, inwiefern der Mensch mit dem technischen System leben kann." *Op. cit.*, p. 95.

[112] Cf. mein *Técnica y tiempo. La tecnocronía.* Buenos Aires (Columba) 1967.

Dies ist mehr als bloß eine ausgewogene Beurteilung des modernen Zeitalters, damit verbindet sich auch das Bewußtsein seiner Grenzen: Wir scheinen tatsächlich am Ende der Neuzeit zu stehen.[113] Denker der verschiedensten Richtungen stimmen in diesem Punkt offensichtlich überein.[114]

b) Das ökologische Zwischenspiel

Hauptsächlich drei Erfahrungen, denke ich, haben den modernen Menschen dazu gebracht, die wesentlichen Grundlagen seines Menschseins in Frage zu stellen, wie es in der humanistischen Phase des menschlichen Selbstverständnisses im allgemeinen aufgefaßt wurde. Die erste ist die Erfahrung, daß das *humanum* die Existenz der Erde negiert. Heute scheint das materielle Universum Rache zu nehmen: Seine „Brennstoffe" erschöpfen sich, es demonstriert seine begrenzte Leistungsfähigkeit, kurz gesagt: Es reagiert auf die Behandlung durch den Menschen, der über lange Zeit die Natur für seine eigenen Zwecke ausgebeutet hat – in Wahrheit zum ausschließlichen Nutzen eines verschwindend kleinen Teils der Menschheit. Auf dieser Erfahrung beruht die ökologische Einstellung.

Die zweite Erfahrung betrifft die Wahrnehmung, daß der Traum des Menschen, eine wirklich humane Zivilisation aufzubauen, versagt hat. Trotz seiner riesigen technologischen Megamaschine ist es dem Menschen offenkundig nicht gelungen, ein humanistisches Zeitalter zu schaffen; die Gründe dafür sind weder eine falsche Einschätzung der Situation noch techni-

---

[113] Wir untersuchen dieses Thema vertiefter im zweiten Teil des vorliegenden Buches. Cf. auch W. I. Thompson *At the Edge of History.* New York (Harper & Row) 1971, und M. McLuhans Anmerkung zum elektronischen „globalen Dorf". Wie er sagt: „. . . wir stecken tief im New Age des Stammesdenkens." *War and Peace in the Global Village* (with Q. Fiore). New York (McGraw-Hill) 1968, p. 6.

[114] „. . . whether we are unable to sustain growth or to tolerate it, the long era of industrial expansion is now entering its final stage" („. . . ob wir unfähig sind, das Wachstum weiterzuführen oder es zu dulden, das Zeitalter der industriellen Expansion tritt in sein Endstadium.") sagt R. Heilbroner in *An Inquiry into the Human Prospect.* New York (W. W. Norton) 1974, p. 129, nach einer detaillierten Analyse unserer gegenwärtigen Situation. Oder: „Das Zeitalter der Maschine ist bereits vorüber", erklärte L. Mumford vor über vier Jahrzehnten in *The Conduct of Life.* New York (Harcourt, Brace & World) 1951, p. 4. Cf. auch R. Guardini, *Das Ende der Neuzeit; ein Versuch zur Orientierung.* Basel (Hess Verlag) 1950; oder in den Worten Heideggers: „We are thinking of the possibility that the world civilization which is just now beginning might one day overcome the technological-scientific-industrial character as the sole criterion of man's world sojourn. This may happen not of and through itself, but in virtue of the readiness of man for a determination which, whether listend to or not, always speak in the destiny of man which has not been decided . . . Perhaps there is a thinking which is more sober than the irresistible race of rationalization and the sweeping character of cybernetics . . . Perhaps there is a thinking outside of the distinction of rational and irrational still more sober than scientific technology, more sober and thus more removed, without effect and yet having its own necessity." „The End of Philosophy and the Task of thinking", On Time and Being, New York (Harper & Row) 1972.

sches Versagen. Wir können unsere derzeitige mißliche Lage weder unserem Nichtwissen noch unserem Nichtkönnen anlasten. Theoretisch könnten wir Armut, Ungerechtigkeit, Hunger und Ausbeutung abschaffen; wir könnten die Natur in einem erstaunlichen Ausmaß beherrschen; wir könnten ohne tödliche ideologische Konflikte in Frieden leben; wir könnten eine Welt ohne Mangel schaffen; wir könnten all die Freiheit und all den Wohlstand erreichen, von dem wir seit Menschengedenken träumen.[115] Trotzdem hat der heutige Mensch mehr denn je das Gefühl, einem Schicksal ausgeliefert zu sein, das er in keiner Weise unter Kontrolle hat. Und dieses Schicksal wird dadurch noch beängstigender, daß der Mensch heute oft voraussagen kann, was es bringen wird. Er kann zum Beispiel voraussagen, daß es bei der galoppierenden Anhäufung des weltweiten Waffenarsenals immer wahrscheinlicher wird, daß diese Waffen in kommenden Konflikten eingesetzt werden; er kann vorhersehen, daß die immer größer werdende Kluft zwischen „Habenden" und „Habenichtsen" gewaltsame Reaktionen auslösen wird; er muß damit rechnen, daß den nationalistischen Ideologien nicht anders Einhalt geboten werden kann als durch Gegenideologien – und so weiter. Auch hier, wie in der ökologischen Krisensituation, kann der moderne Mensch den Konflikt vielleicht eine gewisse Zeit lang noch aufhalten, indem er die Last, mit diesen gewaltigen Themen konfrontiert zu werden, der nächsten Generation aufbürdet. Aber wann immer er im Denken innehält, fühlt er instinktiv, daß er nur dadurch Aufschub erlangen kann, daß er überhaupt aufhört zu denken – so künstlich und verhängnisvoll dies auch sein mag. Auch wenn es ein wenig Trost bringen mag, sich dieser Frage zu entziehen, können so die umfassenden Probleme dennoch nicht gelöst werden. Sicherlich können wir aufhören, über ein bestimmtes Problem nachzudenken, aber wir können nicht gänzlich und für immer zu denken aufhören, noch sind wir wirklich davon überzeugt, daß dies eine Lösung wäre. Überdies, wenn wir uns von der aktiven denkenden Welt zurückziehen, werden andere dasselbe tun, und das Gleichgewicht gerät immer mehr durcheinander.

---

[115] Dies war lange Zeit die „Botschaft" von R. Buckminster Fuller, z. B. in *Critical Path*. New York (St. Martin's Press) 1981, und in seinen „World Game" scenarios for „making the world work". Materiellen „Erfolg" mag der Menschheit auf dem Planeten Erde heute technisch durchaus möglich sein, wie Fuller und andere zu zeigen versucht haben, aber er schien, menschlich gesehen, kaum je mal unerreichbar zu sein, aufgrund der weiter unten erörterten dem Menschen eigenen Beschränkungen. Es ist offensichtlicher denn je, daß ein Appell an die Vernunft allein – oder auch die Forderung nach wissenschaftlicher Rationalität in menschlichen Belangen – nur einen kleinen Teil der komplexen menschlichen Wirklichkeit anspricht.

Was vielen heute klar zu werden scheint, ist die erschreckende Erkenntnis, daß das Hauptproblem unserer gegenwärtigen Situation nicht mehr eine Frage der Technik oder der Moral, das heißt eine Frage des Wissens um das richtige „Wie" oder um das richtige „Warum" ist. Auch wenn die Menschen in Wirklichkeit weise und moralisch reif wären, ritten wir einen Tiger, der uns nicht mehr absteigen läßt. „Haltet die Welt an, ich will raus!" klingt wie ein leicht komischer Aufschrei, in dem zugleich Hoffnung und Verzweiflung liegt; aber wir wissen, daß die Menschheit weder aussteigen kann noch will. Es ist für mich zu spät, um zu fliegen – für mein Ego. Der heutige Mensch ist sich bewußt, daß Kräfte am Werk sind, die er nicht beherrscht und mit denen er bisher nicht gerechnet hat. Die umfassende Solidarität, die bislang von den Eliten gemieden wurde, erstreckt sich nun über die ganze menschliche Rasse.

Besteht die erste Erfahrung in der Entdeckung der Begrenztheit des physischen Universums im allgemeinen und der Erde im besonderen, so beinhaltet die zweite Erfahrung die Entdeckung der inneren Grenzen des Menschen, von Grenzen, die nicht durch ein fehlendes „Know-how" begründet sind, sondern viel tiefer, durch etwas letztlich Unauslotbares. Die klassische Vorstellung eines Laplaceschen Geistes funktioniert heute nicht mehr: Auch wenn wir unbegrenzte Mittel zur Verfügung hätten und ein vollständiges Wissen über die Gesetze des Menschen und die Naturgesetze, wären wir noch immer mit Ungewißheit, Risiko und beträchtlicher Gefahr konfrontiert. In Wirklichkeit sind wir alle uns dieser Situation mit aller Schärfe bewußt, auch wenn wir den pessimistischeren Propheten des Untergangs kein Gehör schenken.

Während die erste Erfahrung sich in unserer ökologischen Misere manifestiert und die zweite in unserer humanistischen Krise, zeigt sich die dritte in einem theologischen Dilemma. Diese dritte Erfahrung bezieht sich auf die Unvereinbarkeit zwischen der traditionellen Vorstellung vom Göttlichen und der neuzeitlichen Auffassung von Kosmos und Mensch. In gewissem Sinne handelt es sich um eine ähnliche Form des Versagens. Der Kosmos fällt auseinander, der Mensch kann die Probleme nicht lösen, die die menschliche Genialität geschaffen hat, und selbst Gott scheint unfähig, für seine eigenen Ansprüche einzustehen. Die Zeit, als Gott für Hebräer, Muslime oder Christen am Roten Meer, in Guadalete oder Lepanto kämpfte, sind längst vorbei. Der Gott der Geschichte bleibt untätig, der Gott der Philosophen ist gleichgültig, und der Gott der Religion scheint an der Situation des Menschen nicht mehr groß interessiert. Wen wundert es da, daß die gegenwärtige Krise der Wirklichkeit direkt an die Wurzeln geht und sich nicht mit Teilreformen und Halbheiten lösen läßt? Zu lange haben die Götter die Menschen nun hintergangen, und Gott selbst scheint seine Versprechen gebrochen zu haben – ja dies scheint den Menschen sogar dahin zu bringen, daß er die schreckliche Verantwortung für seinen eigenen freien Willen akzeptiert. Wenn der Allmächtige um die Schwachheit des Menschen wußte, war es dann nicht höchst unfair, Bedingungen aufzustellen, von denen er wußte, daß der Mensch sie nie würde einhalten können? Jenen Apfel mitten ins Paradies zu plazieren und die Schlange mit der Frau reden zu lassen, machte das den Sündenfall nicht früher oder später unvermeidlich? Wie kann ein allmächtiger und barmherziger Gott all das Leiden und die Ungerechtigkeiten zulassen, die die faktischen Lebensbedingungen des Menschen ausmachen? Der aufgeklärte Theismus war vielleicht nicht so grausam wie die „Gott-ist-tot"-Theologie uns glauben machen will, aber die Vorstellungen im Volk waren nicht weit entfernt von den Karikaturen, welche die Kritiker der traditionellen Religionen gezeichnet haben. Man könnte die Erfahrung des heutigen Menschen mit einer gewissen Übertreibung so zusammenfassen: Gott hat den Menschen nicht gerettet, und so hat der Mensch ihn verlassen. Ein verlassener Gott wird offensichtlich zu einem toten Gott, zu einem verleugneten Gott. Und der *deus ex machina,* wie er vom blassen Deismus der „Intellektuellen" beschworen wurde, kann nicht länger genügen, um die kosmische Maschine in Gang zu halten. Jetzt wissen wir es besser.[116]

Wie immer wir diese drei Erfahrungen deuten, sie definieren den Punkt, an dem wir heute stehen. Unsere gegenwärtige Phase, die wir mit der Formulierung *Mensch über der Natur* umschreiben können, ist die unvermeidliche Folge der ökonomischen Epoche und dient ihrerseits als notwendiges Vorspiel zum dritten kairologischen Moment. Das Göttliche, sofern es überhaupt erkannt wird, ist ein drittes, separates Element, das keine entscheidende Rolle zu spielen scheint. Ein ausschließlich und absolut transzenden-

---

[116] Diese Haltung wurde sehr gut in Schillers *Die Götter Griechenlands* zum Ausdruck gebracht:
„Unbewußt der Freuden, die sie schenket,
Nie entzückt von ihrer Herrlichkeit,
Nie gewahr des Geistes, der sie lenket,
Sel'ge nur durch meine Seligkeit,
Fühllos selbst für ihres Künstlers Ehre,
Gleich dem toten Schlag der Pendeluhr,
Dient sie knechtisch dem Gesetz der Schwere,
Die entgötterte Natur."

ter Gott transzendiert nicht nur den Denkhorizont des Menschen, sondern entschwindet auch aus der Milchstraße des Seins. Er hört auf, überhaupt denkbar zu sein. Er hört *tout court* auf zu sein.

Ein alter Psalm kann diese Veränderung verdeutlichen helfen:
Er bestimmt die Zahl der Sterne
und ruft sie alle mit Namen.
Groß ist unser Herr und gewaltig an Kraft,
unermeßlich ist seine Weisheit.[117]

Die Sterne sind zählbar; sie sind quantifizierbare Größen. Alles ist zählbar, wie es in einem im Mittelalter oft zitierten Satz heißt:
„Du aber hast alles nach Maß, Zahl und Gewicht geordnet."[118]
Alles ist demnach meßbar, der ganze Kosmos gehört einer quantitativen Ordnung an, nichts entkommt der *mathesis universalis,* die die besten Geister jedes Zeitalters so sehr fasziniert hat.[119]
Gleichzeitig hat aber auch jeder Stern seinen eigenen Namen, wobei nur der Herr, der sie benannt hat, den Namen auch kennt, nicht aber der Mensch. Der Name ist die Macht der Weisheit; der Name entzieht sich der Zahl; alles hat sein Maß, außer die Weisheit des Herrn, die unmeßbar und ohne Zahl ist. Die Weisheit gehört zum Bereich des Qualitativen. Wenn wir von der Anschauung wirklich überzeugt sind, daß, wie Protagoras sagt, „der Mensch das Maß aller Dinge ist"[120], dann kann der Mensch an nichts gemessen werden – auch er ist ohne Maß oder Zahl, da er das Bild des Unendlichen oder ihm ähnlich ist.[121] Kurz gesagt, die Wirklichkeit hat eine

---

[117] Ps. 147, 4–5. Es ist schwierig, die volle Absicht dieses Abschnittes zu vermitteln, wenn wir nicht zumindest die griechische Version in der Septuaginta mitbedenken:
ho arithmōn plēthē astrōn,
    kaì pàdin aûtois onómata kalōn.
mégas ho kýrios hēmōn kaì
    megálē hē ischys autoû
kaì tēs dynédeōs autoû
    oûk éstin arithmós.
Oder wie die Neue Lateinische Version ihn wiedergibt:
Definit numerum stellarum,
singulas nomine vocat.
Magnus Dominus noster et viribus potens,
sapientiae eius non est numerus.
[118] *Weish.* 11, 20, die in der Septuaginta lautet: *allà pánta métrō kaì arithmō kaì dtathmō dìetaxas* und die Vulgata übersetzt: „Sed omnia in mensura, et numero et pondere disposuisti."
[119] Es genügt, Pythagoras, Raimundus Lullus, Nikolaus von Kues, Kepler und Leibniz anzuführen; wobei man versucht ist, dieser Gruppe moderne Namen wie Gödel, Einstein, Russell, Fuller und viele andere beizufügen.
[120] Cf. oben.
[121] Cf. *Gen.* 1, 27. Cf. auch die Sammlung von Essays, herausgegeben von Leo Scheffczyk, *Der Mensch als Bild Gottes.* Darmstadt (Wissenschaftliche Buchgesellschaft) 1969, und die

unmeßbare Dimension, ob wir sie im Kosmos, im Menschen oder irgendwo außerhalb ansiedeln. Dies ist genau genommen bereits eine Beschreibung des dritten kairologischen Momentes. Zuerst möchte ich aber die zwischenzeitliche ökologische Situation etwas genauer beschreiben. Heute sind wir mit den Folgen jener Epoche konfrontiert, die sich nun ihrem Ende zuneigt. Entfremdung ist zum populären Schlagwort geworden. Geschieden von einem unannehmbaren Gott dort oben und einer schwerfälligen Welt da unten, wird der Mensch immer einsamer. Er hat das Netz seiner Intelligibilität wie DDT abgeworfen und alle Mittlerwesen umgebracht, die er mit seinem Verstand nicht in den Griff bekommen kann – die Geister, einst seine Begleiter, sind nicht mehr glaubwürdig, die Götter sind geflohen, und ein einsamer und immer überflüssigerer Gott schwindet allmählich dahin.[122] Sogar die Natur, die der Mensch mit hartem Griff in der Hand zu haben schien, entgleitet seinem Zugriff, sowohl intellektuell[123] als auch physisch.[124] Der Optimismus der *Nuova Scienza* hat der nüchternen Erkenntnis Platz gemacht, daß die Natur weder geistig noch physisch durch Eingriff oder Bestrafung manipuliert werden kann.[125] Der Mensch als Wissenschaftler kann nicht mehr einfach alles aus einer abgehobenen neutralen Perspektive beobachten; ob er will oder nicht, ist er in eben jene Phänomene verwickelt, die er beobachtet, und der Akt des Beobachtens selbst kann nicht von dem getrennt werden, was beobachtet wird.[126] Die

Monographie von Henri Crouzel, *Théologie de l'image de Dieu chez Origène.* Paris (Aubier) (Coll. Théologie 34) 1956, die einen Eindruck davon vermitteln, welch zentrale Stellung dieser Überzeugung im jüdisch-christlichen Glauben zukommt.

[122] Als weitere Übereinstimmung läßt sich feststellen, daß M. Heidegger beim Versuch, die heutige Situation zu beschreiben, über „Die Flucht der Götter, die Zerstörung der Erde, die Vermassung des Menschen" redet. In *Einführung in die Metaphysik.* Tübingen (Niemeyer) 1953, neue Auflage 1966, pp. 29 u. 34.

[123] Cf. z. B. die Theorie der Unvollständigkeit *(incompleteness)* bei Gödel, Einsteins *Relativitäts*theorie, Heisenbergs Unschärferelation *(indeterminacy)*, die vielen Hypothesen im Zusammenhang mit dem *Unbewußten* bei Freud, Jung und anderen, Bergsons *élan vital*, Heideggers *Angst*, das *Absurde* bei Sartre, den Glauben an das *Übernatürliche* der Christen und anderer usw.

[124] Viele der eben erwähnten Theorien leiten sich von der Erfahrung her, daß die Natur eine Spontaneität, eine Dynamik, ein Streben und eine Macht hat, die dem Menschen überlegen und von ihm unabhängig sind.

[125] Ich betone nochmals, daß das Werk von Pierre Duhem, *Le système du monde, op. cit.*, unerläßlich ist, um die epochemachende Veränderung, die die moderne Wissenschaft im Menschen ausgelöst hat, sowie die Phase, die wir derzeit durchmachen, zu verstehen.

[126] Cf. „Worauf Bohr 1927 hinwies, war die erstaunliche Feststellung, daß im atomaren Bereich der einzige Weg, wie der Beobachter (inklusive seiner Apparate) nicht in die Beobachtung einbezogen sein kann, darin besteht, daß er überhaupt nichts beobachtet." G. Holton, „The Roots of Complementary", *Tradition und Gegenwart,* (Eranos-Jahrbuch XXXVII, 1968). Zürich (Rhein-Verlag) 1970, p. 49. Oder auch: „. . . wir können Atome nicht so beobachten, wie sie in sich selber sind, gewissermaßen objektiv, denn solche Dinge existieren gar nicht. Wir können ihrer nur im Beobachten selbst habhaft werden und nur über diese Beziehung

Natur konfrontiert den Menschen nach Jahrhunderten des Mißbrauchs mit erschöpften Ressourcen, ausgestorbenen Arten und einem drastischen Niedergang der Lebenswelt im globalen Ausmaß. All dies ist nur ein Vorspiel zur heutigen Krise – die eher eine Krise der Zivilisation an sich als die einer bestimmten Zivilisation ist.[127] Die *civis,* das Bürgertum, und die *civitas,* die Stadt, sind keine lebbaren menschlichen Modelle mehr. Der Dschungel steht nicht mehr als Fluchtort zur Verfügung, ja sogar die Wüste kann kaum mehr als einsam betrachtet werden, wenn dort Waffen für die endgültige Zerstörung stationiert sind und getestet werden. Wenn alle Rückzugsmöglichkeiten abgeschnitten sind, was ist dann zu tun? Der Mensch muß seinen Weg in eine entheiligte Natur und durch sie hindurch finden.[128] Die Natur ihrerseits scheint die Geduld verloren zu haben, und der Mensch ist sich endlich klar darüber geworden, daß sie nicht absolut und nicht unbegrenzt ist – oder gar unbeschränkt empfänglich und gehorsam.[129] Wenn der Mensch alles Absolute aus seinem Leben verbannt hat, weshalb sollte dann der Kosmos als Ersatz herhalten? Wir erkennen, daß die Existenz der Erde endlich ist. Ökologisches Bewußtsein entsteht dann, wenn der Mensch zu entdecken beginnt, daß die Natur nicht einfach von unendlicher Passivität und daß dieser Planet ein Fahrzeug mit begrenzter Kapazität ist.[130] Deshalb entscheidet der Mensch sich, ein menschlicherer Sachwalter der Mutter Erde zu werden, und versucht, vernünftiger mit ihr umzugehen. Dies führt aber im Grunde genommen bloß zu einer

---

Sinnvolles aussagen. Wir sind tief in dieses Zusammenspiel eingebunden." W. Heisenberg, „Rationality in Science and Society", in Urban and Glenny, *op. cit.*, p. 83.

[127] „Es ist ein Unbehagen an der *Zivilisation,* das in unser gegenwärtiges Denken Eingang findet", sagt R. L. Heilbroner pointiert in seinem ausgewogenen, einsichtsvollen Buch *The Human Prospect, op. cit.*, p. 20.

[128] Cf. die beinahe klassisch gewordenen Worte von L. White, Jr.: „Unsere Wissenschaft und Technologie sind aus den christlichen Einstellungen zur Beziehung des Menschen mit der Natur heraus entstanden, die beinahe universal Geltung haben, und nicht nur bei Christen und Neu-Christen, sondern auch bei jenen, die sich selbst gerne als nach-christlich betrachten. Trotz Kopernikus dreht sich der ganze Kosmos um unseren kleinen Erdball. Trotz Darwin sind wir in unseren Herzen *nicht* Teil der natürlichen Entwicklungen. Wir sind der Natur überlegen, betrachten sie geringschätzig und sind gewillt, sie für jede kleinste Laune zu benutzen." „The Historical Roots of our Ecological Crisis", in Barbour, *op. cit.*, p. 27–28.

[129] Cf. als Beispiel seines „Umwelt-Wissens" die Aussage: „Die Umwelt ist begrenzt und unsere nicht erneuerbaren Ressourcen sind begrenzt. Wenn die Vorräte ausgehen, werden wir das wiederverwerten müssen, was wir gebraucht haben." W. Murdoch and J. Connell, „All about Ecology", in Barbour, *op. cit.*, p. 166.

[130] Cf. K. E. Boulding: „Wir werden zum Beispiel sicherlich innerhalb der nächsten Generationen mit der Tatsache konfrontiert werden, daß die Erde zum ‚Raumschiff' geworden ist und zwar zu einem sehr kleinen, überfüllten Raumschiff mit unbekanntem Bestimmungsort." „The Prospects of Economic Abundance", in *The Control of Environment,* edited by J. D. Roslansky. Amsterdam (North-Holland Publishing Co.) 1967, p. 52. Cf. auch R. B. Fuller, *Operating Manual for Spaceship Earth.* Carbondale; Ill. (Southern Illinois University Press) 1969 und B. Ward, *Spaceship Earth.* New York (Columbia University Press) 1966.

Änderung der Taktik: „Von nun an muß unsere Ausbeutung weniger brutal und vernünftiger sein." Die zugrunde liegende Idee aber bleibt die gleiche: „Nur wenn wir sie so behandeln, wird die Erde weiterhin Ertrag abwerfen."[131] Der *oikos* ist noch immer vom menschlichen *logos* beherrscht. Eine neue Wissenschaft, Ökologie, ist entstanden; aber alles weist darauf hin, daß sie einfach dem Menschen als weiteres Instrument dient, um die Erde zu beherrschen. Solange die Ökologie eine Wissenschaft ist, haben wir das zweite Moment der wissenschaftlichen Erkenntnis noch nicht überwunden; das heißt, wir unterstehen noch immer dem Gesetz der Theorie, die unsere Praxis anleitet, indem sie diese so rational und vernünftig als möglich zu machen versucht – was zwar eine Verbesserung der Situation darstellt, aber sicherlich nicht genügt.

Tatsächlich pflegt heute der Mensch eine neue Haltung der Natur gegenüber; er entdeckt wieder ihre Schönheit und ihre Werte, er beginnt sogar wieder Freundschaft mit ihr zu schließen. Er wird sensibler und lernt, sie mit Sorgfalt zu behandeln, ja sogar sie zu lieben.[132] Aber der Mensch ist noch immer der Chef, der König; wenn auch vielleicht nicht in einer absoluten, sondern in einer konstitutionellen Monarchie.[133] Aber ein grund-

---

[131] Können wir in der Vorstellung von der *terra mater* („Mutter Erde") die Überreste eines „männlichen Chauvinismus" erkennen? Cf. die Worte von O. L. Freeman: „Was ich Ihnen zu überlegen vorschlage . . . ist, daß wir, die Leute, uns besser um die Umwelt kümmern, sie unter Kontrolle halten, wenn Sie so wollen in einer Weise, daß eine vernünftigere und verantwortbarere nationale Verteilung der produktiven und kreativen Unternehmungen und der Einsatz der Arbeiter herausschaut." „Opening Convocation Address", in Roslansky, *op. cit.* p. 5. Oder auch: „Eine verantwortliche Umweltethik würde von der Begrenztheit des Menschen und von seinem Platz im Kosmos Notiz nehmen. Er wurde dazu erwählt, der Treuhänder von Gottes Schöpfung zu sein und die natürliche Ordnung zum Wohl des Menschen umformen. Aber er muß die Grenzen der technischen Transformation anerkennen. Die Nebenwirkungen all dieser Aktivitäten müssen sorgfältig berechnet werden und angemessene Pläne erarbeitet werden, um die negativen Auswirkungen auszuschalten. Er muß im weiteren verstehen, daß sogar die positiven Aspekte seiner technischen Transformation sich auf verschiedene Menschen unterschiedlich auswirkt." N. J. Faramelli, „Ecological Responsibility and Economic Justice", in Barbour, *op. cit.* p. 200.

[132] Cf. die Bemerkungen von René Dubos: „Glücklicherweise ist eine der wichtigsten Konsequenzen des aufgeklärten Anthropozentrismus, daß der Mensch die Natur nicht wirklich manipulieren kann, ohne die Natur um ihrer selbst willen zu lieben." „A Theology of the Earth", in Barbour, *op. cit.*, p. 53. Oder: „Können wir in einer solchen Zeit nicht die moralische Einheit unserer menschlichen Erfahrung realisieren und sie zur Grundlage eines Patriotismus für die Welt selbst machen?" B. Ward, *op. cit.*, p. 148.

[133] Die Annahme, dem Menschen sei eine gottgegebene „Souveränität über die Natur" gegeben, hält sich mit bemerkenswerter Hartnäckigkeit, auch dort, wo der Mensch sich zur Haltung der „wohlwollenden Diktatur" „herabläßt", wie sie auch die ökologische Haltung der Erde gegenüber impliziert. Als schlagendstes Beispiel fällt mir die „détente" mit der Natur ein, wie es im Titel einer Botschaft des früheren Präsidenten Ford heißt, die er am 3. Juli 1975 bei der Einweihung eines neuen Nationalen Umweltforschungszentrums in Cincinnati überbrachte. Zuerst die taktische Veränderung: „In einer Zeit der Versöhnung möchte ich einen weiteren Bereich einem tieferen Verständnis öffnen. Ich möchte eine détente mit der Natur

legenderer Wandel ist im Gange.[134] Es mag sein, daß die Angst vor drohenden Katastrophen die ökologische Bewegung in Gang gebracht hat,
aber ihre Wurzeln liegen viel tiefer als in bloßer Überlebensangst.[135]
Schließlich sind die ökologisch sensibelsten Menschen jene, die am wenigsten unmittelbar von der Situation bedroht sind. An der Basis der
ökologischen Sensibilität findet eine kaum wahrnehmbare Verschiebung
von einer kontemplativen und vor allem passiven Haltung der Wirklichkeit gegenüber – wie sie noch immer im wissenschaftlichen Pathos lebt –
zu einer aktiveren Haltung statt. Der Mensch wird zum Mittelpunkt des
Universums; er übernimmt Verantwortung für die ganze Welt und redet
gerne von seiner Initiative. Die ökologische Haltung ist bezeichnenderweise eine aktive, technologische.[136] Die Wissenschaft wollte immer
schon die Wirklichkeit vor allem erkennen, entdecken und über sie
nachdenken. Deshalb scheint sie sich – zum Ärger der Moralisten – nicht
sehr um das zu kümmern, was man als soziale Verantwortung bezeichnet. Der Wissenschaftler ist zum Beispiel leidenschaftlich daran interessiert zu entdecken, wie das physikalische Atom oder die biologische Zelle
funktioniert. Dennoch scheint er der technischen „Umsetzung" seiner
Forschung in Bomben oder in Gentechnologie völlig gleichgültig gegenüberzustehen.[137] Technologie ist aber nicht nur angewandte Wissen

vorschlagen. Zu lange haben wir in der natürlichen Welt eher eine Feindin gesehen als ein lebenerhaltendes Geschenk des Allmächtigen. Wenn der Mensch die Genialität hat, aufzubauen, muß er auch fähig und verantwortlich sein, zu bewahren." Aber dann kommt der Clue:
„Ich strebe das Ziel an, reine Luft und sauberes Wasser zu haben, aber ich muß auch das Ziel
im Auge behalten, ein Maximum an Arbeitsstellen und eine Weiterführung des wirtschaftlichen Fortschritts zu erreichen. Arbeitslosigkeit ist ebenso real und krankmachend wie jeder
Schadstoff, der diese Nation bedroht." (nach UPI, Washington Bureau). Beachte im weiteren,
daß „une détente" (Entspannung) im Französischen auch „Abzug, Auslöser am Gewehr"
heißt! Die Situation ist wahrscheinlich nie so explosiv wie bei derartigen Untertreibungen.
[134] Wie A. I. Thompson in seinen *Passages about Earth. An Exploration of the New Planetary
Culture*. New York (Harper & Row) 1973, 1974 sagt: „Wenn wir wirklich eine planetare
Transformation der menschlichen Kultur erreichen wollen, müssen wir über die autoritären
Verschwörungen von [H. G.] Wells und [W. W.] Wager und das technokratische Elitedenken
des Club of Rome hinausgehen, um die kosmischen Mythologien ins Bewußtsein zu heben,
die jetzt den Planeten überfluten." (p. 81).
[135] Cf. als zwei Beispiele für diese „Dualität" die Worte aus „Ecology Action East": „Wenn wir
heute überleben wollen, müssen wir zu leben beginnen. Unsere Lösungen müssen mit der
Reichweite der Probleme übereinstimmen, sonst wird die Natur furchtbare Rache an der
Menschheit nehmen." *Op. cit.*, p. 252. Und R. Dubos: „Der Ausdruck ‚Theologie der Erde'
kam mir beim Bericht der Apolloastronauten über das, was sie von ihrer Raumkapsel aus gesehen hatten, was mich realisieren ließ, daß die Erde ein lebender Organismus ist . . . Der Ausdruck ‚Theologie der Erde' bezeichnet für mich die wissenschaftliche Auffassung der heiligen
Beziehungen, die die Menschheit mit allen physischen und lebendigen Eigenschaften der Erde verbindet." *Op. cit.*, pp. 43–44.
[136] Es ist z. B. nicht überraschend, daß Stewart Brand und das Team des *Whole Earth Catalogue/Co-Evolution Quarterly* es unternommen haben, den definitiven Computer-Software-Katalog zu produzieren.
[137] Cf. die freimütige, aufschlußreiche Aussage von Werner Heisenberg: „Ich erinnere mich
an ein Gespräch mit Enrico Fermi nach dem Krieg, kurz bevor die erste Wasserstoffbombe im

schaft, sondern setzt den Entschluß voraus, die Wissenschaften anzuwenden, sie brauchbar, mächtig zu machen. In diesem Sinne gehört die Ökologie zur Technologie. Sie ist angewandte Wissenschaft, sie hat die Mittel zu handeln und wird die Idee aufrechterhalten, daß *Handeln* die eigentliche Aufgabe der Philosophen, aber auch der Wissenschaftler ist. Nachdenken an sich hat kaum eine Berechtigung.[138] Die nur kontemplativ Tätigen haben das Gefühl, sich rechtfertigen zu müssen, beweisen zu müssen, daß auch sie nützlich sind, und der spekulative Philosoph muß immer wieder bekräftigen, daß er nicht bloß Zuschauer ist, sondern der wichtigste Mann auf der Bühne, wenn auch nur auf lange Sicht.

Hier bestätigt die ökologische Haltung den aktuellen Glaubenssatz, daß Theorie ohne Praxis unfruchtbar ist – vielleicht sogar unmenschlich und kriminell – und daß, umgekehrt, Praxis ohne Theorie blind ist – vielleicht sogar grausam und zerstörerisch.

Jedenfalls eignet sich der Mensch eine „menschlichere", aktive, wenn auch vielleicht weniger natürliche Art des Umgangs mit der Natur an. Der Begriff einer *Technokultur* – im Unterschied zur Agrikultur und im Gegensatz zur Technologie – könnte hier eingeführt werden. Mit diesem Wort möchte ich ein neues Bewußtsein für die Beziehung zwischen Mensch und Welt anregen, und damit eine neue Sensibilität dem Körper, der Materie, der Gesellschaft und der ganzen Welt gegenüber.[139] Die Beziehungen zur Materie und zum Kosmos werden enger. Die heutige Wissenschaft wird versu-

---

Pazifik getestet werden sollte. Wir diskutierten diesen Plan, und ich meinte, man sollte vielleicht besser von einem solchen Test absehen in Anbetracht der biologischen und politischen Folgen. Fermi antwortete: ‚Aber es ist ein so wundervolles Experiment'. . ." „The Great Tradition. End of an Epoch?" *Encounter* XLIV, 3 (March 1975), p. 54. Und trotz des berühmten Falles Oppenheimer von 1954 scheint diese Haltung bis heute weit verbreitet zu sein und die Worte Oppenheimers (geschrieben 1947) noch treffender zu machen: „Trotz der Vision und der weitsichtigen Weisheit unserer Staatsoberhäupter während der Krieges empfanden die Physiker eine eigentümlich intim persönliche Verantwortung, die Verwirklichung von Atomwaffen vorzuschlagen, zu unterstützen und schließlich im großen Maßstab auszuführen. Wir können aber auch nicht vergessen, daß diese Waffen, so wie sie in Wirklichkeit eingesetzt wurden, so erbarmungslos die Unmenschlichkeit und die Übel des modernen Krieges dramatisiert haben. In einem gewissen rohen Sinn, den keine Vulgarität, kein Humor, keine Übertreibung wirklich auslöschen kann, wußten die Physiker um die Sünde, und dies ist ein Wissen, das sie nicht mehr verlieren können." „Physics and the Contemporary World", *The Open Mind*. New York (Simon & Schuster) 1955, p. 88.

[138] Cf. die Aussage: „Die Tage des Studierens und des Rückzugs sind vorüber. Wir müssen ein Gleichgewicht finden zwischen Feiern und Meditieren einerseits und dem nüchtern-sachlichen Nach-außen-Tragen und Verankern der Vision des New Age." So drückt es die leitende Philosophie der Findhorn-Gemeinschaft aus. (apud Thompson, *op. cit.*, p. 163).

[139] Zum Ausdruck für diese Haltung cf. W. Berry, in einer freien Formulierung nach J. S. Collins *(The Triumph of the Tree):* „Wir werden wahrnehmen, daß wir nicht auf der Erde leben, sondern mit ihr und mitten in ihrem Leben. Wir werden wahrnehmen, daß die Erde nicht tot ist, wie die Vorstellung von Eigentum, sondern ebenso lebendig und ins Leben verwickelt wie ein Mann oder eine Frau, und daß eine heikle gegenseitige Abhängigkeit zwischen ihrem Leben und unserem besteht." „A Secular Pilgrimage", in Barbour, *op. cit.*, p. 138.

chen, die Kluft zwischen dem Objektiven und dem Subjektiven zu überspringen. Dem liegt eine *anthropokosmische* Vision der Wirklichkeit zugrunde.

3. DAS KATHOLISCHE MOMENT

Der moderne Mensch spürt immer mehr, daß das Zentrum weder eine
bloß transzendente Gottheit noch der Kosmos, noch er selbst ist. Er versucht, dieses Zentrum in die Zukunft als erstem Symbol für Transzendenz
zu projizieren. Und tatsächlich sind alle futuristischen Utopien, die unsere
Zeit kennt, Zeichen dieses Suchens.[140] Doch die Krise ist tief: Futuristische
Träume genügen nicht, um jene zu retten, die in der Zwischenzeit sterben
werden.[141] Halbheiten und Surrogate reichen nicht aus. Nichts Geringeres
als eine radikale *metanoia*, eine vollständige Umkehr in Verstand, Herz und
Geist wird den heutigen Bedürfnissen gerecht werden.[142] So genügt es zum
Beispiel einfach nicht, jene zu bestrafen, die die Straßen verschmutzen,
oder jene Firmen zahlen zu lassen, die die Wasserwege verunreinigen. So wichtig solche Maßnahmen heute auch sind, sie behandeln nur Symptome. Es
reicht nicht, den Kindern beizubringen, mit der Natur netter umzugehen,
und Erwachsene zu ermutigen, sich der ökologischen Probleme bewußt zu
werden. Die geforderten Veränderungen sind radikal; es geht weniger um

---

[140] Die Spiritualität des „Punktes Omega" von Teilhard de Chardin, *Die Zukunft des Men-
schen.* Werke Bd. 5. Olten, Freiburg i. Br. (Walter) 1965, Werke Bd. 5 und *Der göttliche Be-
reich,* 2. Aufl. Olten (Walter) 1962, sowie Karl Rahners Theorie von Gott als der „absoluten
Zukunft" (*Schriften zur Theologie,* IV. Einsiedeln [Benziger] 1965, pp. 78–88) sind typische
Beispiele, abgesehen vom großen Ideal von Marx und Engels im *Kommunistischen Manifest*
(II, Schluß), das proklamiert: „An die Stelle der alten bürgerlichen Gesellschaft mit ihren
Klassen und Klassengegensätzen tritt eine Assoziation, worin die freie Entwicklung eines je-
den die Bedingung für die freie Entwicklung aller ist" (8. Ausgabe. Berlin 1912, p. 45).

[141] „Hay que afrontar la situación real de la humanidad con toda su crudeza. Para la actual ge-
neración, para los millones de seres humanos de Asia y Africa de 1975 no hay esperanza ni so-
lución en el orden de la temporalidad." R. Panikkar, „El presente tempiterno", in A. Vargas-
Machuca (ed.), *Teología y mundo contemporáneo. Homenaje a K. Rahner.* Madrid (Cristiani-
dad) 1975, p. 136.

[142] Sätze wie der folgende sind heute fast Gemeinplätze: „Nichts, was hinter solch einer Transformation zurückbleibt, wird das menschliche Geschlecht davon abhalten, immer weiter in
die Barbarei zurückzufallen." L. Mumford, *op. cit.,* p. 4. „Dieses Zeitalter wird jetzt als sehr
areligiöses Zeitalter betrachtet. Aber vielleicht bedeutet es nur, daß das Denken von einem
Zustand in den anderen weitergeht. Die nächste Stufe ist nicht der Glaube an viele Götter. Es
ist nicht der Glaube an einen einzigen Gott. Es ist überhaupt kein Glaube – kein Konzept im
Verstandesmäßigen. Es ist eine Ausweitung des Bewußtseins, so daß wir Gott *fühlen* können
oder, wenn Sie so wollen, eine Erfahrung der Harmonie, eine Andeutung des Göttlichen, die
uns wieder mit dem *Animismus,* der Erfahrung der mit dem Einbruch des Selbstbewußtseins
verlorengegangenen Einheit verbindet." J. S. Collis (apud Berry, *op. cit.,* pp. 138–139); „Ja, wir
brauchen Veränderung, aber eine so grundlegende und weitreichende Veränderung, daß selbst
das Konzept von Revolution und Freiheit über alle früheren Horizonte hinaus erweitert werden muß." Ecology Action East, *op. cit.,* p. 248.

eine neue „Politik" des Menschen der Natur *gegenüber* als um eine Bekehrung, die erkennt, daß wir ein gemeinsames Schicksal haben. Solange Mensch und Welt als gegenseitig entfremdete Dinge betrachtet werden, solange deren Beziehung nach dem Muster von Herr und Sklave gestaltet ist – gemäß der Metapher von Hegel und Marx –, solange diese Beziehung nicht sowohl für den Menschen als auch für die Welt als konstitutiv gesehen wird, kann keine dauerhafte Heilung erreicht werden. Aus diesem Grunde meine ich, daß keine dualistische Lösung von Dauer sein kann; daß es beispielsweise nicht bloß um die Frage geht, die Natur als Verlängerung des menschlichen Körpers zu behandeln, sondern daß wir, vielleicht zum ersten Mal auf Weltebene, eine neue Unschuld erlangen müssen. Dies ist die Herausforderung, vor die uns die heutige ökologische Situation stellt. Es geht nicht nur, vielleicht nicht einmal in erster Linie um technologische Fragen der Beseitigung von Umweltverschmutzung, der Bevölkerungsreduktion und des sorgfältigen Umgangs mit Ressourcen – so lebenswichtig diese Fragen auch sind. Es ist ein globales Dilemma, das die Grenzen der reichen Länder oder die Problemstellungen der Industrialisierung sprengt.[143] Aus diesem Grund wird jede bloß technische Lösung – so dringlich sie auch ist – nicht genügen. Eine Warnung vor der totalitären Versuchung, menschliche Dynamik und persönliche Freiheit durch bloß äußerliche, künstliche (Zwangs-)Mittel an die Kandare zu nehmen, sei hier ausgesprochen. Es muß eine *ontonome* Ordnung gefunden werden, die dem ganzen Umfang des Problems Rechnung trägt, ohne die grundlegenden Belange regionaler Ontologien aus den Augen zu verlieren.[144] Dafür müssen wir jene ganzheitlichere Erfahrung entwickeln, über die noch viel zu sagen wäre und zu der uns das ökologische Dilemma führt, wie ein Symptom zur Behandlungsmethode.

---

[143] Hier liegt meiner Meinung nach die Bedeutung von Bewegungen wie *Centre Lebret* in Paris mit seinen Überlegungen zu *Foi et développement* (zugleich der Titel ihrer monatlichen Publikation).

[144] Dies wurde in der lebenswichtigen Frage der Entwicklung von D. Goulet in seinem *The Cruel Choice*. New York (Atheneum) 1971 gesehen: „Although the evils of present developmental forms are considerable, it must not be supposed that underdevelopment is a blessing. On the contrary, it is because underdevelopment is such a bad condition that societies are prone to choose imperfect models of development. When famine, disease and ignorance can be eliminated, it is morally wrong to perpetuate them. And no justification exists for preserving old values if these buttress social privilege, exploitation, superstition, and escapism. Furthermore, men's cognitive horizon ought not to be limited to tradition on grounds that new knowledge is troubling." (p. 249); dennoch spielt der Autor die Schwierigkeiten der Aufgabe nicht herunter: „The important issue, ultimately, is this: the possibility of cultural diversity needs to be safeguarded by deliberate policies. Perplexing questions arise when it must be decided which cultural peculiarities are to be allowed and which eliminated when these interfere with development." (pp. 269–270). Cf. auch D. Goulet, *A New Moral Order: Studies in Development Ethics and Liberation Theology.* Maryknoll, N. Y. (Orbis) 1974.

Diese Ganzheitserfahrung nenne ich die *kosmotheandrische* Vision, das dritte kairologische Moment des Bewußtseins. Im letzten Abschnitt werde ich diese Vision in ihren eigenen Begriffen beschreiben, ohne allerdings die praktischen Konsequenzen für unsere gegenwärtige Situation auszuklammern.

Ich möchte noch einmal betonen, daß dieser Drang nach Universalität oder das katholische Moment auch in den beiden anderen Momenten vorhanden ist und daß alle drei Momente in praktisch jeder Situation vorhanden sind. Dieses Moment wird mit einem Mal zu einer Frage der Betonung, eher der wachsenden Sensibilität für einen umgreifenden Mythos als für eine Teilanalyse, und zu einer Frage der Grenzen, sonst würden wir uns mit einer positiven Lösung für uns selbst, für unsere Familie, unser Land, unsere Religion oder auch für den Menschen im allgemeinen zufriedengeben.

Als Beispiel für das Bedürfnis der Menschen nach einem offenen Horizont kann die interessante Veränderung im Selbstverständnis heutiger Christen dienen. Es ist noch nicht lange her, daß die Eigenschaften der Neuigkeit und Ausschließlichkeit sowohl in den traditionellen abrahamitischen Religionen als auch in den heutigen säkularisierten Gebieten von Wissenschaft und Kunst für Wahrheit bürgten. Christen taten sich damit hervor, die Schöpfung aus dem Nichts *(ex nihilo)* als ausschließlich jüdisch-christlichen Beitrag zu verstehen; Gnade war normalerweise nur im Christentum zu finden; auch Feindesliebe galt als Besonderheit des Christentums; das Heil lag ausschließlich im Christentum; die Sakramente waren die einzigen Heilsmittel – *extra ecclesiam nulla salus:* außerhalb der Kirche kein Heil, und so weiter. Jetzt gilt beinahe das Gegenteil. Heute betonen christliche Theologen, die biblischen Mythen seien allgemeingültig, da sie die *conditio humana* (Bedingung des Menschseins) verkörperten, Jesus sei der Herr, weil er eine universale Gestalt sei, der Mensch für die ganze Menschheit usw. Ebenso weisen moderne Abendländer darauf hin, die Wissenschaft sei wahr, weil sie keine Nationalität habe, und die Kunst sei schön, weil Schönheit für alle Menschen, nicht nur für einige Privilegierte da sei. Der heutige Mensch ist zwar möglicherweise in mancher Hinsicht noch provinziell, aber er verabscheut das Elitäre, und die große Mehrheit bringt jenen, die gegen Apartheid, Rassismus, Diskriminierung – kurz gegen jegliche Einschränkung jener Rechte, die als universal betrachtet werden – kämpfen, Achtung entgegen oder stimmt ihnen zumindest verbal zu.

Wir könnten dieses katholische Moment in eine philosophisch-mythische Sprache kleiden und betonen, es impliziere das Erringen einer neuen Unschuld. Das erste kairologische Moment könnte als ekstatisches Moment der Intelligenz bezeichnet werden: Der Mensch weiß. Er kennt die Berge und Flüsse; er weiß, was gut und böse, angenehm und unangenehm ist. Der Mann kennt die Frau und umgekehrt. Der Mensch kennt die Natur und seinen Gott und alle Götter. Er stolpert, irrt und korrigiert seine Irrtümer, indem er sich durch die Dinge selbst belehren läßt. Der Mensch lernt hauptsächlich durch Ge-horchen, dadurch daß er auf die übrige Wirklichkeit horcht (ob-audire), die zu ihm spricht, sich an ihn wendet und ihn belehrt. In der ekstatischen Haltung ist der Verstand vor allem passiv.

Das zweite Moment ist das enstatische Moment der menschlichen Intelligenz. Der Mensch weiß, daß er weiß. Er weiß, daß er ein wissendes Wesen ist. Er ahnt aber auch, daß ihn sein selektives Wissen, wie die Erbsünde, früher oder später aus dem Paradies vertreiben wird.[145] Im Paradies ist das Gute gut, rein, einfach: Ein Apfel ist ein Apfel. Der Urmensch geht alles direkt an; er will nicht etwas „anderes" oder „mehr" als eben ist; dort ist kein Raum für etwas Differentes. Das Wissen des Menschen erschöpft sich mit dem Wissen um den Gegenstand. Kein Wunder, daß die Verehrung von Idolen – ich würde vorziehen, sie in positivem Sinne *Ikonolatrie* zu nennen – alles ist, was uns von dieser urzeitlichen Stufe übriggeblieben ist, der letzte Rest vom paradiesischen Dasein des Menschen. Im Verehren des Bildes ist der Mensch sich seiner selbst nicht bewußt. Er geht gänzlich darin auf, dem Symbol des Göttlichen zu huldigen und es zu lobpreisen. Für ihn ist diese Theophanie, das Erscheinen des Göttlichen so vollkommen, daß er keinen Unterschied zwischen der *Epiphanie* und dem sich darin manifestierenden *theos* ausmachen kann. Und dies macht ihn in den Augen der reflektierenden (nicht mehr unschuldigen) Außenseiter zum Götzendiener.[146] Was ich die *symbolische Differenz* nennen möchte, ist ihm nicht bewußt.[147] Die symbolische Differenz wird nur existentiell deutlich – insofern der Mensch weiterhin lebt, sich abmüht und anbetet, ohne sich der

---

[145] Die Idee ist sowohl im Judentum als auch im Christentum Teil der Tradition, obwohl sie vor allem im gnostischen und im mystischen Umfeld vertreten wurde. Sie wurde von heutigen Autoren wieder aufgegriffen, z. B. von R. C. Zaehner, *The Convergent Spirit*. London (Routlegde & Kegan Paul) 1963, pp. 44 sq., der die Erbsünde als „das Erwachen des Menschen zum vollen Bewußtsein" bezeichnet (p. 61). Cf. auch P. Ricœur in *The Symbolism of Evil*. Boston (Beacon Press) 1967, der sagt: „Der Jahwist [Autor der Genesis] scheint alle Züge von Urteilskraft und Intelligenz, die mit dem Zustand des Nichtwissens, der Unschuld in Zusammenhang stehen, unterdrückt zu haben und alle kulturellen Fähigkeiten des Menschen seinem Zustand des Gefallenseins zugeschrieben zu haben. Der Schöpfungsmensch wird für ihn zu einer Art Kind-Mensch, der in jedem Sinne des Wortes unschuldig ist und der bloß die Hand ausstrecken mußte, um die wundervollen Früchte des Gartens zu ernten, der erst nach dem Fall und in Schande sich seiner Sexualität bewußt geworden war. Intelligenz, Arbeit und Sexualität wären dann Blumen des Bösen." (p. 24)

[146] Cf. mein Kapitel „Betrachtung über die monotheistischen und polytheistischen Religionen", in *Die vielen Götter und der eine Herr*. Weilheim, Obb. (O. W. Barth) 1963, p. 43–51.

[147] Für Überlegungen zur symbolischen Differenz in bezug auf die Liturgie cf. mein Buch *Worship and Secular Man*. London (Darton, Longman & Todd) and Maryknoll N. Y. (Orbis Books) 1973, Kap. 1, besonders pp. 20–21.

früheren Handlungen bewußt zu sein. Im zweiten, reflexiven Moment allerdings realisiert der Mensch, daß das Symbol zugleich mit dem Gegenstand ident ist und es auch nicht ist. Es ist der Gegenstand, weil es keinen Gegenstand „an sich" oder „außerhalb" des Symbols gibt. Es ist nicht der Gegenstand, weil es genaugenommen das Symbol *des* Gegenstandes ist und also nicht der Gegenstand selbst. Wenn der Mensch im Apfel etwas „anderes" sieht als den Apfel, ist er daran, seine Unschuld zu verlieren. Tatsächlich sieht der urzeitliche Mensch im Apfel das ganze Universum – nicht als etwas anderes, sondern *als* Apfel. Es ist das reflektierende Bewußtsein, das den Menschen mit sich selbst konfrontiert; zuerst mit dem bewußten Wissen, daß er weiß. Er wird nicht nur des Apfels gewahr, sondern der Tatsache, daß er den Apfel kennt. Zweitens wird er sich bewußt, daß das Wissen um den Apfel nicht das ganze Wissen ist, weil er zumindest weiß, daß er weiß und sich deshalb sein Wissen nicht im Wissen um den Apfel erschöpft. Mit anderen Worten, er wird sich der Grenzen seines Denkens und damit seiner eigenen Grenzen bewußt. Und er tröstet sich selbst, indem er sagt, daß er dann und nur dann den Apfel *qua* Apfel kennt. Die *Identität* des Apfels, von dem sein ganzes Schicksal einmal abhing, ist zur *Identifikation* des Apfels geworden – über den er vieles sagen kann – außer, was der Apfel letztlich *ist*. Das Unterscheiden beginnt. Der Mensch entdeckt, daß der Apfel nur *ein* Ding ist. Er mag ein wundervolles Symbol sein, aber er ist nicht das einzige und im besonderen ist er nicht das Symbolisierte – sondern nur sein Symbol. Die symbolische Differenz ist zu einer ontologischen Trennung geworden. Der Apfel befriedigt ihn nicht mehr, weil er auch den Nicht-Apfel kennen will; aber dies ist nicht das Ende . . . Er will mehr kennen als Apfel und Nicht-Apfel. Letztlich will er alles erkennen, also Gott, der als Symbol für das Ganze steht. Erst dann versteht er, unterliegt er [„understand" – „stand under", Anm. d. Übers.] der Versuchung, wie Gott zu sein, weil er sich erst dann als Nicht-Gott weiß. Auch wenn er davon gehört haben sollte, er sei Noch-nicht-Gott, bringt er nicht die Geduld auf zu warten, bis er am Ende seines irdischen Pilgerweges Gott wird. Er will jetzt *wie* Gott werden, und so hört er auf die Schlange, die für den im Apfel entdeckten Nicht-Apfel steht. Es scheint, daß der Mensch den Apfel essen, ihn genießen und zerstören, ihn opfern mußte, um das zu erreichen, was der Apfel, wie er jetzt begriffen hat, symbolisiert. Die Suche nach all dem, was im Apfel und jenseits des Apfels verborgen ist, charakterisiert das zweite Moment der menschlichen Bewußtseinsentwicklung, die Opferung der ersten Unschuld.[148]

---

[148] Cf. als ein Beispiel dafür, daß eine solche Haltung überall vorkommt, das folgende Zitat, das 1951 von einem Mann der Tat wie Dag Hammarskjöld geschrieben wurde: „Jäh: das Para-

Deshalb kann das dritte kairologische Moment nicht einfach das Wiedererlangen der verlorenen Unschuld meinen. Unschuld ist gerade deshalb unschuldig, weil sie, einmal verspielt, nicht mehr zurückgewonnen werden kann. Wir können nicht ins irdische Paradies zurückkehren, so sehr wir uns auch danach sehnen mögen. Der Wunsch selbst ist die größte Bedrohung, genauso wie die Sehnsucht nach *nirvāna* das größte Hindernis dafür darstellt, es zu erreichen. Gleicherweise besiegt die Sehnsucht, sich nicht zu sehnen, der Wunsch, wunschlos zu sein, weil Wunschlosigkeit der Weg ist usw. sich selbst, da es sich nur um einen weiteren – wenn auch „höheren" – Wunsch handelt. Das dritte Moment ist eine Eroberung, das schwierige und schmerzhafte Erringen einer neuen Unschuld.[149] Es genügt nicht, sich nach rückwärts zu wenden, es genügt aber auch nicht, unbegrenzt und unterschiedslos vorwärts zu drängen. Wir können nicht zurückgehen, indem wir so tun, als ob wir nicht wüßten, wenn wir in Wirklichkeit wissen. Und zu wissen, daß wir wissende Wesen sind, macht reines Wissen unmöglich – außer wenn wir zum absolut Wissenden werden, der im Wissen um sich selbst alle Wesen und alles Wissen kennt.[150] Aber niemand kann etwas über diesen Wissenden sagen, ohne ihn zu zerstören, sowohl als Wissenden (denn er würde zum Gewußten) als auch als das Absolute (denn er wäre somit auf unser eigenes Wissen bezogen).[151] Die erste Unschuld ist für immer verloren.[152]

dies, aus dem unser Wissen uns ausgeschlossen." Unser denkendes Erkennen würde ich freundlicherweise beifügen. Aber einige Absätze später, als dem Autor, wie ich annehme, die Verbindung mit dem ersten Satz nicht mehr bewußt war, schrieb er: „Eine Demut, die nie vergleicht und unverrückt läßt, was für ‚andere' ist oder ‚mehr'." Dag Hammarskjöld, *Zeichen am Weg*. München, Zürich (Droemer Knaur) 1963, p. 68.

[149] Ist dies nicht die Bedeutung von: „Wer das Reich Gottes nicht so annimmt wie ein Kind, der wird nicht hineinkommen." (*Mark.* 10, 15)? Und ist es nicht diese neue Unschuld, die den Ausspruch „Selig die arm sind vor Gott" (*Matth.* 5, 3) sinnvoll macht? Wir könnten hier quer durch buddhistische und christliche Quellen zitieren. Cf. zum Beispiel: „Reife: auch eine neue Unbewußtheit, die du erst erlangst, wenn du dir selbst vollkommen gleichgültig geworden bist durch bedingungsloses Bejahen des Schicksals." Dag Hammarskjöld, *op. cit.*, p. 84.

[150] Cf. einen Text, der die letzten zwei Jahrtausende umspannt, Aristoteles' *Metaphys.*, XII, 9: „intendit ostendere quod Deus non intelligit aliud, sed seipsum, inquantum est perfectio intelligentis, et eius quod est intelligere." D. Thomas, *In Metaph.* lect. 11, n. 2614. Oder auch: „Deus intelligit autem omnia alia a se intelligendo seipsum, inquantum ipsius esse est universale et fontale principium omnis esse, et suum intelligere quaedam universalis radix intelligendi, omnem intelligentiam comprehendens." D. Thom. *De subst. separat.* 13 (ed. Mandonnet, 12), der obigen Text von Aristoteles kommentiert.

[151] Cf. die metaphysischen Spekulationen der *noēsis noēseōs* von Aristoteles, das *svamprakash* der Vedanten und die Lichttheologie der christlichen Scholastiker.

[152] Es ist gut zu sagen und zu schreiben: „Die Nichtwissenheit wissen ist das Höchste. Nicht wissen, was Wissen ist, ist ein Leiden." *Tao te king* LXXI, übersetzt von Richard Wilhelm. Aber wie schon das bereits zitierte Gleichnis vom Zöllner und vom Pharisäer und ähnliche Texte zeigen, können solche Aussagen nur *einmal* gemacht werden. Danach kann weder der Hörer noch der Leser weiter davon Gebrauch machen . . .

Wir können nicht auf unbestimmte Zeit weiter vorwärts drängen, das heißt wir können nicht so tun, als ob wir ein sicheres gültiges Wissen von allem hätten, wenn wir doch wissen, daß wir nicht einmal die Grundlagen kennen, auf denen unser erstes Wissen beruht. Wir können nicht vorgeben zu wissen und dort haltmachen, als ob es sich um absolutes Wissen handelte, wenn wir zugleich wissen, daß wir nicht wissen. Wenn wir wirklich wissen, daß wir die Grundlagen nicht kennen, auf denen unser Wissen beruht, bedeutet dies, daß wir die Wahrheit dessen, was wir wissen, nicht kennen; denn wir wissen, daß die Wahrheit dessen, was wir wissen, von einer unbekannten Variablen abhängt. Wir wissen um unsere Unkenntnis der Grundlagen unseres Wissens. Aber dieses Wissen um unser Nichtwissen ist weder Nichtwissen noch Wissen. Es ist nicht Nichtwissen, denn es weiß. Es ist nicht Wissen, denn es hat keinen Gegenstand; es weiß nichts. Wir können Nichtwissen an sich nicht wissen; wir können das Unbekannte nicht kennen. Wenn wir es könnten, wäre es nicht mehr Nichtwissen. Wenn wir das Unbekannte kennten, wäre es bekannt. Dieses Wissen um unser Nichtwissen ist ein Wissen, das weiß, daß unser Wissen sich nicht im Wissen erschöpft – nicht weil wir das Nichtwissen kennen, sondern weil wir wissen, daß andere ein Wissen haben, das sich von unserem Wissen unterscheidet und sie uns manchmal davon überzeugt haben, daß sie recht haben. Das Wissen um unsere Grenzen ist nicht ein direktes Wissen, sondern ein Bewußtsein, das aus dem Konflikt verschiedener Wissensformen entstanden ist; einem Konflikt, den wir nicht lösen können. Wir sind dazu gezwungen, das Wissen durch Nichtwissen zu überwinden, durch einen Sprung . . . einen Sprung des Glaubens, des Vertrauens, des Gefühls, der Intuition. Mit anderen Worten, die neue Unschuld besteht darin, die intellektuelle Verzweiflung zu überwinden, die sich einstellt, wenn wir entdecken, daß wir nicht aus dem Teufelskreis ausbrechen können – weder durch einen Akt des Intellektes noch durch reine Willenskraft. Der Wille ist zu sehr durch den Intellekt angesteckt, um eine solche Autonomie zu bewahren. Wenn wir bewußt diese intellektuelle *Sackgasse* durch einen Willensakt zu überwinden versuchen, ist es noch immer der Intellekt, der uns leitet und inspiriert. Wir möchten über die Mauer jedes Gefängnisses springen, in dem wir uns befinden – diesem Tal der Tränen entfliehen, dieser Welt des Leidens oder der dialektischen Sackgasse entfliehen – wenn wir erst einmal die Antinomien entdeckt haben, in denen wir stecken. Niemand will nicht vorhandene Mauern überspringen. Im Zustand der Unschuld hat der Himmel keine Tore. Im Zustand der Schuld ist die Hölle torlos. Die neue Unschuld kann weder die Tore des Himmels noch jene der Hölle abschaffen – aber sie sehnt sich weder danach, die Schwelle des Himmels zu überschreiten noch die der Hölle. Sie bleibt in der *antariksha,* in der *metaxú,* in der Zwischenwelt, in der positiven Mitte, dem *āyus,* dem *aiōn,* dem *saeculum,* der Welt des tempiternalen Lebens, weder die Reiche darunter fürchtend noch verlockt vom Königreich darüber.

Die neue Unschuld ist nicht eine bloße Wiederholung der alten. Die sich ihrer selbst nicht bewußte Haltung gesammelter Aufmerksamkeit hat wenig zu tun mit der Selbstvergessenheit flüchtiger Zerstreuung. In der Tradition wurde dies so ausgedrückt: Der Mensch hat seinen Status nicht gänzlich verloren, er war nicht gänzlich verdorben, sondern nur „verwundet" oder, wie die Scholastiker gerne sagten, *vulneratus in naturalibus et expoliatus ex supernaturalibus.* Es gibt im Menschen einen Lebenskern, der ein Regenerieren zuläßt – was mehr ist als bloßes Wiederaufpolieren. In dieser Tiefe setzt das dritte Moment, die neue Unschuld, ein.

Nur Erlösung kann die neue Unschuld hervorbringen. Welche existentielle Form diese Erlösung auch annimmt, ihre Struktur ist geprägt durch die Erfahrung der wesentlichen Grenzen unseres Bewußtseins. Die Grenzen der reinen Vernunft aufzuspüren, war schon immer die Aufgabe der Philosophen. Diese Grenzen, die uns heute immer mehr bewußt werden, bestehen nicht nur im Prinzip der Nichtwidersprüchlichkeit als unterer Grenze und im Prinzip des Übernatürlichen oder des Mysteriums als oberer Grenze, sondern sind auch die dem Bewußtsein selbst innewohnenden Grenzen. Es handelt sich um die Erfahrung, daß Denken nicht nur offenbart und verhüllt, sondern auch zerstört, wenn es auf die Spitze getrieben wird. Denken hat eine zersetzende Kraft. Die bekannten Worte von Augustinus in bezug auf die Zeit[153] werden zu mehr als einer Redewendung, sobald das denkende Bewußtsein darüber nachdenkt. Wir können mit Vorstellungen von Gott, Gerechtigkeit, Vaterlandsliebe, Liebe, Abtreibung usw. – um Beispiele aus verschiedenen Bereichen zu nehmen – operieren, solange wir sie nicht durchdacht haben, solange wir die Mythen, die den Logos umfassen, der sie zur Sprache bringt, noch achten (weil wir noch an sie glauben). Die neue Unschuld ist mit dem neuen Mythos verknüpft, und der neue Mythos kann nicht buchstabiert werden; er ist noch nicht Logos. Wir sehen durch ihn *hindurch,* auch wenn wir davon ausgehen können, daß kommenden Generationen das undurchsichtig erscheinen wird, was für uns transparent ist.

Ich könnte denselben Vorgang in psycho-anthropologischen Begriffen ausdrücken. Es ist bekannt, daß seit Lévy-Brühls Beschreibung der „participation mystique"[154] die erste Stufe der menschlichen Bewußtseinsentwick-

---

[153] „Was also ist die Zeit? Wenn niemand mich danach fragt, weiß ich es; wenn ich es jemandem erklären will, weiß ich es nicht." *Confessiones* XI, 14.

[154] C. Lévy-Brühl, *Les fonctions mentales dans les sociétés inférieures,* 1990.

lung als Stufe des unkritischen Nichtunterscheidens zwischen Objekt und Subjekt betrachtet wurde, so daß in der „primitiven" Mentalität „das Unbewußte ins Objekt projiziert und das Objekt ins Subjekt introjiziert, das heißt psychologisiert"[155] wird. Die Überreste eines solchen Zustandes der „participation mystique" wollte C. G. Jung in seiner Analyse und Therapie überwinden. Seine Theorie der Individuation ist bekannt.[156] In diesem Prozeß verschiebt sich der Schwerpunkt vom kleinen, bewußten Ego zum Selbst, zum „virtuellen Punkt zwischen dem Bewußtsein und dem Unbewußten".[157] Aber auch ein radikaler Bruch zwischen Objekt und Subjekt würde nicht genügen. Wir müssen einen Sinn für die Einheit mit der Wirklichkeit wiederentdecken, der nicht alle Unterschiede verwischt. Ich würde den Begriff „participation mystique" der dritten Stufe vorbehalten und die erste eine urtümliche oder unkritische Partizipation nennen, *sed nominibus non est disputandum.*

Ich werde von weiteren Ausführungen absehen und den erklärenden Charakter der Darstellung ändern, der einzig dazu dienen soll, mit einem Minimum an philosophischen Annahmen in diese Intuition einzuführen. Für die im dritten Kapitel vorgelegte Beschreibung ist es deshalb nicht unbedingt erforderlich, daß man den philosophischen oder psychologischen Ideen, die den vorangegangenen Abschnitten zugrunde liegen, zustimmen muß.

---

[155] Aus C. G. Jungs Kommentar zur deutschen Übersetzung des *T'ai I Chin Hua Tsung Chih: Das Geheimnis der Goldenen Blüte.* Zürich (Rascher) 1944, p. 50–51.
[156] Cf. zum Beispiel C. G. Jung, *Collected Works,* vol. 9, Parts I & II. Princeton, NJ (Bollingen) 1959, 2nd ed., 1968.
[157] C. G. Jung, *Das Geheimnis der Goldenen Blüte,* p. 51.

III

DIE KOSMOTHEANDRISCHE INTUITION

Ich bin in meinen Überlegungen davon ausgegangen, daß die Sensibilisierung für die ökologische Problemstellung nur eine Begleiterscheinung der zweiten Epoche ist. Die drei wirklichen kairologischen Momente sind: a) das *uranfängliche* oder ökumenische Moment, jenes vorreflexive Bewußtsein, in dem die Natur, der Mensch und das Göttliche noch gestaltlos vermischt und kaum differenziert sind; b) das *humanistische* oder ökonomische Moment, jene historische Geisteshaltung, in der die Individuation als Prozeß der Differenzierung von der Makro- zur Mikrosphäre fortschreitet; und c) das *katholische* oder kosmotheandrische Moment, das die Unterscheidungen des zweiten Momentes bewahrt, ohne die Einheit des ersten aufzugeben. Im folgenden möchte ich mich weniger auf das Trennende als vor allem auf die Beschreibung der Ganzheitserfahrung konzentrieren.[158]

Für die Beschreibung der kosmotheandrischen Intuition wird der Ausdruck *theanthropokosmisch* vielleicht als treffender empfunden, weil *anthrōpos* sich auf den Menschen als menschliches Wesen im Unterschied zu den Göttern bezieht, während in *anēr* eher die Konnotation mit dem Männlichen anklingt. Dies war allerdings nicht immer so.[159] Das Wort *theandrisch*

---

[158] Wir benutzen in diesem Essay den Neologismus „holistisch", um daran zu erinnern, daß der von Gen. Jan C. Smuts in seinem zum Klassiker gewordenen Buch *Holism and Evolution*. New York (Macmillan) 1926, geprägte Ausdruck „Holismus" nicht auf den Bereich der biologischen Evolution beschränkt war, obwohl er in diesem Bereich am meisten Beachtung gefunden hat. Im Kapitel V, „General Concept of Holism" *(Summary)*, beschreibt Smuts mit den folgenden kosmotheandrischen Begriffen, wie er dieses Wort verwendet: „Die starke gegenseitige Annäherung der Konzepte von Materie, Leben und Geist und das teilweise Überlappen in den Bereich der jeweils anderen wirft die weitere Frage auf, ob sich hinter diesen Konzepten nicht ein grundlegendes Prinzip befindet, dessen progressives Ergebnis sie sind . . . Holismus (von *hólos* = ganz) heißt der Begriff, der hier für diesen grundlegenden Faktor geprägt wird, der auf die Schaffung der Ganzheit im Universum hinwirkt . . . Die Vorstellung von ganz und Ganzsein sollte deshalb nicht auf den biologischen Bereich beschränkt werden; er deckt sowohl anorganische Substanzen als auch die höchsten Manifestationen des menschlichen Geistes" (pp. 85–86). Eine aktualisierte Übersicht über die Idee des „Holismus" cf. Arthur Koestler, *Der Mensch als Irrläufer der Evolution*. Bern/München (Scherz) 1978.

[159] Vor Homer bezog sich der Ausdruck nicht ausschließlich auf das Männliche, und in Zusammensetzungen stand er für das Menschliche in einer Bedeutung, wie sie der indoeuropäischen Wurzel entspricht [sanskr. *nā (nar, z. B. nārāyan)*], die aber im späteren lateinischen Konzepten *vir* nicht erhalten blieb. So kann, ja sollte der Ausdruck in seiner ursprünglichen Bedeutung als menschliches Wesen verstanden werden. Cf. die Beispiele und die zitierte Literatur in P. Chatraine, *Dictionnaire etymologique de la langue grecque*. Paris (Klinckseck), 1968, aber auch J. Pokorny, *Indogermanisches Etymologisches Wörterbuch*. Bern, München (Francke) 1959, *sub voce ner-(t-), aner-*. Die Grundidee von „Lebenskraft", deren Bedeutung später auch Mut und Stärke umfaßte, ist wichtig – und kann vielleicht erklären, weshalb es den Männern und dem

kann im abendländischen Denken auf eine lange Geschichte zurückblicken und stand schon immer für die Einheit zwischen Menschlichem und Göttlichem ohne jede Vermischung. Im übrigen ist der Ausdruck *kosmotheandrisch* einfach wohlklingender als *theanthropokosmisch*.[160]

Um meine Darlegungen auf die grundlegenden Elemente zu beschränken, werde ich nur 1. die Grundlage dieser Intuition ausarbeiten, 2. die Einsichten formulieren, 3. einige Einwände aufgreifen und schließlich 4. beschreiben, wie diese Einsichten die Wirklichkeit wahrnehmen.

1. EINIGE ANNAHMEN

Die kosmotheandrische Vision kann wohl als die erste und ursprüngliche Form des Bewußtseins betrachtet werden. Tatsächlich schimmert sie seit den ersten Anfängen der menschlichen Bewußtwerdung als ungeteilte Vision der Ganzheit durch. In ihrer Ursprünglichkeit ist sie aber noch eine naive, ununterschiedene Vision, die sehr schnell von den glänzenderen Teilentdeckungen, seien sie physisch oder metaphysisch, in den Schatten gestellt wird. Es verwundert kaum, wenn die Menschen vom fortschreitenden Entdecken der reichen Wirklichkeit der Welten über, um und in sich beinahe trunken werden. Die Wellen sind wirklich fesselnd, und sicherlich verdienen es die Unterwasserströme und die Pflanzenwelt des Meeres, daß wir sie sorgfältig studieren. Wir möchten unsere Aufmerksamkeit jetzt aber dem Ozean als Ganzem zuwenden.[161]

Es scheint eine Konstante der menschlichen Kultur zu sein, sich die gesamte Wirklichkeit in Form von drei Welten vorzustellen, gleichgültig, ob diese Vision nun räumlich, zeitlich, kosmologisch oder metaphysisch ausgedrückt wird.[162] Einer unter vielen heiligen Texten sagt: „Er offenbarte sich dreifaltig."[163] Es gibt eine Welt der Götter, eine Welt der Menschen und als

---

Kriegshandwerk vorbehalten blieb. Wir leisten dem *humanum* aber bessere Dienste, wenn wir diese positiven Werte aus ihrer einseitigen Inanspruchnahme durch die männliche Hälfte der Menschheit befreien, statt die Niederlage einzugestehen und neue Ausdrücke für „Frau" zu erfinden. [Im Englischen tragen beide Ausdrücke für Frau, wo-men und fe-males, das Männliche/Menschliche in sich! Anm. d. Ü.]

[160] Obwohl ursprünglich in seiner Bedeutung androgyn, ließ *anthrōpos* bald nur noch auf die Männer/das Männliche schließen, und das männliche grammatische Geschlecht dominierte – abgesehen von einzelnen Ausnahmen.

[161] Cf. den *pelagus divinitatis* der christlichen Tradition des Mittelalters.

[162] Die Trinität, die *trikāya*, das *sat-cit-ānanda*, die *triloka* praktisch jeder Religion, die drei Dimensionen des Räumlichen, Zeitlichen und Anthropologischen usw. scheinen viel tiefer in der Wirklichkeit verwurzelt zu sein als jedes bloß heuristische bzw. erkenntnistheoretische Hilfsmittel oder Schema.

[163] *Sa tredhā ātmānam vyakuruta* sagt die *Brihadāranyaka Upanishade* I, 2, 3. Die Standardübersetzung verwendet „geteilt" (Hume, Radhakrischnan, Zaehner, Senart, Filippani-Ronconi usw.) und folgt dabei dem Kontext und der gewöhnlichen Bedeutung des zusammengesetz-

dritte die Welt jener, die die Zeit hinter sich gelassen haben; es gibt Himmel, Erde und Unterwelt; den Himmel, die Erde und die Welt dazwischen; da ist Vergangenheit, Gegenwart und Zukunft; das Geistige, das Seelische und das Körperliche usw. Die klassische Dreiteilung des Menschen in Leib, Seele und Geist *(corpus, anima, spiritus)* könnte als eine weitere Formulierung der gleichen Intuition verstanden werden, sofern wir sie nicht rein individualistisch interpretieren und damit „meinen" Körper, „meine" Seele, „meinen" Geist verstehen. Genaugenommen wird keine dieser drei Dimensionen zum Einzelnen oder zum Teil gemacht. Vielmehr sind Leib, Seele und Geist gemeinsame Nenner jedes wirklichen Wesens, soweit dieses nicht von seinen vitalen Verbindungen mit der gesamten Wirklichkeit abgeschnitten ist.[164] Das christliche Dogma vom mystischen Leib bestätigt genau dies: Jeder von uns ist unerläßlicher Teil einer höheren, wirklicheren Einheit, des *Christus totus*.[165]

---

ten Verbes *vyākri:* trennen, sondern, entfernen; aber auch auslegen, auseinandersetzen/erklären, kundtun. Cf. *vyākrita* (und *avyākrita*): getrennt, entwickelt, entfaltet, verwandelt; und den sāmkhya-Ausdruck für Entwicklung und Schöpfung: *vyākriyā.*

[164] Bezeichnenderweise wurden aus den klassischen Begriffen *corpus, anima, spiritus (sōma, psychē, pneuma)* in der späteren Tradition *anima, animus, spiritus (psychē, noûs, pneuma).* Cf. z. B. Wilhelm von Thierry, *Epist. ad fratres de Monte Dei* I, ii, 45 (P. L. 184, 315 sq.), zum Beispiel: „Initium boni in conversatione anomali, perfecta obedientia est; profectus, subjicere corpus suum, et in servitutem redigere: perfectio, usu boni consuetudinem vertisse in delectationem. Initium vero rationalis est intelligere quae in doctrina fidei apponuntur ei: profectus, talia praeparare, qualia apponuntur: perfectio, cum in affectum mentis transit judicium rationis. Perfectio vero hominis rationalis, initium est hominis spiritualis: profectus ejus, revelata facie speculari gloriam Dei: perfectio vero, transformari in eamdem imaginem a claritate in claritatem, sicut a Domini Spiritus." (Ibid., col. 316). „Der Beginn des Guten im Leben der Tiere ist vollkommener Gehorsam: Fortschritt heißt, die Kontrolle über den Körper zu erlangen und ihn zur Unterwerfung zu bringen, Vollkommenheit heißt, wenn die gewohnheitsmäßige Ausübung der Tugend zum Vergnügen geworden ist. Der Beginn des rationalen Zustandes heißt, zu verstehen, was gelebt wird; Vollkommenheit heißt, wenn das Verstandesurteil zur spirituellen Neigung wird. Die Vollkommenheit des rationalen Zustandes ist der Anfang des spirituellen Zustandes: Fortschritt darin bedeutet, mit unbedecktem Gesicht über Gottes Herrlichkeit zu reden [2 *Cor.* 3:18]; seine Vervollkommnung ist es, in die gleiche Gestalt verwandelt zu werden, indem die Herrlichkeit ihm Herrlichkeit verleiht *[a claritate in claritatem],* ermächtigt durch den Geist Gottes." Nach der englischen Übersetzung von Theodore Berkeley OCSO, *The Works of William of St. Thierry,* Vol. 4, Cistercian Fathers Series, No. 12, Spencer, Mass. (Cistercian Publications) 1971, p. 27.

[165] Der Ausdruck war seit Augustinus *(passim)* populär. Cf. zum Beispiel: „quia caput et membra unus Christus." *In. Ps.* LIV (P. L. 26, 629). Und weiter: „nemo timet Dominum, nisi qui est in membris ipsius hominis: et multi homines sunt, et unus homo est: multi enim christiani, et unus Christus. Ipsi christiani cum capite suo, quod ascendit in caelum, unus est Christus; non ille unus et nos multi, sed et nos multi in illo uno unum. Unus ergo homo Christus, caput et corpus. Quod est corpus eius? Ecclesia eius, dicente apostolo: *Quoniam membra sumus corporis eius Eph.* 5, 30; *et Vos autem estis corpus Christi et membra 1 Cor.* 12, 27." *In. Ps.* CXXVII, 3 (P. L. 37, 1679). Oder auch: „Dicendum quod, sicut tota Ecclesia dicitur unum corpus mysticum per similitudinem ad naturale corpus hominis, quod secundum diversa membra habent diversos actus, ut Apostolus docet, *Rom.* et 1 *Cor.,* ita Christus dicitur

Es wäre allerdings unhaltbar, der Zeit zuwiderlaufend, unsere heutigen Kategorien in das traditionelle dreistöckige Gebäude dieses Weltbildes hineinzulesen. Es würde auf einen methodischen Irrtum hinauslaufen, der die genaue Umkehrung der anachronistischen Auslegung wäre. Benutzt diese für die Beurteilung der Gegenwart überholte Denkkategorien, so deutet erstere die Vergangenheit mit heutigen Verstehensmustern, die aber der Vergangenheit genauso wenig angemessen sind.

Ich gehe davon aus, daß diese Vision immer schon vorhanden war und es schon immer Aufgabe der Weisen war, ihre Zeitgenossen auf das Ganze hinzuweisen und sie davor zu bewahren, daß sie sich von einleuchtenden, die Wirklichkeit aber nur teilweise erfassenden Einsichten blenden lassen. Wir können uns aber fragen, ob die Menschheit ohne die Einseitigkeit, ja Überbetonung, die die Entdeckungen in Teilbereichen mit sich brachten, je die Fähigkeit zu Analyse und Unterscheidung hätte erlangen können. O felix culpa?

Heute scheint diese Vision der Ganzheit für immer mehr Menschen zur ungetrübten Hoffnung und zum ausdrücklichen Ziel des menschlichen Bewußtseins geworden zu sein. Der Mensch, der ja nie Teilwahrheiten gesucht hat, ahnt jetzt, daß viele traditionelle Überzeugungen in Wirklichkeit nur solche Teile sein könnten. Schon immer suchte er nach der letzten Wirklichkeit; jetzt argwöhnt er, daß er leicht die Wirklichkeit hinter sich lassen könnte, wenn er rücksichtslos alles transzendiert.[166] Er gibt sich nicht damit zufrieden, die Gipfel zu erreichen, wenn er von dort nicht auch die Täler überblicken kann. Die ganze Wirklichkeit zählt, Materie genauso wie Geist, das Gute ebenso wie das Böse, Wissenschaft genauso wie Mystik, die

---

caput Ecclesiae secundum similitudinem humani capitis." D. Thomas, *Sum. theol.* III, a 8, q. 1, c. (auch III *Sent.* 13, 2, 1; *De Veritate* XXIX, 4–5; *Compend. theol.* 214; *In 1 Cor.* II, lect. 1; *In Eph.* I. lect. 8; *In Coloss.* I, lect. 5). Cf. die Enzyklika *Unam Sanctam:* „Unam sanctam Ecclesiam . . . quae unum corpus mysticum repraesentat, cuius corporis caput Christus, Christi vero Deus." (Denz-Schön. 870) und das Zweite Vatikanische Konzil: „Wie aber alle Glieder des menschlichen Leibes, obschon sie viele sind, dennoch den einen Leib ausmachen, so auch die Gläubigen in Christus . . . Er ist das Bild des unsichtbaren Gottes, und in ihm ist alles geschaffen. Er ist vor allen, und alles hat in ihm seinen Bestand." Dogmatische Konstitution über die Kirche *(Lumen Gentium),* Kap. I, Art. 7; in Das Zweite Vatikanische Konzil. Konstitutionen, Dekrete und Erläuterungen, lat. u. dt., Teil I, p. 167 u. 169. St. Ambrosius von Mailand hat einen wunderbaren Einfall, wenn er in einem anderen Zusammenhang (er spricht über die „Erziehung einer Jungfrau") sagt: „ubi ergo tres isti integri (nämlich *corpus, anima, spiritus),* ibi Christus est in medio eorum", *De institutione virginis,* 2 (P. L. 16, 309). Er fährt weiter mit der Aussage, es sei die Funktion Christi, der zu sein, „qui hoc tres intus gubernat et regit ac fideli pace componit". *(Ibid.)*

[166] Cf. einen der berühmtesten Abschnitte bei Plotin, der sich in der letzten Zeile seiner unsterblichen *Enneaden* findet (VI, 9): „Das ist das Leben der Götter und göttlicher, seliger Menschen, Abscheiden von allem anderen, was hienieden ist, ein Leben das nicht nach dem Irdischen lüstet, Flucht des Einsamen zum Einsamen" *(psychē mónou pròs mónon);* deutsch von Richard Harder.

Seele ebenso wie der Leib. Es geht nicht darum, die naive Unschuld zurückzugewinnen, die wir verlieren mußten, um zu werden, was wir sind, sondern darum, eine neue Unschuld zu erringen.

Auf jeder Stufe, in jeder Epoche des menschlichen Bewußtseins bestand die Versuchung, das Wirkliche zu beschneiden und den Weg zur Synthese dadurch abzukürzen, daß jene Teilbereiche der Wirklichkeit ausgeschaltet werden, die das Bewußtsein nicht ohne weiters angleichen oder manipulieren können. Sehr früh schon wurde Gott seines Körpers beraubt, später der Materie überhaupt, so daß er nur noch Geist war. Aus demselben Grund – nämlich um alles Unvollkommene aus dem Vollkommenen zu tilgen – wurde er unwandelbar und unbewegt gemacht. Etwas Ähnliches geschah mit dem Menschen: Gedrängt vom Bedürfnis, seine „Würde" zu bewahren, streifte er zuerst seine Tierhaftigkeit ab, dann seinen Körper und seine Sinne, und nur zu bald legte er auch seine Gefühle ab, bis er zum „denkenden Ding", zur *res cogitans* und zur sprechenden Maschine wurde. Trotz der optimistischen iranisch-christlichen Lehre von der Auferstehung des Fleisches wurde die Vervollkommnung des Menschen zunehmend „vergeistigt", bis dies verständlicherweise eine Gegenreaktion hervorrief. Gewiß ist es besser, als Krüppel oder Lahmer ins Reich Gottes zu gelangen, als gänzlich davon ausgeschlossen zu sein.[167] Aber diese einseitige Lösung braucht nicht die Regel zu sein. Im Gegenteil, „dem der hat, wird gegeben, und er wird im Überfluß haben . . ."[168]

Es stimmt, daß niemand zwei Herren dienen kann.[169] Aber es stimmt auch, daß es letztlich nur einen einzigen Herrn, ein Ganzes, eine Wirklichkeit gibt, so daß kein Teil der Wirklichkeit zugunsten eines anderen vernichtet oder außer acht gelassen werden darf. Geistiger Reduktionismus ist genauso schädlich wie materieller. Es ist unsere Aufgabe, jeden einzelnen dieser anmaßenden Reduktionismen zu überwinden, die die Wirklichkeit auf einen einzigen ihrer Bestandteile einzuschränken drohen. Das können wir natürlich nur dann, wenn wir im Zuge unseres ständigen Ringens um eine neue Unschuld unsere eigene anthropozentrische Perspektive durchbrechen.

Das Erringen einer neuen Unschuld ist eine der Annahmen, die der kosmotheandrischen Vision zugrunde liegen. Wir erwähnten bereits die *radikale Relativität* der ganzen Wirklichkeit und unterschieden sie vom agnostischen Relativismus, der jede Gewißheit und jegliche Unterscheidungsmöglichkeit ausschließt. Diese radikale Relativität bildet den Hintergrund

---

[167] Cf. *Mark.* 9, 42–48.
[168] Cf. *Matth.* 25, 14–30.
[169] Cf. *Matth.* 6, 24.

für das unteilbare kosmotheandrische Bewußtsein: Wir können den Kreislauf der Kommunikation zwischen den Sphären der Wirklichkeit nicht schließen. Außerdem kann dieser Austausch nicht eine bloß moralische Verbindung sein oder irgendein verschwommenes Wissen darüber, daß alle Dinge miteinander verbunden sind. In aristotelischen Begriffen ausgedrückt: Die Relationen müssen genauso wirklich sein wie die Elemente, die sie verbinden. Oder anders gesagt: Der ontologische Zustand des Bewußtseins, das die verschiedenen Existenzbereiche miteinander verbindet, muß zumindest dieselbe Beschaffenheit aufweisen wie die Bereiche, die es verknüpft. Das Universum besteht also entweder aus Beziehungen, die so stark – und so wirklich – sind wie die verbundenen Teile, oder diese Teile brechen auseinander in ein chaotisches, zerfallendes und solipsistisches Universum.

In ähnlicher Weise bildet die Erfahrung der nicht-individualistischen Seiten des Erkennens und schließlich des über-individualistischen Subjektes des Erkennens einen Ausgangspunkt der kosmotheandrischen Vision. Wir wissen, daß wir über Wissen verfügen, aber „unser" Wissen ist nicht unser Privatbesitz. Mein Wissen ist nur wirklich als mein inneres Wissen; aber es gehört nicht mir. Wissen ist nicht nur Austausch mit dem Objekt, sondern auch zwischen Subjekten.

Unsere Grundannahme ist also die letzte Einheit der Wirklichkeit: Alles hängt mit allem zusammen. Trotz verschiedener Seinsbereiche, unterschiedlichen Wissensstands, ontologischen Gefälles und ontischer Hierarchien darf eine vollständige Vision der Wirklichkeit keinen dieser Aspekte übersehen oder irgendwelche „niedrigere" Teile zugunsten „höherer" opfern. Wir unterscheiden zwar zwischen „Erscheinung und Wirklichkeit", *paramārthika* und *vyavahārika, ens a se* und *ens ab alio,* zwischen „der Art des Weisen und der Art des Narren", „Materie und Geist", „Schöpfer und Geschöpf", *noumenon* und *phenomenon,* „Wahrheit und Täuschung" usw. Aber diese Unterscheidung kann uns nicht darüber hinwegtäuschen, daß die andere Seite der Münze zwar möglicherweise nicht wahr, endgültig, existent oder was immer ist, aber doch ihren eigenen Grad an Wirklichkeit besitzt – und zwar in dem Maße, als sie sich selbst manifestiert und über sie gesprochen werden kann. Oder wie die vedantische Scholastik durchwegs bestätigt: *brahman* ist das höchste Subjekt der *avidyā* (Unwissenheit). Das Seil als Schlange zu sehen (wie die berühmte indische Parabel erzählt), kann eine Illusion sein – es ist eine –, aber das Seil ist als Seil wirklich, auch wenn es nur innerhalb eines Traums wirklich ist. *Vidyā* (Weisheit) besteht nicht darin, diese Welt als unwirklich zu erkennen, sondern darin, sie als bloße Erscheinung, als *māyā*, als Schleier der Wirklichkeit[170] zu ent-decken. Ich kann diese Idee auch aus einem anderen Blickwinkel zu formulieren versuchen. Ein Blick auf die Geschichte des Bewußtseins zeigt, daß das Bewußtsein hin und her pendelt zwischen der Überbetonung einer Einheit, die sich alle Verschiedenheit einverleibt, und einem ebenso extremen (manchmal hinter dualistischen Begriffen versteckten) Atomismus, der letztlich jede Verständigung unmöglich macht und überdies Friede und Harmonie zerbricht. Die großen Meister und vermutlich auch das einfache Volk haben die ausgewogene Vision bewahrt; die Epigonen aber neigen zu Extremen. Die kosmotheandrische Erfahrung beginnt auf einer neuen Ebene der Spirale, den positiven (und nicht bloß dialektischen) Mittelweg zwischen der Paranoia des Monismus und der Schizophrenie des Dualismus wiederzugewinnen.

2. FORMULIERUNG

Orthodoxien und Traditionalismen aller Art haben ein Jahrhundert lang heftige Kritik an der Moderne geübt.[171] Sie wiesen uns darauf hin, daß der Mensch nicht überleben kann, wenn er dem Kosmos entfremdet und von Gott abgeschnitten ist.[172] Die kosmotheandrische Vision ist in diesem Sinne sowohl traditionell als auch zeitgemäß. Sie versucht, die Wurzeln des Menschen offenzulegen, geht aber noch einen Schritt weiter. Erstens macht sie nicht beim Menschen halt, sondern durchdringt die eigentlichen Urquellen der „Schöpfung". Sie erneuert die Tradition nicht nur bis in den „metaphysischen Bereich" hinein, sondern dringt noch tiefer, bis in eine Zeit „vor der Formung der Welt", als die Weisheit mit den Menschenkindern spielte und sich an ihrer Gesellschaft erfreute.[173] Zweitens stellt diese Vision (ohne eine gewisse hierarchische Ordnung zu leugnen) nicht Gott in den Mittelpunkt – was ohnehin ein unmögliches Vorhaben ist, sobald sich der Mensch bewußt ist, daß er es ist, der dies tut. Vielmehr stellt sie ein Gleichgewicht her, in dem die drei Dimensionen in freiem Zusammen-

---

[170] Es handelt sich hier um den Genitiv, der Beziehung anzeigt, nicht Besitz. Cf. *Lalitavistara* XIII, 175 sq. und *Samyutta Nykāya* IV, 54, 296.
[171] Cf. z. B. die päpstlichen Enzykliken, die „Gleichgültigkeit", Modernismus, Amerikanismus, Liberalismus usw. anprangerten.
[172] Cf. z. B. das beachtenswerte Wiederaufleben von Büchern wie: R. Guénon, *The Crisis of the Modern World*, translated by M. Pallis and R. Nicholoson. London (Luzac and Co.) 1962; F. Schuon, *L'œil du cœur.* Paris (Gallimard) 1950; J. Needleman, *The Sword of Gnosis.* Los Angeles (Metaphyiscal Press) 1974 in den USA.
[173] Spr. 8, 31.

spiel jeden Augenblick neu ihre Mitte finden. Ich möchte dies genauer zu erklären versuchen.

Das kosmotheandrische Prinzip kann folgendermaßen formuliert werden: Das Göttliche, das Menschliche und das Irdische – wie immer wir es nennen wollen – sind die drei unverzichtbaren Dimensionen, die die Wirklichkeit ausmachen, das heißt, jede Wirklichkeit insofern sie wirklich ist. Dieses Prinzip leugnet nicht, daß es dem Abstraktionsvermögen unseres Geistes möglich ist, für bestimmte begrenzte Zwecke Teile der Wirklichkeit unabhängig voneinander zu betrachten. Es leugnet die Komplexität der Realität und deren viele Abstufungen nicht. Aber es erinnert uns daran, daß Teile eben Teile sind, die nicht einfach zufälligerweise nebeneinanderstehen, sondern wesentlich mit dem Ganzen verbunden sind. Anders gesagt: Die Teile sind wirklich Be*teil*igte und dürfen nicht bloß im Sinne eines räumlichen Modells verstanden werden, wie z. B. Bücher Teile einer Bibliothek oder Vergaser und Differentialgetriebe Teile eines Automobils sind. Vielmehr gehören sie im Sinne einer organischen Einheit zum menschlichen Wesen wie Leib und Seele oder Geist und Wille: Sie sind Teile, weil sie nicht das Ganze sind; aber Teile, die nicht einfach aufge*teilt* und vom Ganzen getrennt werden können, ohne daß sie dadurch zu existieren aufhörten. Eine Seele ohne Leib ist eine bloße Entelechie; ein Leib ohne Seele ist eine Leiche; ein Wille ohne Vernunft ist eine bloße Abstraktion und Vernunft ohne Wille eine künstliche Konstruktion des Verstandes usw. Sie sind konstitutive Dimensionen des Ganzen, das alles durchdringt, was ist, und sich nicht auf seine Bestandteile reduzieren läßt.

Die kosmotheandrische Intuition betont, daß die drei Dimensionen der Wirklichkeit weder drei Seinsweisen einer monolithisch ununterschiedenen Wirklichkeit sind noch drei Elemente eines pluralistischen Systems. Es ist vielmehr eine, allerdings unabdingbar dreifaltige Relation, welche die letztendliche Konstitution der Wirklichkeit manifestiert. Alles, was existiert, jedes wirkliche Wesen repräsentiert diese dreieine Konstitution, die sich in drei Dimensionen ausdrückt. Ich sage nicht *nur,* daß alles direkt oder indirekt mit allem anderen in Beziehung steht: die radikale Relativität oder *pratītyasamutpāda* der buddhistischen Tradition. Ich betone auch, daß diese Beziehung nicht nur das Ganze konstituiert, sondern daß sie in jedem Funken der Wirklichkeit immer neu und lebendig aufleuchtet. Kein Wort kann als isoliertes verstanden werden. Alle Wörter stehen in Beziehung. Gott ist bedeutungslos ohne Geschöpfe. Das Wirkliche ist nichts als die andere Seite des Ideals. Das Gute impliziert das Böse. Die Erde braucht Wasser, Sonne oder ein leeres Weltall. Zeit braucht Raum und umgekehrt. Die Zeit legt die Ewigkeit offen, bringt sie an den Tag, schwitzt sie aus. Alle diese Beziehungen wurden meist dialektisch interpretiert, vor allem weil sie als binäre Beziehungen verstanden wurden. Die kosmotheandrische Vision überwindet die Dialektik, weil sie in allem die trinitarische Struktur entdeckt – und diese dritte Dimension, das Göttliche, ist nicht einfach ein „dritter" Gegensatz, sondern gerade das *mysterium coniunctionis*. Wahrheit zum Beispiel ist nicht einfach das Gegenteil von Irrtum – als ob es nur diese beiden Extreme gäbe. Das Kontinuum erstreckt sich vom einen zum anderen. Alle Dinge sind sozusagen androgyn und ambivalent, weil sie in Wirklichkeit trinitarisch sind. Die Beziehungen, die das Universum durchdringen, erfüllen die innersten Räume jedes Wesens. Die kosmotheandrische Intuition ist nicht eine Dreiteilung alles Seienden, sondern die Einsicht in den dreifaltigen Kern von allem, was existiert, insofern es existiert. Ich möchte diese drei Dimensionen im folgenden kurz beschreiben.

a) Zunächst hat alles Seiende eine abgründige Dimension, die sowohl transzendent als auch immanent ist. Jedes Seiende transzendiert alles – einschließlich seiner selbst, vielleicht ganz besonders „sich selbst", da es in Wahrheit keine Grenzen hat. Es ist zudem unendlich immanent, das heißt unausschöpfbar und unauslotbar, und dies nicht, weil die begrenzten Möglichkeiten unseres Intellekts nicht tiefer einzudringen vermöchten, sondern weil diese Tiefendimension zu jedem Seienden als solchem gehört. Dem Sein in seinem Sein Grenzen zu setzen, heißt es zerstören. Ein Seiendes zu isolieren – falls dies überhaupt möglich wäre – hieße, es zu ersticken, zu töten, die Nabelschnur zu durchschneiden, die es mit dem Sein verbindet. In Übereinstimmung mit dem größeren Teil der menschlichen Traditionen nenne ich diese Dimension göttlich, aber das besagt nicht, daß nicht auch ein anderer Name verwendet werden könnte. Die grundlegende Wahrnehmung ist die unendliche Unerschöpflichkeit jedes wirklich Seienden, sein immer offener Charakter, sein Geheimnis – wenn wir das Wort in diesem Zusammenhang gelten lassen wollen – seine Freiheit, würde man in einer anderen Sprache vielleicht eher sagen. Jedes wirklich Seiende durchweht ein Wind von Wirklichkeit, ein *prāna* sozusagen, der jede Faser dieses Wesens durchzieht und es wirklich macht, nicht nur indem er es mit der ganzen Wirklichkeit in Verbindung bringt, sondern auch indem er es über einem bodenlosen Abgrund, der Wachstum, Leben und Freiheit birgt, in der Schwebe hält. Alles, was ist, existiert, weil es teilhat am Geheimnis des Seins und/oder Nicht-Seins, wie einige es vielleicht eher nennen würden.[174]

---

[174] Wie ich schon zu Beginn feststellte, vertrete ich nicht eine bestimmte Metaphysik, die „Sein" auf eine einzige Bedeutung einschränkt. Auch Nicht-Sein, *shūnyatā*, oder jedes andere Symbol könnte auf dieser Ebene des Diskurses verwendet werden.

Diese göttliche Dimension ist weder ein Schirm, der allem Seienden übergestülpt ist, noch ist sie dessen bloß äußere Grundlage. Sie ist das konstitutive Prinzip aller Dinge, vergleichbar mit dem thomistischen Seinsakt, der den Wesen Existenz verleiht, ohne ein Bestandteil des „Seins" zu sein.[175] Dies bedeutet, daß Gott nicht in die *formale* Zusammensetzung eines Wesens eingeht, weil Gott – in dieser Terminologie – nicht ein formales Prinzip *(causa formalis)* ist, aber auch weil wahres Sein sich nicht auf seine Form reduzieren läßt.[176] Alles, was ist, ist *sat*, absolutes Sein.

Nur aufgrund dieser Dimension ist letztlich Veränderung möglich, denn sonst wäre kein „Raum" dafür vorhanden. Wenn es diese Dimension nicht gäbe, würde jede Teilveränderung die völlige Umformung des sich verändernden Seienden bedeuten, so daß sich im Grunde genommen nichts ändern würde, da es keinerlei Kontinuität gäbe. Einige Denksysteme ziehen es verständlicherweise vor, diese Dimension Nichts, Leere, Vakuum zu nennen, das alles andere möglich macht. Ohne diese Dimension würde jede Veränderung eine völlige Entfremdung zur Folge haben, denn kein Seiendes wäre anpassungsfähig genug, sowohl Variationen als auch Kontinuität zuzulassen.

b) Weiters bewegt sich jedes wirkliche Seiende im Bereich des Bewußtseins; es ist denkbar und gerade deshalb eng mit der menschlichen Bewußtheit verbunden. Auch hier geht es nicht darum, Wortspiele zu betreiben. Wir können über nichts reden, nichts denken oder behaupten – negativ oder positiv –, was nicht mit unserem Bewußtsein verbunden ist. Das Bejahen oder Verneinen an sich stellt eine Verbindung her, falls noch keine bestehen sollte. Wir können über einen hypothetischen astronomischen Körper mit einer unbekannten chemischen Zusammensetzung reden, der irgendeine unbekannte Sonne umkreist. Diese Aussage hat aber nur Sinn, insofern sie von bekannten Parametern ausgeht, die auf eine gleicherweise erkennbare Hypothese projiziert werden. Mit anderen Worten: Die Wasser des menschlichen Bewußtseins bespülen alle Ufer der Wirklichkeit – auch wenn der Mensch die *terra incognita* des Hinterlandes nicht zu durchdringen vermag – und genau dadurch tritt das Wesen des Menschen mit dem Ganzen der Wirklichkeit in Verbindung. Das gesamte Feld der Wirklichkeit lebt, vermenschlicht, in ihm. Dieser durchlässige Charakter des Bewußtseins gehört nicht nur zum Menschen, der erkennt, sondern auch zum Objekt, das erkannt wird. Wir könnten dies als Dimension des Be-

---

[175] Cf. D. Thomas: „Creare autem est dare esse." *In I Sent.*, d. 38, q. 1, a. 1.
[176] Cf. z. B. D. Thomas, *C. Gentes*, I, 26.

wußtseins bezeichnen; aber wir können es auch eine menschliche Dimension nennen, denn was immer Bewußtsein ist, es manifestiert sich im Menschen und durch ihn. Auch wenn wir die Möglichkeit eines vollständig vom Menschen unabhängigen Bewußtseins vertreten, würde bereits diese – von irgendeinem Menschen geäußerte – Behauptung einer solchen Unabhängigkeit widersprechen.

Dies bedeutet nicht, daß alles auf Bewußtsein reduziert werden kann oder daß Bewußtsein alles ist. Die kosmotheandrische Einsicht besagt genau dies, nämlich, daß die drei konstitutiven Dimensionen des Wirklichen sich nicht gegenseitig aufeinander reduzieren lassen; daher sind die materielle Welt und der göttliche Aspekt nicht auf das Bewußtsein allein zurückführbar. Dennoch sind beide vom Bewußtsein durchdrungen und umspannen es in gewissem Sinne. Wie es die Kirchenväter in den Kommentaren zum Buch Exodus[177] auszudrücken pflegten: Wir können nur Gottes Rücken sehen, wenn er bereits vorüber ist; wir können Gottes „Fußspuren" entdecken, aber wir können Gott nicht von Angesicht zu Angesicht begegnen. Oder was Philosophen öfters beobachtet haben: Materie ist Materie, weil sie für den Geist undurchlässig ist. So ist auch das individuelle Ding als Individuelles nicht erkennbar; der Kosmos ist Kosmos, weil er nicht Mensch oder Geist ist usw.

Diese menschliche Dimension der Wirklichkeit bedeutet nicht, daß eine bestimmte Wesenheit, deren der Mensch sich nicht oder noch nicht bewußt ist, nicht existiere oder nicht wirklich sei. Es bedeutet zum Beispiel nicht, daß Pluto vor 1930 nicht existierte, sondern daß Pluto in dem Maße wirklich ist und war, als er in Beziehung zum menschlichen Bewußtsein trat. Pluto ist als Planet wirklich seit 1930, er war seit Beginn unseres Jahrhunderts als mutmaßlicher Planet wirklich und seit mindestens zwei Jahrtausenden als möglicher Planet. Er war als möglicher Himmelskörper wirklich, seit der Mensch die Möglichkeit von Himmelskörpern entdeckte, und er war als Körper oder Wesen insofern wirklich, als Körper und Wesen seit je Objekte des Bewußtseins sind. Sogar ein hypothetischer Diskurs über Pluto als Nicht-Seiendes verbindet ihn mit dem menschlichen Bewußtsein durch eben diese ontische Undurchlässigkeit.

Die natürliche und unvermeidliche Frage bleibt: War Pluto als Himmelskörper bereits vorhanden, bevor es auf der Erde menschliche Wesen gab? Niemand bestreitet, daß wir denken können, und ich würde sogar hinzufügen, daß wir denken müssen, daß Pluto, wie alle anderen Planeten, längst existierte, bevor es überhaupt menschliches Leben auf der Erde geben

---

[177] *Ex.* 33, 22–27; cf. besonders Gregor von Nyssa.

konnte. Mit anderen Worten: Pluto ist denkbar als astronomischer Körper, der in seiner Existenz vom menschlichen Bewußtsein unabhängig ist. Aber schon die Denkbarkeit schafft die Verbindung – wenn auch nicht unbedingt eine kausale – mit dem menschlichen Bewußtsein.

Dies bedeutet offensichtlich nicht, daß Pluto – oder jedes andere Seiende überhaupt – von irgendeinem menschlichen Bewußtsein erkannt werden müßte oder an sich denkbar sein müßte. Es bedeutet einfach, daß Denkbarkeit und Erkennbarkeit Merkmale alles dessen sind, was existiert.

Als Ergebnis der Experimente von Piaget und anderen können wir annehmen, daß ein Kind in seiner „präkonzeptionellen" Phase nicht registriert, daß eine unter dem Taschentuch verborgene Uhr auch wirklich vorhanden ist.[178] Ja, es überprüft diese Möglichkeit nicht einmal, indem es das Tuch hochhebt. Bald lernt es aber, daß die Uhr tatsächlich dort ist, und das kommt einer echten Entdeckung gleich. Ich denke, als Erwachsene sind wir noch immer tief beeindruckt von dieser Entdeckung und gehen von genau der gleichen unbewußten Annahme aus, sobald wir mit einer grundlegend neuen Wahrnehmung, insbesondere dem intellektuellen Bewußtsein, konfrontiert werden: Wir gehen davon aus, daß Pluto bereits vorhanden war, bevor wir das Taschentuch undurchdringlicher Distanz mit Hilfe des Teleskops hoben, als sei Bewußtsein genau das Gleiche wie sinnliche Wahrnehmung. Ich behaupte nicht, Pluto habe vor seiner „Entdeckung" nicht existiert. Ich sage nur, daß sich das Problem nicht stellt, bevor es eine bestimmte Bedeutung erlangt.

Genauso wie ich bei der ersten Dimension nicht sagte, jedes Wesen sei göttlich, behaupte ich auch hier nicht, jedes Seiende habe Bewußtsein, indem ich dieses bestimmte Wesen zum Subjekt, zur Substanz, zum *hypokeiménon,* zur Hypostase der Göttlichkeit im ersten Fall oder des Bewußtseins im zweiten Fall mache. Alles hängt davon ab, was wir unter einem Seienden verstehen: sein privates Eigentum (das, was einzig dieses Seiende „besitzt", unter Ausschluß alles übrigen) oder das, was es einzigartig macht (seine inklusive Einzigartigkeit): sein Unterschiedensein (von anderen) oder seine Identität (mit sich selbst). Mit anderen Worten: Es hängt alles davon ab, ob wir das Prinzip der Einzigartigkeit oder das Prinzip der Individualität anwenden, um zu bestimmen, was ein Seiendes ist.[179] Ich meine allerdings, daß jedes Seiende eine konstitutive Bewußtseinsdimension hat,

---

[178] Cf. J. Piaget, *Urteil und Denkprozeß des Kindes.* Düsseldorf (Schwann) 1972; außerdem *Psychologie der Intelligenz.* Olten (Walter) 1974.
[179] Cf. R. Panikkar, „Singularity and Individuality: The Double Principle of Individuation". *Revue Internationale de Philosophie* (Festschrift für Professor Raymond Klibansky). Bruxelles (Centre National de Recherches de Logique) 1975.

auch wenn mein Verständnis dieses Seienden das Bewußtsein nicht in „ihm" hypostasiert, sondern irgendwo sonst – zum Beispiel in „mir", der „es" weiß, oder im Bewußtsein allgemein.[180] Ich sage nicht nur, daß wir ein Seiendes nicht erkennen könnten, wenn es nicht auf irgendeine Weise mit dem Bewußtsein verbunden wäre, sondern auch, daß diese Beziehung genau dieses Seiende ausmacht. Das Bewußtsein durchdringt jedes Seiende. Alles, was ist, ist *cit,* Bewußtsein.

Nur aufgrund dieser Dimension ist die Wirklichkeit erkennbar und die Wahrnehmung nicht eine übergestülpte äußerliche Eigenschaft.

c) Jedes Seiende befindet sich letztlich innerhalb der Welt und teilt deren Weltlichkeit. Es gibt nichts, was ins menschliche Bewußtsein tritt, ohne nicht zugleich auch in Beziehung zur Welt zu treten. Auch hier gilt, daß diese Beziehung nicht eine rein äußerliche oder zufällige ist: Alles, was existiert, hat ein konstitutives Verhältnis zu Materie/Energie und Raum/Zeit. Sogar wenn wir die Möglichkeit einer außerirdischen Existenz zugestehen und die Wirklichkeit einer außerzeitlichen und außerkosmischen mystischen Erfahrung annehmen, so sind nicht nur diese Sprachbilder weltlicher Art, sondern gerade der Akt des Verneinens jeglicher Beziehung zur Welt schafft eine Beziehung, wenn auch eine negative. In einem Wort: Jede Außer- oder Überweltlichkeit ist bereits weltlich und hat das *saeculum* als Bezugspunkt.

Gehen wir zum Beispiel davon aus, daß Wahrheit und Engel reale Wesenheiten sind, jede in ihrer eigenen Ordnung. Beide haben, so nehme ich einmal an, eine irdische Dimension. Eine erkenntnistheoretische Auffassung der Wahrheit kann ebenso wie eine ontologische Idee der Wahrheit nur innerhalb einer Welt sinnvoll sein, das heißt innerhalb des Bereiches irdischer Erfahrung – auch wenn wir danach diese Erfahrung extrapolieren. Außerdem ist Wahrheit, sofern sie zur Erkenntnistheorie gehört, nicht nur mit dem menschlichen Geist, sondern auch mit seinen materiellen oder imaginären Objekten verbunden, die ebenfalls zu dieser Welt gehören. Eine metaphysische Wahrheit – was immer dies sein mag – ist nur insofern wahr, als sie wirklich *kata*physisch ist. Etwas Ähnliches kann in bezug auf einen Engel gesagt werden. Auch wenn wir das etymologische Faktum beiseite lassen, daß mit „Engel" ein Bote gemeint ist, einer, der eben gerade zum Menschen und zur Erde gesandt ist, ist die Existenz eines Engels (eines *asura,* einer *deva,* einer *apsara,* eines Geistes) mit dem Schicksal von Mensch

---

[180] Die Idee des *noûs poiētikós* oder *intellectus agens* der aristotelisch-augustinischen Scholastik, besonders wie sie von islamischen Denkern verstanden wurde, könnte einiges Licht auf diesen Punkt werfen.

und Welt verbunden und dadurch auch unmittelbar auf diese Welt bezogen. Selbst wenn wir sagen, ein Engel stehe über der Materie und jenseits von Raum und Zeit, verknüpfen genau diese Hinweise ihn bereits mit unserer Welt.

Eine der wertvollsten Hypothesen, die das ökonomische Moment mit sich bringt, ist die Aufteilung der Wirklichkeit in eine klare, zwingende Domäne geistiger Ideen und eine materielle Ausfaltung dieser intellektuellen Domäne. Plato in Griechenland und Sankara in Indien könnten als Beispiele herangezogen werden – abgesehen von der unterschiedlichen akademischen Beurteilung dieser beiden Denker. Diese Art des Verstehens ist aber letztlich reduktionistisch und hat ihre Grenzen. Sie teilt die Wirklichkeit in zwei Bereiche auf, und die Kluft – auch wenn sie nur erkenntnistheoretisch betrachtet wird – erweist sich sehr schnell als unübersteigbar. Die kosmotheandrische Vision hingegen betrachtet die dritte Dimension als konstitutives Element jedes Seienden. Es gibt nicht zwei Welten. Es mag so viele Unterscheidungen und ontologische Abstufungen geben, wie wir für notwendig erachten, letztlich gibt es nur eine Realität – trotz der Kehrseiten dieses Ausdruckes, der tatsächlich die *res* betont, die kosmische Dimension. Alles, was ist, ist *res* und *ānanda*.

Sage ich damit, Gott sei weltlich? Hebe ich damit die Unterscheidung zwischen Natur und Kultur auf, die dem zivilisierten Menschen so teuer ist? Oder die zwischen Welt und Person? Nein. Ich hebe diese Unterscheidungen nicht auf, lasse mich nicht einmal auf eine Diskussion über sie ein. Ich behaupte nur, daß ein Gott ohne Welt kein wirklicher Gott ist und auch nicht existiert. Ich behaupte, daß diese kosmische Dimension nicht ein überflüssiges Anhängsel der beiden anderen Dimensionen ist, sondern gleicherweise grundlegend für das Ganze wie für jeden *wirklichen* Teil des Ganzen.

Wir sprachen weiter oben von der Entsprechung zwischen *microcosmos* und *macanthropos*[181], die auch eine der Säulen der upanishadischen Erfahrung bildet. Jedem Teil des menschlichen Körpers entspricht ein Teil des materiellen Universums.[182] Diese Übereinstimmung ist im *tantra* wesentlich, aber auch im Westen bekannt.[183] Der Mensch kann zu allem werden, nicht nur weil er alles erfassen kann, sondern auch weil er sich in vollkommener Übereinstimmung mit der materiellen Welt befindet. Die Beziehung könn-

[181] Cf. oben S. 41–42.
[182] Cf. R. Panikkar, *The Vedic Experience.* Berkeley/Los Angeles (University of California Press) und London (Darton, Longman & Todd) 1977, z. B. pp. 75–77, *Purusha Sukta* (RV X, 90) und pp. 730–732, *Purusha* (BU II, 3, 1–6).
[183] Cf. R. Panikkar, *Blessed Simplicity.* New York (Seabury) 1982, p. 75 q.; deutsch: *Den Mönch in sich entdecken.* München (Kösel) 1989.

te nicht enger sein; es handelt sich um eine wechsel-seitige Verbindung: „Wenn der Mensch ein Mikrokosmos ist, dann ist die Welt ein Makanthropos."[184] Aus diesem Grunde, stellen manche Interpreten der Bibel fest, habe Gott nicht unmittelbar nach der Erschaffung des Menschen gesagt „und es war gut", wie an den anderen Schöpfungstagen[185], da der Mensch als einer verstanden wurde, der das Schicksal des Universums teilt.[186]
Eine von einem Zenmeister verwendete machtvolle Metapher kann uns einen weiteren Einblick in diese Intuition der polaren Einheit zwischen Mensch und Natur geben. Um die Auswirkung der Disziplin einer Vereinfachung des Lebens zu schildern, sagt er: „Hier zeigt sich unverhüllt die wundervollste Landschaft deines Geburtsortes."[187] Vielleicht hat nur der eigene Geburtsort diese Kraft, diese Aura der Lebendigkeit, die uns ihn nicht als abgetrenntes, bloß wundervolles Stück Land oder als etwas „außerhalb" von uns erscheinen läßt, sondern als wesentlichen Bestandteil unserer selbst, als Erweiterung oder vielmehr Verlängerung unseres wahren Wesens. Eine solche Landschaft ist mehr als Geographie und sogar mehr als Geschichte: Sie ist das eigene Selbst, sie ist der eigentliche Körper oder die Verkörperung der eigenen Gefühle, unserer persönlichsten Entdeckung der Welt, der Umgebung, die nicht nur unser Leben „formt", sondern tatsächlich unser eigener Daseinsbereich *ist*. Hier liegen die Wurzeln, die uns mit der Welt verbinden, hier sind wir in Berührung mit der Nabelschnur, die uns noch immer Leben schenkt und uns zu Menschen macht. Es ist vielleicht einer der wenigen Orte, wo wir nicht mittelmäßig oder unaufrichtig sein können und wo uns eine schwache Hoffnung darauf bleibt, eine neue Unschuld zu erreichen. Dieser Ort ist ein Teil von mir; genauso wie ich Teil dieses Ortes bin. Es ist nichts exklusiv Poetisches oder Ästhetisches an dieser Erfahrung. Zwar sind Dichter, Maler und Künstler jeder Art vielleicht noch sensibler für diese Empfindung – sie sind unsere Antennen –, aber auch der gewöhnlichste Mensch ist offen für diese Kraft.
Ich behaupte, ein rein immaterielles Wesen sei gleichermaßen eine Abstraktion wie ein nur materielles und eine monistische Spiritualität ebenso einseitig wie ein monistischer Materialismus. Ich sage, daß es keine unverkörperten Seelen oder nichtinkarnierten Götter gibt, genauso wie es keine Materie, keine Energie, keine raum-zeitliche Welt ohne Dimension des Göttlichen oder des Bewußtseins gibt. Dies bedeutet nicht, daß Gott einen

---

[184] Cf. den aus De Lubac *Pic de la Mirandole*, op. cit. zitierten Text, wo Pico della Mirandola von dieser Übereinstimmung resp. Entsprechung redet.
[185] Cf. *Gen.* 1, 26–27.
[186] Cf. De Lubac, *op. cit.*, pp. 163–167.
[187] Zitiert bei D. T. Suzuki, *Introduction to Zen Buddhism*. London, 1960, p. 46, berichtet in Thomas Merton, *Mystics and Zen Masters*. New York (Farrar, Straus & Giroux) 1967, p. 233.

Leib hat *wie* unser eigener. Auch oberflächlich gesehen sind keine zwei Körper gleich; analog gesehen ist Gottes Leib anders als unser eigener. Andererseits bedeutet es, daß Gott nicht ohne Materie, Raum, Zeit, Körper existiert und daß jedes materielle Ding, das existiert, Gott ist, oder genauer Gottes Ding, Gottes eigene Welt.

Gäbe es diese raum-zeitliche Dimension nicht, so würde die Wirklichkeit einfach nicht existieren. Alles wäre der Traum eines nicht existierenden Träumers, der nur vom Traum geträumt hat, ohne je wirklich geträumt zu haben. Gäbe es nicht Materie und Energie oder Raum und Zeit, so wäre nicht nur das menschliche Reden und Denken unmöglich, sondern auch Gott und Bewußtsein würden ins bloße Nichts und in die Bedeutungslosigkeit entschwinden. Die letzte Grundlage für den Glauben, daß etwas existiert, ist das Vorhandensein der Welt; die letzte Grundlage für die Hoffnung des Menschen ist die Existenz der Welt. Welche Antwort auch immer man auf das letzte *Warum* von Leibniz und Heidegger gibt, die Frage beruht auf der Welt, die sie trägt und das Fragen erst möglich macht. Weshalb irgend etwas existiert, kann nur zur Frage werden, wenn dieses *Warum* existiert, wenn es bereits aus dem Nichts „herausragt".[188]

3. EINIGE EINWÄNDE

All dies ruft wahrscheinlich zwei Haupteinwände auf den Plan. Der erste würde lauten, daß, wenn alles mit allem anderen innerlich verbunden ist, wir die Dinge ihrer Individualität berauben und alles ununterschieden in einen Topf werfen. Der zweite Einwand würde geltend machen, es sei ganz einfach falsch, davon auszugehen, daß ein Seiendes nicht ohne ein anderes existieren kann.

Wenn wir allerdings in der Analyse weitergehen, werden wir sehen, daß beide Einwände auf einer unvollständigen Erkenntnistheorie beruhen. Der erste sagt, *A ist-nicht B,* wenn er eigentlich sagen möchte und nur sagen müßte, *A ist nicht-B.* Der zweite Einwand behauptet, er bewege sich im logischen Bereich des Denkens von einem *könne-nicht* oder *kann-nicht* zu einem *ist nicht* im ontologischen Bereich des Daseins. Ich will das näher erklären.

Wenn wir denken, folgen wir einem von zwei Verstehensmustern, die vorwiegend von den Prinzipien der Nicht-Widersprüchlichkeit und der Identität bestimmt sind. Andernorts habe ich dargelegt, daß der Großteil des

---

[188] Cf. die Beschreibung von Richard von St. Viktor in seinem *De Trinitate* IV, 12 (P. L. 196, 937): „Quid est enim existere, nisi ex aliquo sistere?" „Was bedeutet es denn zu existieren, als am irgendetwas herauszuragen?"

modernen abendländischen Denkens durch das Prinzip der Nicht-Widersprüchlichkeit bestimmt ist, und etwas Ähnliches kann in bezug auf die indische Kultur und das Prinzip der Identität gesagt werden.[189] Wenn wir das Prinzip der Nicht-Widersprüchlichkeit anwenden, neigen wir dazu, die „Dinge" zu isolieren und so durch eine künstliche Trennung von dem, was sie wirklich *sind,* von ihrer ganzen Wirklichkeit abzutrennen.[190] Die Grenze jedes Seienden ist das Sein selbst – um eine bestimmte Begrifflichkeit zu verwenden – und, wenn wir bereits haltmachen, bevor wir an diese Grenze (das Sein) gelangen, verkrüppeln wir die Wirklichkeit des konkreten Seienden. Gemäß dem Prinzip der Nicht-Widersprüchlichkeit ist A umso mehr A, als es von Nicht-A unterschieden und isoliert werden kann. Wir gewinnen unser Wissen in diesem Falle durch Unterscheidung, Wissenschaft, Abspaltung.[191]

Wenn wir das Prinzip der Identität anwenden, werden wir blind für Unterschiede, würfeln ganz verschiedene Dimensionen des Wirklichen bunt zusammen und verwechseln Identität mit der Verneinung von Unterschieden. Gemäß dem Prinzip der Identität ist A umso mehr A, als es mit sich selbst identisch ist. Wir erwerben unser Wissen in diesem Falle durch Identifikation, Teilnahme, Einheit. Es ist nicht nötig, hier weiter zu betonen, daß Identität und Unterscheidung sich gegenseitig ergänzen.[192] Das eine

---

[189] Cf. R. Panikkar, „Le fondement du pluralisme herméneutique dans l'hindouisme", *De-mitizzazione e imagine,* hrsg. von E. Castelli, Padova. (Cedam) 1962, pp. 243–269; durchges. und neu abgedruckt in *Die vielen Götter und der eine Herr, op. cit.,* p. 833 ff.

[190] Cf. das interessante, autobiographische Bekenntnis von Edgar Morin im Vorwort zu seinem *Le paradigme perdu, op. cit.,* als Reaktion auf die vorherrschende Theorie vom Menschen, die nicht nur auf Trennung, sondern auch auf einem Gegensatz zwischen Mensch und Tier, Kultur und Natur beruht – indem er sagt, daß er während der zwanzig Jahre seiner akademischen „Bildung" seinen Wunsch, „das Ghetto der Humanwissenschaften" zu überwinden, unterdrücken mußte, um eine „Anthropo-Kosmologie" zu formulieren. Cf. die Bibliographie im Anhang zum erwähnten Buch.

[191] Cf. das interessante Zeugnis eines Nichtphilosophen, der den Weg existentiell gegangen ist: „Wir [Abendländer] andererseits sind ‚umgewendet' worden und wir sind uns immer bewußt, selbst Zuschauer zu sein. Dieses Zuschauersein ist eine Wunde in unserer Natur, eine Art Erbsünde . . . Sobald wir aufhören uns ‚gegen' die Welt zu stellen, meinen wir, wir hörten auf zu existieren." T. Merton, *op. cit.,* p. 245.

[192] Cf. T. R. V. Murti, der von „der Struktur der Mādhyamika Dialektik" spricht und sagt: „Beziehung muß zwei gegenseitig einander zuwiderlaufende Funktionen übernehmen: Als *Verbindung* der zwei Begriffe, indem sie sie für einander relevant macht, muß sie sie *identifizieren;* aber als Verbindung der *zwei,* muß sie sie *auseinanderhalten.*" The Central Philosophy of Buddhisms, London (Allen & Unwin Ltd.) 1960, p. 138. In einer Anmerkung zitiert er F. H. Bradleys Appearance and Reality, Oxford (Clarendon Press), 2nd rev. ed., 1930; „Beziehung setzt Qualität voraus und Qualität Beziehung. Jedes von beiden kann weder gemeinsam mit dem anderen noch getrennt von ihm etwas sein; und der Teufelskreis, in dem sie sich drehen, ist nicht die Wahrheit über die Wirklichkeit." Murti, *ibid.,* p. 21. Cf. auch Dionysius, *De Div. nom.,* XI, 2: „Man muß zunächst in der Tat auch behaupten, daß der Schöpfer des Friedens an sich, des gesamten Friedens sowie jedes einzelnen Friedens ist und daß er alles in jener unvermischten Einung miteinander verbindet, gemäß welcher alles ungeteilt und zusammen-

beinhaltet automatisch das andere, so sehr sie sich gegenseitig ausschließen. Ich kann nur zwei Dinge identifizieren, wenn ich sie von allem anderen unterscheiden kann; ich kann nur Dinge voneinander unterscheiden, wenn ich zeigen kann, daß sie einander nicht gleich sind.

Meines Erachtens ist es an der Zeit, diese zwei Prinzipien zu integrieren. Jeder Erkenntnisvorgang ist ein Akt des Unterscheidens, hat aber zugleich eine synthetische Funktion. Um zu wissen, was einzelne Seiende sind, sollten wir das wahre Sein, das sie sind, nicht verstümmeln. Andererseits müssen wir auch Raum für die Unterschiede lassen. Nur die Kombination beider Prinzipien kann eine befriedigende Antwort liefern, eine Antwort, in der Identität nicht durch Unterscheidung aufgehoben oder die Unterscheidung von der Identität verschluckt wird.

Ein Elefant ist nicht ein Mensch, aber beide *sind;* wenn auch in verschiedener Art und Weise. Der Elefant *ist,* und der Mensch *ist,* aber der eine ist nicht der andere. Der Elefant ist Nicht-Mensch, und der Mensch ist Nicht-Elefant, aber es wäre unrichtig zu sagen (oder zu denken), der Elefant *ist-nicht* Mensch oder der Mensch *ist-nicht* Elefant. Gerade weil wir das *ist* weder vom Elefanten noch vom Menschen abtrennen können, können wir die Dinge nicht in dieser Weise manipulieren. Der Mensch impliziert dieses *der Mensch-ist.* So können wir sagen, *der Mensch-ist* kann nicht mit *der Elefant-ist* gleichgesetzt werden. Aber dem Elefanten das Menschsein abzusprechen (der Elefant ist nicht-Mensch), schließt überhaupt nicht ein, dem Elefanten sein Sein abzusprechen (es gibt ihn noch immer). In diesem Sinne können wir nicht sagen „der Elefant ist-nicht Mensch."[193] Das *ist* unterscheidet sie ebenso wie es sie verbindet.[194]

Die meisten theistischen Systeme, um ein anderes Beispiel anzuführen, betonen den Unterschied zwischen Gott und seinen Geschöpfen, indem sie seine Transzendenz hervorheben. Sie betonen aber Gottes Identität *sui generis* mit der Schöpfung, indem sie seine Immanenz unterstreichen. Gott

---

hängend geeint ist und dennoch zugleich in der für einen jeden charakteristischen Beschaffenheit unversehrt besteht, weil es nicht durch Mischung mit dem Entgegengesetzten entstellt wird, aber auch nicht etwas von seiner einenden Klarheit und Reinheit verliert . . . die Natur der friedlichen Einung als eine einzige und einfache Natur anzusehen, die alles mit ihr, mit sich und untereinander eint und alles rein und doch verbunden in unvermischtem Zusammenhalt von allem erhält." Pseudo-Dionysius Areopagita, *Die Namen Gottes,* übersetzt von Beate Regina Suchla. Stuttgart (Hiersemann) 1988, p. 94. Cf. auch *Gītā* IX, 4–5.

[193] Cf. meine Interpretation des berühmten *catuskoti* des Buddhismus in meinem Buch *El Silencio del Dios,* op. cit. deutsch: *Gottes Schweigen.* München (Kösel) 1992, pp. 109–120.

[194] Das klassische *tò dè hòn légetai mèn pollaxôs; ens autem multis quidem dicitur modis;* „Sein wird auf viele Arten gesagt"; pollaxos, die vielen Wege oder die Vielfalt bezieht sich auf *légetai,* und auf *logos,* das Sagen des Seins, weil (wie die Fortsetzung des Textes nahelegt: *allà pròs hèn; sed ad unum*) das Sein selbst, bevor es gesagt wird, *ekam eva advitīyam,* „eines nur ohne ein zweites" ist (*Chāndogya Upanishad* IV, 2, 1; Aristoteles, Metaphysik VI, 2 (297) (1003 a 33).

ist allen Geschöpfen immanenter – so werden die meisten Systeme sagen – als ihre eigene Identität. Wenn wir also Gott von seinem Geschöpf abziehen, fällt dieses in pures Nichts zusammen.[195]

Was ich sagen will, ist, daß die Verbindungen, die alle Dinge mit allen anderen in Zusammenhang bringen, eben diese Dinge konstituieren. Wenn ich zum Beispiel sage, ein Stück Brot sei kosmotheandrisch, insofern es wirklich ist, sage ich nicht, daß es ein Stück Brot *plus* vieles andere ist, etwa ein Teil Gottes und ein Stück des Menschen, wodurch ich alle Unterschiede verwischen würde. Ich sage, das Stück Brot sei ein *Stück* Brot, was einmal impliziert, daß es ein Stück und nicht das ganze Brot ist. Ich sage im weiteren, das Brot sei auch ein Teil all jener Dinge, die als Brot oder Nahrungsmittel dienen. Das Stück Brot als wirkliches Brot ist mehr als eine einzelne Monade, und seine „Brotheit" (wenn wir darunter alles verstehen, was es vom Nicht-Brot unterscheidet) schöpft noch nicht alles aus, was Brot *ist*. Das *Stück* Brot ist das *Brot* des Stücks und dieses Brot ist das *ist* des Brotes. Das „ist" des Stückes Brot ist unabdingbar mit allem anderen verbunden, was ist. Um es nochmals klar zu machen: Das Stück Brot ist ein Stück Sein und muß als solches behandelt werden. Aber das Stück zu individualisieren, kann und muß nicht heißen, es von der Gemeinschaft des Seienden auszuschließen und von seiner Teilnahme *sui generis* am Sein.

Analytisches Denken, so wichtig es ist, kann nicht die Tatsache überspielen, daß es nur innerhalb eines gegebenen synthetischen Rahmens Sinn vermitteln kann, ob bewußt oder nicht.

Ich möchte einen Augenblick bei diesem Beispiel verweilen und die Bedeutung erläutern, die die Eucharistie aus dieser Sicht erhält. Die Konsekration des Brotes ist nicht so sehr die Umwandlung des Brotes in Christus, als vielmehr die Umwandlung Christi ins Brot. Das konsekrierte Brot hört nicht auf, Brot zu sein. Im Gegenteil, es wird zum umfassenden Brot, zu einem Brot, das die ganze Wirklichkeit enthält; ein Brot, das zur selben Zeit göttlich und materiell und menschlich ist. Es ist die Offenbarung der kosmotheandrischen Natur der Wirklichkeit. Wenn wir im täglichen Leben das Brot brechen, neigen wir dazu, diese Tatsache zu vergessen, und wir entfremden uns von dieser umfassenden Erfahrung. Die Eucharistie erinnert uns an das Ganze und macht es wirklich für uns: „Dies ist der Leib

---

[195] Cf. den oft zitierten (und nicht immer genügend verstandenen) Satz von Augustinus: „interior intimo meo et superior summo meo." „. . . innerlicher als das Innerste, das ich besaß, und erhabener als das Höchste, das ich auszudenken vermochte." deutsch von Georg von Hertling; *Bekenntnisse*. Einsiedeln (Johannesverlag) 1948, p. 78; cf. auch D. Thomas, *Sum. theol.*, I, q. 8, a. 1; I, q. 105, a. 5; Calvin, *Institutiones christianae religionis*, III, 7: „Nostri non sumus: ergo quoad licet obliviscamur nosmetipsos ac nostra omnia. Rursum Dei sumus: illi ergo vivamus et moriamur." *Opera Calvini*, ed. Brunsvigae, 1864, Vol. 2, col. 505–506.

Christi." Es ist bekannt, daß mit diesem Ausdruck zuerst die Kirche gemeint war, das heißt der Leib der Gläubigen, der Gemeinschaft aller Menschen. Der mystische Leib meint nicht nur eine kleine Gruppe von Menschen. Er dehnt sich auf die „Weite" des ganzen Universums in seinem wirklichen Zustand aus. Daß dieser wahre Zustand erst am Ende der Zeit erreicht wird, läuft auf eine Interpretation hinaus, abgeleitet von jener bestimmten Kosmologie, die das *eschaton* in geschichtlichen Begriffen und das „Ende" als die Fülle der Zeit versteht. Vielleicht gelingt es uns, eine „tempiternale" Auffassung von Fülle zu erlangen, die es der *Präsenz* des Ganzen erlauben würde, unser Leben zu füllen – gerade in der Gegenwart. Die Antwort auf den zweiten Einwand hat mit der Natur des Geistes zu tun, der ohne äußeres empirisches Kriterium in und aus sich selbst nicht zwischen der „Wirklichkeit" und der „Möglichkeit" irgendeines Seienden unterscheiden kann. Auch wenn ich noch so viel über mögliche 100 Rupien nachdenke, kann ich nicht wissen, ob das Geld tatsächlich in meiner Tasche ist oder nicht.[196] Andererseits neigen wir oft dazu, ohne wirkliche Grundlage Schlüsse zu ziehen, das heißt auf die Sphäre des Seins zu übertragen, was einzig dem Bereich des Ideellen oder des intellektuell Denkbaren zugehört. Hier scheint eine *metabasis eis allo genos* zu bestehen, eine Verschiebung von Gattungen, die Mißverständnisse mit sich bringt. All dies wird vorgebracht, so möchte ich in Erinnerung rufen, um dem Einwand zu begegnen, daß, obwohl gewisse Dinge nicht ohne andere sein können, es manche Dinge gibt, die unabhängig von der Existenz anderer sind. Sicherlich kann ein lebendiger menschlicher Leib nicht ohne Herz existieren, aber ein lebendes Herz kann ohne Eichen existieren. Und obwohl eine Eiche einen passenden Boden braucht, erfordert ihre Existenz nicht unbedingt, daß es menschliche Gerechtigkeit gibt. Ich streite nicht ab, daß ein Ding ohne ein anderes *sein-könnte* oder sogar *sein kann*. Ich bestreite nicht, daß Vögel ohne Meer *sein-könnten,* obwohl sie nicht ohne Luft auskommen könnten. Ich muß aber darauf bestehen, daß wir uns hier nicht mit bloßen Möglichkeiten befassen, sondern mit Wirklichkeiten, so daß, wenn die Wesen A und B existieren, es in Wirklichkeit kein A ohne B oder kein B ohne A gibt, auch wenn das eine oder beide ohne das andere *sein-könnten*. Wir sollten die Tatsache ernst nehmen, daß das Wissen von dem, was ist, nicht mit der Voraussage über das, was sein könnte, zusammenfällt. Sehen wir uns einen konkreten Fall an: Ein theistisches System

---

[196] Für eine Diskussion der ontologischen Argumente genügt es, Charles Hartshorne, *Anselm's Discovery.* Lasalle, Ill. (Open Court) 1965, und John H. Hick und Arthur C. McGill, *The Many-faced Argument.* New York (Macmillan) 1967 zu erwähnen; beide enthalten eine nützliche Bibliographie.

wird vielleicht behaupten, daß es zwar keine Welt ohne einen Schöpfer, aber einen Gott ohne jegliche Schöpfung *geben kann.* Ein Theist kann sich sicherlich einen Gott *denken,* der, um wirklich zu sein, nicht von der Existenz irgendeines Geschöpfes abhängig ist, aber dieser „Gott" existiert nicht, weil der wirkliche Gott, der Gott, der tatsächlich existiert, Gott mit Geschöpfen *ist.* Daß Gott (ohne Geschöpfe) „sein kann", ist eine phänomenologische Eigenschaft Gottes, nicht eine ontologische Aussage über „ihn".

Eine weitere phänomenologische Bemerkung mag hier passend sein. Eine rigorose *epoche* wirkt in zwei Richtungen: Sie klammert die eidetische Intuition von der Last des Daseins aus und befreit so die Wesenheiten aus den Qualen der existentiellen Geburt, löst die Existenzen aber auch von Verantwortlichkeiten, die ihre Befähigung übersteigen. In einer theistischen Vorstellung mag Gott phänomenologisch sehr wohl als *id quo maius cogitari nequit* definiert werden, als „das, von dem nichts Größeres gedacht werden kann".[197] Außerdem kann Gott als jenes „notwendige Seiende" beschrieben werden, das aus sich selbst, *a se* existieren kann (das auf kein anderes Wesen angewiesen ist, um existieren zu können), während das Geschöpf oder „kontingente Seiende" als eines definiert werden kann, das nur *ab alio* existieren kann, das heißt nur wenn es in einem anderen oder etwas anderem begründet ist. Wir müßten dann feststellen, daß, wenn wir „Gott" oder „Geschöpf" denken, eine phänomenologische Analyse unseres Bewußtseins im ersten Fall Selbstgenügsamkeit und Nicht-Selbstgenügsamkeit im zweiten Fall hervorbringt. Ein notwendiges Seiendes ohne Geschöpfe ist denkbar, ein kontingentes Seiendes ohne Existenzgrund ist undenkbar. Wir könnten außerdem beifügen, daß ein notwendiges Seiendes ohne Geschöpfe existieren *kann;* ein kontingentes Seiendes hingegen *kann-nicht* ohne Grund existieren. Dies kann vielleicht unser Konzept phänomenologisch klären helfen; vielleicht kann es sogar die Gültigkeit eines qualifizierten ontologischen Argumentes erkennen helfen, rechtfertigt aber nicht dessen Extrapolation in das existierende Universum oder in das Universum des Existierenden. Mit anderen Worten, die Aussagen „Gott kann ohne Welt sein" und „Die Welt kann nicht ohne Gott sein" können phänomenologische Beobachtungen sein, aber keine ontologischen Aussagen über Gott oder die Welt.

In ähnlicher Weise gilt: Obwohl ich eine Welt ohne Menschen denken *kann,* beweist dies keineswegs, daß es eine Welt ohne Menschen *gibt.* Es beweist nur, daß ich eine solche Welt *denken* kann, aber es beweist nicht

---

[197] Anselm, *Proslogion,* II.

deren Existenz. Tatsächlich existiert eine solche Welt (ohne Menschen) nicht. Jemand könnte erwidern, daß dies sicherlich jetzt zutreffe, aber vor Millionen von Jahren *gab* es ein astronomisches Universum ohne Menschen. Ohne hier eine Polemik vom Zaun zu brechen, indem ich erkläre, die Vorstellung von Zeit, die hier vorausgesetzt ist, sei weder überzeugend noch gültig, und ohne die Relativitätstheorie auf den Plan zu rufen, um eine solche absolute Diachronie zu verneinen, kann man folgendes antworten: Erstens operiert die Aussage innerhalb eines menschlichen Bewußtseins, in dem Welt und Mensch gemeinsam existieren. Zweitens müssen wir, sobald wir die Vergangenheit einführen, auch die Zukunft einführen, was den Einwand entkräftet. Wenn wir sagen: „Es gab eine Zeit (t_1), in der es ein Universum ohne Menschen gab", müssen wir diese Aussage ergänzen, indem wir aus der Perspektive der Zeit t_1 sagen: „Es wird eine Zeit geben (t_2), in der das Universum Menschen enthalten wird." Worum es uns geht, ist, daß die Zeit, deren wir uns bewußt sind, in der einen oder anderen Weise bedeutet: $t = t_1 + t_2$, denn t_1 und t_2 sind nur Teil-Zeiten. So können wir noch immer sagen: „Es gibt keine Zeit (t), in der das Universum ohne Menschen ist." Zeit ist nicht nur vergangene Zeit.[198]

Aber der *pūrvapakshin* könnte darauf wiederum erwidern, daß er einfach nur sagen wollte: „Es *gab* eine Zeit ohne Menschen." und nicht „Es *gibt* eine solche Zeit." Diesem Einwand kann mit dem Hinweis begegnet werden, daß dieses *gab* nur Vergangenheit aus der Sicht der *Gegenwart* ist (in der es keine Welt ohne Menschen gibt). Dies führt zur Behauptung: „Jetzt können wir uns ein *es gab* (eine leere Zeit, da der Mensch nicht anwesend war) vorstellen, in der es keine Menschen gab aber eine Welt." Das stimmt, aber nur als ein *es gab* und nicht als ein *es gibt*. Deshalb sagen wir instinktiv: „Es *kann* eine Zeit *geben*, in der es eine Erde, aber keine Menschen gibt, aber was uns angeht, so gibt es in Wahrheit keine Welt ohne Menschen."[199]

---

[198] Martin Heideggers Aussage steht mir nahe: „Aber streng genommen können wir nicht sagen: es gab eine Zeit da der Mensch nicht *war*. Zu jeder *Zeit* war und ist und wird der Mensch sein, weil Zeit sich nur zeitigt, sofern der Mensch ist. Es gibt keine Zeit, da der Mensch nicht war, nicht weil der Mensch von Ewigkeit her ist und in alle Ewigkeit hin ist, sondern weil Zeit nicht Ewigkeit ist und Zeit sich nur je zu einer Zeit als menschlich-geschichtliches Dasein zeitigt." *Einführung in die Metaphysik* (1953). Tübingen (Niemeyer) 1966, p. 64. Aber ich gehe nicht unbedingt von einer solchen Annahme aus, um zum selben Schluß zu kommen.

[199] Es ist bekannt, daß die Frage „Hat die Natur vor dem Menschen existiert?" in den Kämpfen (wenn man die Texte liest, kann man nur diesen Ausdruck verwenden) zwischen den „dialektischen Materialisten" und der „Philosophie von Mach und Avenarius" heiß diskutiert wurde. Cf. den Teil mit diesem Titel in V. I. Lenin, Materialism and Empirico-criticism. New York (International Publisher) 1927 (Orig.-Ausgabe von 1908), pp. 52–62. Die „irreführende und reaktionäre Theorie [von Avenarius], da sie dadurch feiger wird" (p. 53) ging von einer „potentiellen" Beziehung zwischen der Welt (vor dem Menschen) und dem Menschen aus und machte Lenin ebenso wütend wie jede „idealistische" Theorie, die sich auf Fichte und Kant stützte. Ich brauche hier nur festzuhalten, daß die These dieses Essays so weit von den

Ich möchte aber, wie gesagt, das kosmotheandrische Prinzip mit einem Minimum an philosophischen Annahmen vorstellen. Und dieses Minimum ist, daß die Wirklichkeit die dreifache Dimension eines empirischen (oder physischen) Elementes, eines noetischen (oder psychischen) Faktors und eines metaphysischen (oder geistigen) Bestandteils aufweist. Unter dem ersteren verstehe ich den Materie-Energie-Komplex; unter dem zweiten das Nachdenken *sui generis* über das Erste und sich selbst; und unter dem dritten die inhärente Unerschöpflichkeit aller Dinge: das Kosmische, das Menschliche und das Göttliche.

4. BESCHREIBUNG

Ich habe von drei verschiedenen Dimensionen der einen und gleichen Wirklichkeit gesprochen. Die Metapher „Dimension" soll helfen, die monistische Versuchung, ein zu einfaches, modalistisches Universum zu konstruieren, ein Universum, in dem alle Dinge nur Varianten und Seinsweisen der einen Substanz sind. Gleichzeitig stellt sie den Versuch dar, die pluralistische Verlockung zu überwinden, zwei oder mehr unüberbrückbare Elemente, Substanzen oder Gruppen von Wirklichkeiten nebeneinanderzustellen, die nur äußerlich, kausal oder letztlich zufällig miteinander verbunden sind. Ohne Unterschiede in Abrede zu stellen und in Anerkennung einer hierarchischen Ordnung innerhalb dieser drei Dimensionen, betont das kosmotheandrische Prinzip die wahre Beziehung zwischen den drei Dimensionen, so daß dieser dreifaltige Strom den ganzen Bereich des Seienden durchzieht.
Diese Intuition hat ihren Ursprung letztlich in einer mystischen Erfahrung und ist als solche unbeschreibbar. Es handelt sich nicht um eine analytische Schlußfolgerung. Vielmehr ist es eine synthetische Vision, eine Zusammenschau, die die verschiedenen Elemente des Erkennens mit dem Erkennenden in Einklang bringt und dann beide transzendiert.[200] Auf lange Sicht aber handelt es sich um die Frucht einer einfachen und unmittelbaren Einsicht, die dem Bewußtsein dämmert, sobald der Mensch einen Blick auf den innersten Punkt geworfen hat, an dem Erkennender, Erkanntes und

„Idealisten" entfernt ist wie von den „Materialisten". Ich stelle weder fest, daß es ein Objekt ohne Subjekt gibt oder nicht gibt, noch daß es „ein Ding an sich" gibt oder nicht gibt. Die Argumentation beruht vielmehr auf einer konstitutiven „Zuordnung" von allem (d. h. einer Beziehung zwischen allem), ohne eine metaphysische Annahme, daß letztlich alles Materie oder alles Geist sei, zu akzeptieren.

[200] Cf. die verschiedenen Hinweise auf die christliche und die hinduistische Tradition in meinem Artikel „Die existentielle Phänomenologie der Wahrheit", *Philosophisches Jahrbuch der Görres-Gesellschaft*, LXIV (1956), pp. 27–54, überarbeitet. Neudruck als Teil meines Buches *Misterio y Revelación*. Madrid (Marova) 1971, besonders p. 220.

Erkennen zusammenfallen. Ich werde die Beschreibung auf einige Aus-schnitte dieser Einsicht beschränken müssen und den Rest für eine andere Gelegenheit aufsparen.[201]

a) In dieser Vision ist die Welt nicht Lebensraum oder äußerer Teil des Ganzen oder gar meiner selbst. Die Welt ist einfach dieser größere Leib, den ich nur unvollkommen wahrnehme, weil ich im allgemeinen zu sehr mit meinen eigenen Angelegenheiten beschäftigt bin.[202] Meine Beziehung zur Welt unterscheidet sich letztlich nicht von der Beziehung zu mir selbst: Die Welt und ich unterscheiden sich, sind aber nicht zwei getrennte Wirk-lichkeiten, denn wir teilen in einzigartiger Weise jeder des anderen Leben, Existenz, Sein, Geschichte und Schicksal.[203] Meine Hand ist nicht mein Herz; ich kann ohne Hände leben, aber nicht ohne Herz. Meine Welt ver-schmilzt nicht mit deiner; ich kann leben, ohne einen großen Teil meiner Beziehungen zu dieser Welt je verwirklicht zu haben, nicht aber, wenn mir alle fehlen. In unserer je einzigartigen und eigentümlichen Art teilen wir den ganzen Kosmos miteinander. Wir sind einzigartige Symbole der ge-samten Wirklichkeit. Wir sind nicht die ganze Welt, aber, wie die Alten zu sagen pflegten, wir „spekulieren", wir sind eine Reflexion, ein Bild der Wirklichkeit.[204] Dies bedeutet, „das Bild des Schöpfers, ähnlich wie er" zu sein.[205] Und dies ist der Grund, weshalb alles von „ihm" *spricht*[206] – weil er alles ausspricht.[207] Es *gibt* sicherlich keine Welt ohne Mensch oder keinen Menschen ohne Welt.

[201] „Gelegenheit" (occasion) ist hier im Zusammenhang seiner etymologischen Konnotation verstanden: *occasus* (*ob-cidere* von *cadere*). Es handelt sich nicht um ein „akademisches" Unter-fangen, sondern um etwas, das einen „befällt" – buchstäblich auf einen fällt – und mit der Sonne (dem Leben) untergeht.

[202] Cf. die Universalisierung des *gāyatrī* im klassischen indischen Prozeß hin zur Erlangung des richtigen Bewußtseins: *yā vai sā prithivī-iyam vāva sā yad idam asmin puruse sharīram;* „Was die Erde ist, das ist der Körper des Menschen in Wirklichkeit auch." *Chāndogya Upanis-had* III, 12.3.

[203] Cf. die Worte von Thomas Traherne: „Du wirst dich nie wirklich an der Welt erfreuen, bis das Meer in deinen Venen fließt, bis du mit den Himmeln bekleidet und mit den Sternen ge-krönt bist; und nimm dich selbst als der einzige Erbe der ganzen Welt wahr, ja mehr noch, da Menschen in ihr leben, von denen jeder ebenfalls einziger Erbe ist wie du." *Centuries* (zitiert in T. Merton, *Mystics and Zen Masters, op. cit.* p. 133).

[204] Cf. die Symbolik vom Spiegel („speculum"), der nicht mehr das eigene Gesicht spiegelt, in J. Cocteaus *Orphée.* Dieser Spiegel ist sicherlich der Tod.

[205] Cf. *Gen.* 1, 26–27.

[206] Cf. *Röm.* 1, 20 und die unzähligen Kommentare dazu in der ganzen christlichen Tradition. Die Welt ist die erste Offenbarung Gottes. Für eine Vorstellung vom traditionellen Naturver-ständnis, cf. D. Chenu, *La théologie au douzième siècle.* Paris (Vrin) 1966, die vielen Bände von Etienne Geildon und die vier Bände von H. de Lubac, *Exégèse médiévale.* Paris (Aubier) 1959.

[207] Cf. D. Thomas: „Deus enim cognoscendo se, cognoscit omnem creaturam. [. . .] Sed quia Deus uno actu et se et omnia intelligit, unicum Verbum eius est espressivum solum Patris, sed etiam creaturam." *Sum. theol.* I, q. 34, a. 3, c. (cf. auch Ps. 39, 3 ff.).

Die Ablehnung der Welt und die Reduktion der Wirklichkeit auf Gott und die Seele ist eine typisch „spiritualistische" oder gnostische Versuchung. Die Gnosis kann das Heil durch Wissen und Erkennen nur predigen, weil sie sich damit begnügt, die Seele zu retten, den geistig-spirituellen Teil des Menschen und des Kosmos.[208] Damit dies möglich ist, muß sie die Materie verurteilen und die Welt völlig ausschließen: Es gibt keinen „neuen Himmel und keine neue Erde".[209]

Die Welt ist nicht nur Gottes Ruhm, sie ist auch die Welt des Menschen. Beide gehören zusammen. Die Materie ist ebenso dauerhaft wie der Geist, obwohl vielleicht beide durch die Reinigung des Todes gehen müssen, um wieder aufzustehen. Die Wiederentdeckung unserer Verbindungen mit der Welt ist nicht eine Frage des Habens, sondern des Seins.[210] Die Erde wird nicht den Mächtigen gehören oder jenen, die Zugang zu den Ressourcen haben, oder jenen, die sie beherrschen, sondern den Sanftmütigen, den sanften Kindern der Erde.[211]

Etwas Ähnliches könnte in bezug auf Gott und die Welt gesagt werden. Der Kosmos ist nicht nur Materie und konvertierbare Energie. Der Kosmos hat Leben, er ist in Bewegung und hat, wie der Mensch, eine Dimension des *plus,* ein „Mehr", das in ihm selbst ist und nicht von einem eingeschränkten abstrakten „Selbst" kommt. Der Kosmos ist nicht ein isolierter großer Brocken Materie und Energie. Er ist die dritte Dimension der ganzen Wirklichkeit.[212] Ein Kosmos ohne Mensch und Bewußtsein wäre nicht und ist sicherlich nicht der Kosmos, den wir bewohnen. Ein Kosmos ohne diesen göttlichen Drang, diese Dynamik, die dem innersten Kern eingepflanzt ist, ist sicherlich nicht der Kosmos, den wir erfahren, das passende Kleid für jede wirkliche Erscheinung des Göttlichen. Und ich wiederhole für jene, die gegen bestimmte Worte allergisch sind, daß diese Vision nicht auf eine spezifische philosophische oder religiöse Vorstellung von der Wirklichkeit beschränkt ist.

---

[208] „Das Wesentlichste [des gnostischen Systems] ist das Unterfangen, den Geist im Menschen aus seinem Zustand der Entfremdung im Kosmos zum göttlichen Geist des Jenseitigen durch ein Tun, das sich auf Wissen gründet, zurückzuführen." E. Voegelin, *op. cit.,* p. 20.

[209] Cf. *Apk.,* XXI, 1 sq.

[210] Cf. Ortega y Gassets berühmtes Axiom: „Yo soy yo y mi circunstancia", was nicht nur als unmittelbare *Umwelt* verstanden wird, sondern als die gesamte Umwelt des Menschen, die zu seinem wahren Sein gehört – und umgekehrt.

[211] Cf. *Matth.* 5, 4, was die Bedeutung von *praús* (sanft, bescheiden, liebenswürdig, rücksichtsvoll) und von *amharetz* betrifft.

[212] „Omnia mundi creatura quasi liber et pictura nobis est et speculum" (Jedes Geschöpf der Welt ist wie ein Buch, ein Bild und wie ein Spiegel für uns), sagt der immer wieder erstaunliche Alanus ab Insulis (P. L. 210, 599 a) und drückt damit eine viele Jahrhunderte lang allgemeingültige Ansicht aus.

b) Gott ist nicht der absolut Andere (abgesehen von den philosophischen Schwierigkeiten, die diese Formulierung beinhaltet: Absolute Transzendenz wird allein schon durch diesen Gedanken widerlegt). Gott ist aber auch nicht der Gleiche wie wir. Ich würde sagen, Gott ist das höchste und einzigartige „Ich",[213] wir sind Gottes „Du", und unsere Beziehung ist persönlich, trinitarisch und nicht-dualistisch. Die kosmotheandrische Vision braucht aber nicht in solche Begriffe gekleidet zu werden. Es genügt zu sagen, der Mensch erfahre die Tiefe seines eigenen Seins, seine unerschöpflichen Möglichkeiten der Beziehung und für Beziehung, seinen nicht begrenzten (d. h. unbegrenzten) Charakter – denn er ist nicht ein abgeschlossenes Wesen und kann seinem eigenen Wachstum und seiner Evolution keine Grenzen setzen. Der Mensch entdeckt und ahnt in seinem eigenen Sein ein ihm eingepflanztes *Mehr,* das seinem eigenen privaten Sein angehört und es gleichzeitig übersteigt. Er entdeckt eine andere Dimension, die er nicht manipulieren kann. Es gibt immer mehr, als auf der Hand liegt, als einem in den Sinn fällt oder das Herz berührt. Dieses *immer mehr* – sogar mehr als Wahrnehmen, Verstehen und Fühlen – bedeutet die göttliche Dimension.

Traditionell wurde dieses *Mehr* auch als das *Bessere* und oft auch als das *Andere* erfahren, als Mysterium des Anfangs und das Jenseitige, als das Ewige und Unendliche (oder Über-Zeit und Über-Raum). Es ist hier nicht der Ort, um ein Modell für das Göttliche zu konstruieren. Der kosmotheandrische Mythos – wie man versucht ist, ihn zu nennen – schließt ganz klar einen rigiden Monismus oder einen unqualifizierten Atomismus aus, ebenso wie er Deismus und Anthropomorphismus ausschließt; aber er schließt nicht die ganze Bandbreite von Systemen aus, die mehr oder weniger erfolgreich versuchen, die reiche Vielfalt des Vorhandenen zu umfassen, ohne diese Vielfalt einer Einheit zu opfern oder das Einssein der Vielheit.

Gott ist nicht nur der Gott des Menschen, sondern auch der Gott der Welt. Ein Gott ohne kosmologische und damit ohne kosmogonische Funktion wäre überhaupt kein Gott, sondern bloß ein Phantom. Gott ist diese Dimension des „Mehr" und des „Besseren" genauso für die Welt wie für den Menschen. Nicht nur der Mensch, auch der Kosmos ist noch nicht am Ziel angelangt, noch unvollendet, un-endlich. Der Kosmos dehnt sich nicht mechanisch aus oder entfaltet sich automatisch; er entwickelt sich, wächst, bewegt sich auf immer neue Universen zu. Nicht nur Theo-logie und Meta-physik – die alles umfassenden Disziplinen – sind notwendig,

---

[213] Cf. F. Nietzsches Wort: „Wenn es einen Gott gibt, würde ich nicht daran leiden, nicht Gott zu sein." und Simone Weils Aussage „Wer ich sagt, lügt" oder die upanishadische Erfahrung *aham-brahman.*

sondern heute beansprucht mehr denn je auch die Theo-physik ihren Platz.[214]

c) Der Mensch ist letztlich mehr als ein Individuum. Der Mensch ist eine Person, ein Knoten im Beziehungsnetz, das nicht nur zwischen den geistigen „Du" ausgespannt ist, sondern bis an die entgegengesetzten Enden des Wirklichen reicht. Ein isoliertes Individuum ist unverständlich und nicht lebensfähig. Der Mensch ist nur Mensch, wenn er den Himmel über sich, die Erde unter sich und die Mitmenschen neben sich hat. Aber genauso wie das „Individualisieren" des Menschen dem Durchschneiden der Nabelschnur gleichkommt, die ihm Leben spendet, so erwürgt ihn die Abkapselung von Gott und von der Welt. Es kann keinen Menschen geben ohne Gott und ohne Welt.[215]

Vielleicht verrennen wir uns hier in ein semantisches Problem. Vielleicht sollten diese drei Namen oder Namensgruppen ausschließlich für die Eigenschaften der jeweiligen Dimension verwendet werden. Wenn dem so ist, dann würde das Göttliche für das stehen, was weder menschlich noch kosmisch ist; das Menschliche für das, was weder göttlich noch kosmisch ist, und das Kosmische für das, was weder menschlich noch göttlich ist. Wie aber verknüpfen wir dann die drei miteinander? Wie erklären wir dann die außer- oder übermenschlichen Bedürfnisse des Menschen? Oder die kreativen Kräfte des Kosmos? Oder den Hang des Göttlichen zur Vermenschlichung? Sicher, es ist nur eine Art zu reden; aber ebenso klar ist, daß die Redeweisen des modernen Menschen einer umfassenden Revision unterzogen werden müssen, daß eigentlich eine neue Sprache erforderlich ist. Der Mensch wird nicht weniger menschlich, wenn er seine göttliche Berufung entdeckt, noch verlieren die Götter ihre Göttlichkeit, wenn sie vermenschlicht werden; auch wird die Welt nicht weniger weltlich, wenn sie ins Leben und ins Bewußtsein einbricht. Vielleicht sagen wir, der Mensch befinde sich an Kreuzungen, weil die Wirklichkeit genau die

---

[214] Cf. den Epilog zu meiner *Ontonomía de la ciencia, op. cit.,* p. 355–359, und meinen Artikel „Sugerencias para una teofísica", in *Civiltà delle macchine,* No. 5 (Sept. – Oct. 1963).

[215] Cf. die erstaunliche kosmotheandrische Aussage von Tsze-sze: „He who can totally sweep clean the chalice of himself can carry the inborn nature of others to its fulfillment; getting to the bottom of the natures of men, one can thence understand the nature of material things, and this understanding of the nature of things can aid the transforming and nutritive powers of earth and heaven [ameliorate the qualitiy of the grain, for example] and raise man up to be a sort of third partner with heaven and earth." *Chung Yung* XXII, (Übersetzung von E. Pound). „Wer den Kelch vollständig von sich selbst reinfegen kann, kann die angeborene Natur anderer zur Erfüllung führen; wenn man die Natur der Menschen auf den Grund geht, kann man die Natur der materiellen Dinge verstehen, und dieses Verständnis der Natur der Dinge kann den verwandelnden und nährenden Kräften der Erde und des Himmels helfen [z. B. die Qualität des Korns verbessern] und den Menschen zu einer Art Drittem im Bund von Himmel und Erde erheben."

Kreuzung dieser drei Dimensionen ist. Jede reale Existenz ist ein einzigartiger Knoten in diesem dreifaltigen Netz. Die kosmotheandrische Vision steht für die ganzheitliche und umfassende Einsicht in das Wesen alles dessen, was ist.

Ein altes Mandala kann vielleicht als Symbol für die kosmotheandrische Intuition dienen: der Kreis. Kein Kreis ohne Mittelpunkt und Umfang. Die drei sind nicht dasselbe; sie sind aber auch nicht voneinander zu trennen. Der Umfang ist nicht der Mittelpunkt, aber ohne den Mittelpunkt gäbe es keinen Umfang. Der Kreis, selbst unsichtbar, ist weder der Umfang noch der Mittelpunkt, und dennoch wird er vom einen umschrieben und ist um den anderen herum eingezeichnet. Der Mittelpunkt ist nicht von den anderen abhängig, da er ohne Ausdehnung ist; dennoch wäre er ohne die beiden anderen nicht der Mittelpunkt – noch überhaupt etwas. Der nur vom Umfang her sichtbare Mittelpunkt ist Materie, Energie, Welt. Und dies nur, weil der Umfang, der Mensch, das Bewußtsein ihn umschließt. Umfang und Mittelpunkt sind, was sie sind, weil es Gott gibt, ein Zentrum, das aus sich selbst – das heißt *qua* Gott, wie die Alten es ausdrückten – eine Sphäre ist, deren Mittelpunkt überall und deren Umfang nirgendwo ist.[216]

Wie sollen wir das vollständige Mandala nennen? Wir sollten zwischen dem Göttlichen, dem Menschlichen und dem Kosmischen unterscheiden; der Mittelpunkt sollte nicht mit dem Umfang verwechselt, der Umfang nicht mit dem Kreis vermischt werden, aber wir können keine Abspaltung zulassen. Denn schließlich ist der Umfang der „erwachsen gewordene" Mittelpunkt; der Kreis ist der „aufgefüllte" Umfang, und der Mittelpunkt dient den beiden anderen als „Keim". Es findet ein gegenseitiges Sichdurchdringen, eine *perichorēsis* der drei statt.[217]

---

[216] Dieser Satz erscheint offensichtlich zum ersten Mal im pseudo-hermetischen *Liber XXIV Philosophorum* (prop. 2) aus dem 12. Jahrhundert: „Deus est sphaera infinita, cuius centrum est ubique, circumferentia nusquam." Dies ist die Quelle von Eckart und, nach ihm, Nikolaus von Cusanus. Cf. die interessante „Variante", die Alain de Lille *(Regulae theologicae)* formuliert: „Deus est sphaera intelligibilis, cuius centrum ubique, circumferentia nusquam." Für weitere Überlegungen zur Metapher selbst, die später bei Pascal u. a. auf das Universum angewandt wurde, cf. K. Harries, „The Infinite Sphere: Comments on the History of a Metaphor", *Journal of the History of Philosophy*, XIII/1 (January 1975), pp. 5–15.

[217] Cf. *Joh.* 10, 30; 10, 38; 14, 9 ff.; 17, 21; 1 *Kor.* 1, 19 ff., aber auch die Worte von Augustinus: „Ita et singula sunt in singulis et omnia in singulis et singula in omnibus et omnia in omnibus et unum omnia." „So ist jede in jeder, sind alle in jeder, ist jede in allen, sind alle in allen, und alle sind eins."(*De Trinitate* VI, 10, 12 [P. L. 42, 932], deutsch: Fünfzehn Bücher über die Dreieinigkeit, übersetzt von Michael Schmaus. München [Kösel/Pustet] 1935, Bd. 1, p. 230), oder: „At in illis tribus cum se nouit mens et amat se, manet trinitas, mens, amor notitia; et nulla commixtione confunditur quamvis et singula sint in se ipsis et inuicem tota in totis, sive singula in binis sive bina in singulis, itaque *omnia in omnibus.*" „In diesen Dreien aber, da der Geist sich kennt und sich liebt, bleibt die Dreiheit Geist, Liebe, Kenntnis und wird

Im ökumenischen Zeitalter diente hauptsächlich der Kosmos als Zentrum. Weil damals die Haltung ekstatisch war, konnte sie kosmozentrisch sein, denn der Mensch war sich seiner selbst und seiner besonderen Stellung im Universum nicht voll bewußt. Denken war vor allem eine passive Aktivität – eben weil der Mensch dachte, sie sei passiv. Wenn uns aber bewußt wird, daß die Welt nicht der Mittelpunkt ist, beginnen wir auch nach dem wahren Zentrum und der wahren Peripherie zu suchen. Dies kennzeichnet die Phase des Übergangs von der theozentrischen Auffassung, bis zu dem Punkt, an dem es dem Menschen schließlich klar wird, daß er selbst es ist, der Gott auf den Thron gesetzt und zum Mittelpunkt gemacht hat.

In der ökonomischen Phase wird mehr und mehr der Mensch zum Mittelpunkt. Da dieses Moment enstatisch war, mußte es notwendigerweise anthropozentrisch werden, denn der Mensch war sich bewußt, das Maß aller Dinge zu sein, und so war er sich auch seiner zentralen Stellung im Kosmos bewußt. Denken wurde aktiv – eben weil der Mensch sich seiner Geistestätigkeit bewußt wurde. Aber sobald wir die verschiedenen Krümmungen der Peripherie wahrnehmen, entdecken wir, daß es sich nicht um eine gerade Linie handelt und beginnen nach einem möglichen Zentrum – oder möglichen Zentren – Ausschau zu halten. Kein Wunder, daß im Verlauf der Zeit auf verschiedenste Weise nach dieser problematischen Mitte gesucht wurde und diese nicht leicht zu finden war, da jeder Ausschnitt des Kreisumfangs einen anderen Mittelpunkt ergibt als den, der von irgendeinem anderen Ausschnitt des Kreisumfangs her errechnet wird. Offensichtlich befinden wir uns nicht alle auf derselben Kreislinie, bis wir uns weit genug entfernen . . . und denselben mythischen Horizont teilen.

Die kosmotheandrische Vision kreist nicht um einen einzigen Punkt, weder um Gott noch um den Menschen noch um die Welt; und in diesem Sinne *hat sie kein Zentrum*. Die drei Dimensionen existieren nebeneinander, sind miteinander verbunden und können hierarchisch geordnet oder einander gleichgestellt sein – in der Art, wie ontologische Prioritäten sein müssen –, aber sie können nicht voneinander isoliert werden, denn dies würde sie aufheben.

Die kosmotheandrische Intuition, die ich, wenn auch in einer eher philosophischen Ausdrucksweise, zu beschreiben versucht habe, steht meines Erachtens für das sich entwickelnde religiöse Bewußtsein unserer Zeit. Der moderne Mensch hat einen isolierten einsiedlerischen Gott abgeschafft, die

durch keine Vermischung vermengt, wenngleich jedes einzelne in seinem eigenen Selbst ist und in bezug auf die anderen ganz in jedem anderen als Ganzem, sei es, daß jedes einzelne in je zweien ist oder je zwei in jedem einzelnen sind, und so alles in allen." (*De Trinitate* IX, 5 [P. L. 42, 965; Hervorhebungen im Original] deutsch: op. cit., Bd. 2, p. 52).

Erde tötet den erbarmungslosen habgierigen Menschen, und die Götter scheinen sowohl die Menschen als auch den Kosmos verlassen zu haben. Aber, am Boden angelangt, nehmen wir Zeichen der Auferstehung wahr. An der Wurzel der ökologischen Sensibilität gibt es eine mystische Spannung; auf dem Grund des menschlichen Selbstverständnisses zeigt sich ein Bedürfnis nach dem Unendlichen und Nicht-verstehbaren, und im innersten Herzen des Göttlichen drängt etwas zu Zeit, Raum und Mensch hin.

Spiritus Domini replevit orbem terrarum: et hoc quod continet omnia scientiam habet vocis. Alleluia.[218]

---

[218] Cf. *Weish.* 1, 7: *hóti pneûma Kyrioû peplērōke tēn oikouménē, kaì tò suméchou tà pánta gnōsin échei phōnēs;* „Der Geist des Herrn erfüllt den Erdkreis, und er, der alles zusammenhält, kennt jeden Laut." (Jerusalemer Bibel)

Teil 2

DAS ENDE DER GESCHICHTE

Die dreifaltige Struktur des menschlichen Zeitbewußtseins

Hōti krónos oûkétí; ésti.[1]
Apk. 10, 6

EINFÜHRENDE BEMERKUNGEN

Die *história,* das heißt die Erforschung von Ereignissen der Gegenwart, veranlaßt mich zum Gedanken, daß wir uns nicht nur am Ende *einer* Geschichtsperiode befinden – dem würden heute viele Analytiker zustimmen[2] –, sondern daß wir *die* geschichtliche Epoche der Menschheit beenden; das bedeutet, daß wir *am Anfang vom Ende des Mythos von der Geschichte* stehen.[3] Um einen Blick auf das zu werfen, was ein nachgeschichtlicher Mythos beinhalten könnte, werde ich ihn im Zusammenhang mit dem vorgeschichtlichen und dem geschichtlichen Bewußtsein beschreiben. Die Hauptelemente eines nachgeschichtlichen Mythos sind bereits gegenwärtig

---

[1] „Es wird keine Zeit mehr sein." Die traditionelle englische Übersetzung lautet: „That there shall (should) be time no longer. " RV (AV). Die NEG übersetzt: „There shall be no more delay." Andere Lesarten: *tardança* (Monserrrat), *délai* (Jerusalem), *dilación de tiempo* (Martín Nieto), *tempos* (Nácar-Colunga). Die Vulgata sagt: *Quia tempus non erit amplius.*

[2] Vgl. zum Beispiel Lewis Mumford, *The Conduct of Life.* New York (Harcourt, Brace, Jovanich) 1951, 1970, besonders Kap. VIII, „The Drama of Renewal". Mumford bezieht viele solcher Kritiken mit ein.

[3] Der Autor ist sich der Schwierigkeiten und Gefahren voreiliger Synthesen und verallgemeinernder Überblicke bewußt; er hat sich aber während vieler Jahrzehnte auf das Problem der „Visión de síntesis del universo" (*Arbor* 1, 1944) konzentriert und möchte diese späten Gedanken als Hommage zum hundertsten Geburtstag Pierre Teilhard de Chardin widmen, der sich nicht scheute, alle anthropomorphen Maßstäbe zu brechen und die Parameter der Evolution des Kosmos auf den Menschen anzuwenden. Der vorliegende Essay wurde zuerst publiziert in *Teilhard and the Unity of Knowledge.* New York (Paulist Press) 1983, als Teil des Proceedings of Centenary Symposium held at Georgetown University, Washington, D.C., 1–3 May 1981.

– sonst könnten wir nicht in einer für den Verstand faßbaren Weise darüber reden –, aber seine Umrisse zeichnen sich für die meisten Menschen noch nicht ab.[4] Bei allen drei Formen des Bewußtseins handelt es sich um menschliche Bewußtseinsformen. Deshalb spreche ich von den drei Momenten des menschlichen Zeitbewußtseins oder besser von der dreifaltigen Struktur des menschlichen Zeitbewußtseins.[5] Diese drei Momente sollten nicht chronologisch interpretiert werden, so als ob eines auf das andere folgen würde. Sie sind qualitativ verschieden, aber miteinander verwoben und existieren in der einen oder anderen Weise nebeneinander in der Menschheit und in der menschlichen Person. Der nichthistorische Typus ist heute sehr lebendig, gleichermaßen ist aber auch das transhistorische Bewußtsein in unserer Zeit präsent. Zusammen mit dem historischen Typus handelt es sich um drei Arten des Bewußtseins, die sich weder gegenseitig ausschließen noch dialektisch gegenüberstehen, sondern *kairologisch* miteinander in Beziehung sind.[6] Ich meine mit diesem Begriff den qualitativen Aspekt der menschlichen Zeit, der das Vorherrschen eines einzigen Modus über die anderen repräsentiert, je nach Art der Idiosynkrasien, sowie eine gewisse zeitliche Abfolge, die mit der Entfaltung des Individuums und besonders auch des kollektiven Lebens übereinstimmt.

Das Problem der Wortwahl ist in diesem Zusammenhang beinahe unlösbar. Jedes Wort hat seine Heimat. Es hat vielleicht in benachbarten Gebieten einige Gastfreundschaft erfahren, aber kaum ein Wort hat heute internationales Bürgerrecht, geschweige denn weltweite Gültigkeit. Solange wir innerhalb des historischen Mythos bleiben, muß die Geschichte der zentrale Bezugspunkt sein; deshalb nenne ich diese drei Perioden nichthistorisch, historisch und transhistorisch. Aber diese Begriffe sind nur ein Hilfsmittel zur Einführung der erwähnten drei Momente. Erstens handelt es sich dabei nicht um Perioden in dem Sinne, wie die Massenmedien das Wort verwen-

---

[4] „Il est difficile de saisir l'intelligibilité d'un mythe à partir de l'autre, mais on doit admettre qu'une bonne partie du monde aujourd'hui est aterrée à la pensée de la possibilité d'un cataclysme à l'échelle planétaire, tandis que toute une autre partie de l'humanité n'est pas trop touchée par le déclin historique de la race humaine." R. Panikkar, „L'eau et la mort", M. M. Olivetti (ed.), *Philosophie et religion face à la mort.* Paris (Aubier) 1981, p. 500.
[5] Vgl. den ersten Essay in diesem Buch, in dem ich diese drei Momente aus einer allgemeineren Perspektive entwickelt habe. Beide Essays gehören zusammen und ergänzen einander. In der vorliegenden Untersuchung konzentriere ich mich auf das menschliche Bewußtsein der zeitlichen Wirklichkeit.
[6] Nachdem ich jahrelang dieses Wort benutzt habe, fand ich bei Romano Guardini das folgende Schema: „Das Dasein verwirklicht sich in der Zeit", und in der Folge „heißen die drei Teile der christlichen Lehre von der Daseinszeit die Archäologie, Eschatologie und Kairologie". Er beschreibt letztere als Lehre vom Augenblick: „. . . wie die laufende Zeit gegenwärtig und damit das Dasein in jeweils unwiederbringlicher Einmaligkeit dem Menschen anvertraut wird; abermals das Dasein des Einzelnen und der auf ihn hin bestehenden Welt." *Die letzten Dinge.* Würzburg (Werkbund-Verlag) 1940, Einleitung (ohne Paginierung).

den, sondern eher in der komplexeren Bedeutung, wie sie die Etymologie des Wortes *Periode* nahelegt: Kreisläufe oder wiederkehrende Formen des Menschseins.[7] Weiters hätte ich sie *auf die Vergangenheit ausgerichtetes, zukunftsorientiertes* und *gegenwartsbezogenes* Zeitbewußtsein nennen können; da aber die meisten Autoren und Leser unserer sogenannten gebildeten zeitgenössischen Kulturen im vorherrschenden historischen Moment leben, werde ich der Geschichte nicht die Bedeutung absprechen, die ihr zukommt. Wenn wir der Geschichte diese zentrale Bedeutung zugestehen, könnten wir die drei Momente vorgeschichtlich, geschichtlich und nachgeschichtlich nennen. Damit würden wir aber den ahistorischen Momenten nicht gerecht werden. Ich würde sie am liebsten kairologisch, historisch und säkular nennen.[8] Als Kompromiß werde ich aber bei den Begriffen nichthistorisch, historisch und transhistorisch bleiben.[9]

Es gibt vermutlich kein gewaltigeres Problem als das der Zeit.[10] Wir sprechen hier von einem dreifaltigen menschlichen Zeitbewußtsein. Die Schwierigkeit, deutlich zu machen, was ich sagen möchte, liegt in der Tatsache begründet, daß wir dazu tendieren, von jeder der verschiedenen Arten des Zeitbewußtseins aus das ganze zeitliche Spektrum in den Blick zu bekommen. Die meisten meiner Leser werden, wie bereits gesagt, dazu neigen, jede menschliche Zeitlichkeit in geschichtlichen Kategorien zu verstehen. Der vorgeschichtliche Mensch kann im allgemeinen weder lesen noch schreiben, oder er macht sich jedenfalls nicht viel daraus.[11] Und das transhistorische Bewußtsein zeigt kein großes Bedürfnis danach, diese Fertigkeit zu erwerben. Aber vergessen wir nicht: Die drei Momente schließen sich nicht gegenseitig aus. In jedem von uns existieren mehr oder weniger latente Formen des nichthistorischen und des transhistorischen Zeitbewußt-

---

[7] Das Wort *Periode* kommt vom Griechischen *perí* (darum herum) und *hódos* (Weg bzw. Weise, Art). Vgl. „Episode" *(epi-eis-hódos)*, „Methode" *(meta-hódos)* usw.

[8] *kairos* betont den nicht-linearen und insbesondere nicht-homogenen Aspekt der Zeit – im Gegensatz zu *chronos* –, ungeachtet der Tatsache, daß *kairos* und *chronos* im Griechischen oft ohne Unterscheidung verwendet wurden. *Säkular* unterstreicht die Erfahrung des *saeculum* als zeitlicher Lebensspanne sowohl der Welt als auch des Menschen.

[9] Ich zögerte bei der Wahl zwischen *para*-historisch und *meta*-historisch, aber die geläufige Verwendung der ersten Vorsilbe und der schwierige Gebrauch der zweiten in verschiedenen Kontexten bewog mich, die Vorsilbe trans- zu wählen, obwohl ich auf seiner zweiten Bedeutung beharren muß – das heißt nicht so sehr im Sinne von Trans-zendenz, von *über*schreiten, sondern im Sinne von Trans-parenz, von *Durch*gang.

[10] Zur Komplexität der menschlichen Erfahrung der Zeit vgl. J. T. Fraser (ed.), *The Voices of Time*. New York (Braziller) 1966, sein *Of Time, Passion and Knowledge*. New York (Braziller) 1975 und J. T. Fraser, *et al.* (ed.), *The Study of Time III*. New York (Springer) 1978, alle Werke der International Society of Time. Ich habe eine Bibliographie zum Thema „Zeit" mit mehr als 1500 Einträgen fertiggestellt. Cf. mein demnächst erscheinendes Buch *Temporalia*.

[11] Ich sage „im allgemeinen", weil in vielen gegenwärtigen asiatischen und afrikanischen Kulturen nichtgeschichtliches Bewußtsein überwiegt – wobei ich das Wort *„gegenwärtig"* in chronozentrischer, geschichtlicher Weise verwende.

seins, auch wenn der moderne Mensch diese „historisiert", wenn er in unseren rationalen und geschichtsbewußten Kategorien über sie nachdenkt. Jene Augenblicke, für die wir unser ganzes Leben gegeben hätten, jene künstlerischen Erfahrungen, die außerzeitlich zu sein scheinen, die Bereiche des Lebens, die sich uns in tiefer Meditation auftun, abgesehen von den Höhepunkten und ekstatischen Erfahrungen angesichts der Geheimnisse des Lebens, des Leidens und des Todes, könnten als Beispiele menschlichen Bewußtseins angeführt werden, die sich nicht auf das historische Bewußtsein reduzieren lassen.

Diese drei Momente bilden nicht nur in unserem individuellen Leben eine Dreiheit, analog dazu sind sie auch in der kollektiven Entfaltung des menschlichen Daseins vorhanden, obwohl in jeder Kultur und aus soziologischer Sicht jeweils eines der Momente die anderen überragen mag.[12] Da sich das Leben der meisten Autoren und Leser in der historischen Zeit entfaltet, werde ich dem Rechnung tragen müssen, indem ich eine Darstellungsweise und eine Sprache verwende, die noch immer von historischen Zwischentönen gefärbt ist, wie die Wörter vor-, nach- oder gar nicht-, para- und trans- „historisch" verraten.

Die Argumentation dieses Essays lautet folgendermaßen: Der Mensch lebt in den Dimensionen und Bedingungen der Zeitlichkeit.[13] Seine Zeiterfahrung hat drei Brennpunkte: die Vergangenheit, die Zukunft und die Gegenwart. Das Vorherrschen des einen oder anderen dieser drei Brennpunkte macht die drei erwähnten kairologischen Momente aus. Die Entwicklung aller drei Formen dieser Zeiterfahrung legt Zeugnis ab für die Reife des Menschen – phylogenetisch und ontogenetisch. Wenn die Vergangenheit das Paradigma ist, durch das wir die Zeit erfahren, handelt es sich um das nichthistorische Moment (Erinnerung und Vertrauen, Glaube sind zentral); wenn es die Zukunft ist, herrscht das historische Bewußtsein vor (Wille und Hoffnung sind dominant); und wenn Vergangenheit und Zukunft in Hinblick auf die Gegenwart gelebt werden, haben wir teil an der transhistorischen Erfahrung der Wirklichkeit (Intellekt und Liebe werden grundlegend).[14]

Diese drei Momente im menschlichen Bewußtsein entsprechen drei Perioden des menschlichen Daseins auf der Erde – im erwähnten Sinn des Wortes *Periode*. Wir könnten diese Perioden sogar datieren.

---

[12] Wir werden hier nicht über die Evolution des dreifaltigen Bewußtseins diskutieren oder darüber, inwieweit vom vorgeschichtlichen Menschen gesagt werden kann, er besitze historisches und transhistorisches Bewußtsein.

[13] Cf. Anmerkung 8, Seite 105.

[14] Es wäre eine ausgearbeitete Anthropologie nötig, um das in Klammern Gesagte wirklich ausreichend erklären zu können.

Bis zur Erfindung der Schrift konnte der Mensch nicht alle seine Schöpfungen in die Zukunft projizieren; die Vergangenheit hatte ihn weitgehend im Griff. Tradition stand an erster Stelle. Zeit kommt von einem Anfang her. *Mythos.*

Mit der Erfindung der Schrift wurde die menschliche Spezialisierung möglich. Fortschritt ist ein heiliges Wort. Die Zeit schreitet vorwärts. Die Zukunft gehört Gott und Gott der Zukunft. *Geschichte.*

Als der Mensch das Atom spaltete, zeigte sich die Verletzlichkeit jener scheinbar unzerstörbaren Elemente, auf denen die ganze Welt ruhte. Das Wunder der menschlichen Technologie selbst wurde gespalten. Die Atome aller Art (auch spirituelle und intellektuelle) sind nicht mehr unzerstörbar. Die Vergangenheit ist zerbrochen, und die Zukunft fällt in sich zusammen. Die Gegenwart ist die einzige Zeit, die übrigbleibt. Dies ist die Erfahrung, die der Vorherrschaft des *Mystischen* Tür und Tor öffnet.

Bevor wir diese drei Momente skizzieren, wird eine Beschreibung nach Kriterien hilfreich sein.

I

METHODISCHE ÜBERLEGUNGEN

1. DER „SUBJEKTIVE GEGENSTAND" MENSCH

Machen wir uns eines klar: Mit diesen drei Momenten des menschlichen Bewußtseins sind nicht drei verschiedene Objekte des Bewußtseins, das heißt drei verschiedene Arten, die Welt zu sehen, gemeint, während das Subjekt Mensch nicht herausgefordert wird und sich somit nicht verändert. Sie repräsentieren vielmehr drei verschiedene Weisen des Menschseins, gerade weil Bewußtsein den Menschen auszeichnet. Der Mensch ist jenes sprechende Tier, das spricht, weil es etwas zu sagen hat, das heißt weil es ein Selbstbewußtsein besitzt, das es sein eigenes Bewußtsein wahrnehmen läßt. Und deswegen spricht es. Das menschliche Tier spricht, nicht weil es sich der Dinge und Handlungen bewußt ist (wie andere Tiere auch), sondern weil es sich seiner selbst im Handeln bewußt ist. Um seine subjektiven (reflektierten) Absichten mitzuteilen, braucht es Wörter. Ich würde es ein *sprechendes Bewußtsein, shabdabrahman,* nennen.[15]

Mit anderen Worten, wenn der Mensch im wesentlichen selbstbewußt ist, wie können wir dann wissen, was der Mensch ist, ohne all das einzubeziehen, was Menschen in ihr *Selbstverständnis* aufgenommen haben? Der Mensch als „Objekt" der Erforschung durch den Menschen umfaßt auch den Menschen als „Subjekt", das diese Forschung durchführt. Aber dieser Mensch, das bin nicht nur ich, das sind nicht nur wir, die Forschenden. Das ist jede, jedermann.[16] Die Erforschung des Menschen umfaßt auch die Erforschung dessen, was Menschen über sich selbst denken. Ist ein solches Unterfangen überhaupt möglich? Möglich vielleicht, vorausgesetzt, wir belassen es die ganze Zeit über offen und vorläufig, das heißt, wir bleiben uns bewußt, daß wir nicht zur gesamten Bandbreite der menschlichen Erfahrung Zugang haben.[17]

---

[15] Cf. Baritrharis denkwürdigen Anfang: „Dieses Brahman ohne Anfang und Ende, uranfängliches Wort, unvergänglich, das als Gegenstand erscheint und aus dem die lebendige Welt kommt . . ." *(Anādinidhanam brahma shabdatattvam yad aksaram/vivartate 'rithabhāvena prakriyā jagato yatah).*

[16] Cf. das europäische Spiel *Jedermann* aus dem 15. Jahrhundert, das vermutlich einen buddhistischen Ursprung hat, gemäß dem Autor einer neuen Version: Frederick Frank, *Every One.* Garden City, N. Y. (Doubleday) 1978.

[17] „Globale Perspektive", „totales Bewußtsein", „universale Auffassung" und ähnliche Ausdrücke sind nützliche und gutgemeinte Zeichen für den Willen, die gefährlichen Provinzialismen zu überwinden, aber es sind unmögliche Ideale für jeden einzelnen Menschen. Dieser

Als ob dies nicht schon genug wäre, zeigt sich eine weitere Schwierigkeit: Der Mensch offenbart sich nicht nur im Denken, sondern auch im Tun. Wie kann also eine solche Untersuchung vollständig sein, ohne allem, was der Mensch getan hat, Rechnung zu tragen? In Wirklichkeit sind seine Handlungen ebensosehr Kristallisationen oder Offenbarungen des menschlichen Selbstverständnisses und seiner Auffassung vom Universum wie seine theoretischen Überlegungen.[18] Im Abendland werden, zumindest seit Aristoteles, die Handlungen des Menschen in solche unterteilt, die zur Vervollkommnung des Handelnden zu ihm selbst zurückkehren – Handlungen wie Fühlen und Verstehen –, und in solche, die *ad extra* gerichtet sind, zur Vervollkommnung von etwas anderem.[19] Wir beziehen uns nicht auf erstere, die *poiesis,* sondern auf letztere, die menschliche *praxis.*[20] Die menschliche *praxis* enthüllt ebensosehr, was der Mensch ist, wie die *theoria.* Menschen denken, und ihr ganzes Denken gehört zu dem, was der Mensch ist; Menschen handeln aber auch, und alle ihre Handlungen gehören ebenso der menschlichen Natur an, auch wenn die Bedeutung dieser Handlungen nicht bis ins reflektierte Bewußtsein gelangt ist.

Der Versuch, solch ein theoretisches Bewußtsein zu erlangen, ist die Aufgabe der Philosophie. Geschichtswissenschaft ist die Untersuchung jener Praxis.[21] Die Entwicklung solcher Geschehnisse ist *Geschichte.*[22] Sowohl Geschichtswissenschaft als auch *Geschichte* gehören zur Anthropologie. Ich verstehe Anthropologie als das *Erzählen* dessen, was der Mensch ist. *Geschichte* erzählt uns mit ihren Taten, was der Mensch ist. Geschichtswissenschaft sagt uns, was der Mensch ist, indem sie seine Taten interpretiert. *Geschichte* zeigt uns die Praxis, Geschichtswissenschaft die Theorie der menschlichen Konstrukte – und beide offensichtlich in Verbindung mit den menschlichen (historischen) Fakten. Aber Geschichtsschreibung meint

---

Universalismus könnte seinerseits zur Quelle einer totalitaristischen oder kolonialistischen Haltung werden: „Wir haben eine globale Sicht, wir wissen es besser und bringen euch unsere Ideen – selbstverständlich zu eurem eigenen Wohl!"

[18] „Denken" steht hier für die allumfassende menschliche, intellektuelle Aktivität, verbunden mit dem Bewußtsein und natürlich auch den (bewußten) Willen und damit die Liebe einbeziehend.

[19] Vgl. Aristoteles, *Metaphysik* IX, 8 (1050 a 23-b2) usw.

[20] Paradoxerweise könnten wir sagen, daß diese Praxis für Hegel die Vernunft offenbart, während sie für Marx durch die Vernunft geformt werden sollte. Cf. auch die Texte von Kant, Gentz, Rehberg in *Über Theorie und Praxis,* mit einer Einleitung von D. Henrich. Frankfurt a. M. (Suhrkamp) 1967, für eine Diskussion rund um Kants polemischen Aufsatz.

[21] Die Bedeutung der Wurzel *aid,* von der *historía* abgeleitet ist, ist sehen, wissen. Cf. *eîdos,* Idee; *histōr,* der Gebildete, der Wissende, der Zeuge, der Richter. *Historikós, -ē, -ón* bedeutet genau, präzise (wissenschaftlich), und *historéō* erforschen, beobachten, untersuchen.

[22] Hegel unterscheidet zwischen Geschichte als *historia rerum gestarum,* dem subjektiven Aspekt, und als *res gestae,* dem objektiven Aspekt, in *Vorlesungen über die Philosophie der Geschichte,* Werke, hrsg. von H. Glockner. XI, 97.

auch jene Dimension des menschlichen Bewußtseins, die das Studium der menschlichen Praxis sinnvoll macht. Es ist das historische Bewußtsein, das das Studium der Geschichte unternimmt, gerade weil es vom offenbaren-den Charakter eines solchen Unterfangens überzeugt ist.[23] Das Studium der Geschichte wird uns sagen, was der Mensch ist, so lange wir daran glauben, daß der Mensch ein geschichtliches Wesen ist.[24] Dies ist außerordentlich wichtig und oft übersehen worden. Geschichte ist das, was sie zu sein behauptet, nämlich *magistra vitae*, Lehrmeisterin des Lebens, die Offenbarung dessen, was der Mensch ist, die „Entfaltung der menschlichen Vernunft" und ähnliches, insofern der Mensch an sich selbst als ein geschichtliches Wesen glaubt. Kurz gesagt, Geschichte ist insofern Geschichte, als wir uns innerhalb des Mythos von der Geschichte befinden oder an ihn glauben. Dieser ganze Diskurs hätte keinen Sinn, wenn wir nicht überzeugt wären, daß wir geschichtliche Wesen sind, die in der Geschichte als ihrem Element leben wie der Fisch im Wasser.

Was bedeutet dann in diesem Zusammenhang, daß die geschichtliche Periode zu Ende geht? Es bedeutet nicht, daß wir aufhören, uns für die menschliche Praxis zu interessieren. Es bedeutet nicht, daß wir völlig über Zeit und Raum hinausspringen. Geschichtlichkeit sollte nicht mit Zeitlichkeit verwechselt werden. Es bedeutet, daß der Mensch aufhört, sich *nur* als geschichtliches Wesen oder als *das* geschichtliche Wesen, *Dasein*, zu betrachten, und deshalb aufhört, ein *bloß* geschichtliches Wesen zu sein.[25] Es sagt aus, daß die Menschen sich zu fragen beginnen, ob die Erforschung dessen, was sie tun und denken, oder das Wissen darüber erschöpfend offenbart, was sie sind und ihnen den Schlüssel zum Leben, zum Glück und/ oder zur Wahrheit in die Hand gibt.[26] Es bedeutet, daß die Erfüllung des

---

[23] Vgl. Hegels zentrales und meisterhaftes Buch *Die Vernunft in der Geschichte* und das wohlbekannte Zitat am Ende seiner *Philosophie der Geschichte:* „. . . denn die Weltgeschichte ist nichts als die Entwicklung der Idee der Freiheit." Übersetzt von J. Sibree in *Great Books of the Western World*, R. M. Hutchins (ed.), *Hegel*. Chicago (Encyclopedia Britannica) 1952, p. 269.

[24] Cf. W. Diltheys Beschreibung seines Unterfangens einer „Kritik der historischen Vernunft": „d. h. des Vermögens des Menschen, sich selber und die von ihm geschaffene Gesellschaft und Geschichte zu erkennen." *Gesammelte Schriften*, I, 116 (apud Scholtz, art. *Geschichte*, in J. Ritter (Hg.), *Historisches Wörterbuch der Philosophie*. Darmstadt (Wissenschaftliche Buchgesellschaft) 1974, Bd. III, 382. Dilthey sieht klar, „daß der, welcher Geschichte erforscht, derselbe ist, der die Geschichte macht." *Schriften*, VII, 278 *(ibid.).*

[25] Cf. M. Heideggers erste Beschreibung: „Geschichte ist das in der Zeit sich begebende spezifische Geschehen des existierenden Daseins", *Sein und Zeit*.[12] Tübingen (Niemeyer) 1972, § 73, p. 379. Aber auch: „Das Dasein hat faktisch je seine ‚Geschichte' und kann dergleichen haben, weil das Sein dieses Seienden durch Geschichtlichkeit konstituiert wird." § 74, p. 382. Offensichtlich sollte das ganze Werk zu Rate gezogen werden, besonders die beiden letzten Kapitel des Buches. Wir können jetzt nicht auf die ganze Problematik eingehen.

[26] Cf. Schellings Aussage, daß der einzige Inhalt der Philosophie Geschichte sei (K. F. A. Schelling (Hg.), *Werke* I 382 sq.) Apud Ritter, *op. cit.*, III, 363. Eine Idee, die auch die Romantiker wieder aufnehmen werden.

menschlichen Lebens nicht mehr ausschließlich oder hauptsächlich in der geschichtlichen (individuellen oder kollektiven) Entfaltung gesehen wird, sondern auch oder vor allem in transtemporalen (nicht atemporalen, sondern tempiternalen) Erfahrungen, wie ich auszuführen versuchen werde. Wir sollten einen Augenblick lang bei diesen Gedanken verweilen. Die eigenartige Natur des menschlichen Wesens besteht – neben dem *Was,* das gedacht und getan wird – auch aus dem *Wer,* das *denkt* und *tut.* Dies schafft die grundlegende Unterscheidung zwischen den sogenannten Naturwissenschaften, das heißt den physikalischen Wissenschaften und der philosophischen Anthropologie, das heißt den Geisteswissenschaften. Ersteren geht es darum, *Objekte* zu erkennen (wie sehr auch immer vom Forschenden modifziert und vom ihm abhängig); letztere versuchen *Subjekte* zu verstehen (auch wenn sie durch die Untersuchung unvollständig abgedeckt sind). Wenn die Naturwissenschaften den Menschen erforschen, wollen sie den Gegenstand Mensch erkennen: was der Mensch *ist.* Wenn die Philosophie (oder sollte ich sagen die philosophische Philosophie, um sie von einer bestimmten modernen wissenschaftlichen Philosophie zu unterscheiden?) das gleiche Ziel anstrebt, will sie das Subjekt Mensch verstehen: wer der Mensch *ist,* ja, wer ich, ein Mensch, *bin* und wer du *bist.* Das erkenntnistheoretische Paradigma der Naturwissenschaften lautet: „S ist P." Es strebt danach, das zu S passende P zu finden. Das erkenntnistheoretische Paradigma zumindest einer bestimmten Philosophie lautet: „Was bin ich?", so daß sie darauf antworten kann „Was du bist" und formulieren kann „Wer der Mensch ist".[27]

Unsere spezifische Fragestellung verlangt nach einem weiteren Grad der Differenzierung. Unser Problem geht über die bekannte Tatsache hinaus, daß die Geisteswissenschaften nicht vollständig objektiviert werden können – da auch individuelle Gesichtspunkte zu ihrem „subjektiven Gegenstand" gehören. Es hat auch mit der Tatsache zu tun, daß das spezifische menschliche Bewußtsein einer ganzen Gruppe von Kulturen (der historischen) in Frage gestellt wird. Dies ist nur möglich, wenn wir die Gültigkeit einer wahrhaft transkulturellen Konstante anerkennen, die wir nur von außerhalb, mit Hilfe eines genuin kulturübergreifenden Zuganges zu den letzten Fragen des menschlichen Bewußtseins orten können. Wir können nicht *a priori* die Möglichkeit eines anderen menschlichen *a priori* verneinen. Aber die Beweislast liegt bei unserer Fähigkeit zu zeigen, daß auch diese Diskursform sinnvoll ist.

---

[27] Vgl. R. Panikkar, „Words and Terms", *Archivio di Filosofia* (ed. M. M. Olivetti). Roma 1980, 117–133.

Das Transkulturelle ist eine Art homöomorphes Äquivalent zu dem, was die europäische Philosophie seit Kant das Transzendentale genannt hat, das, was als apriorische Bedingung unseres Verständnisses in jeder Wirklichkeit gegeben ist, die wir verstehen, aber immer in genau jener Form, in der wir es verstehen. In vergleichbarer Weise steht das Transkulturelle nicht für sich allein. Es gibt nichts ausschließlich Transkulturelles, da wir uns immer in einer bestimmten Kultur befinden, auch wenn es sich um eine neue oder nicht-traditionelle Kultur handelt. Aber der kulturübergreifende Zugang zur Wirklichkeit öffnet uns für die Unterscheidung von etwas – obwohl offensichtlich nicht ein „Ding an sich" –, das in den verschiedenen homöomorphen Vorstellungen verschiedener Kulturen präsent ist. Es handelt sich wohl um das, was kulturübergreifende Entsprechungen möglich macht und uns bewußtmacht, daß wir es mit einer homöomorphen Vorstellung zu tun haben.[28]

Wir wissen zum Beispiel, daß *dharma* nicht einfach mit „Gerechtigkeit" wiedergegeben werden kann. Es kann auch mit Religion, Rechtschaffenheit, Pflicht, Recht, Aussehen, Charakter übersetzt werden und noch viele andere Bedeutungen haben. Ebenso wissen wir, daß *Religion* nicht nur *dharma* ist. Es ist auch *bhakti, karma-nishtha, niyama, sādhana, pūja* und vieles andere, von dem jedes Wort nur einen Teil der Bedeutung des Originals abdeckt. Der Bezug ist nicht ein-deutig, eins zu eins. Wenn uns die zwei Welten von *dharma* und *Religion* vertraut sind, werden wir entdecken, daß die vielen deutschen Wörter, die für *dharma* stehen, in der deutschen Sprachwelt wenig oder nichts gemeinsam haben, und doch bringen sie alle *dharma* zum Ausdruck. Etwas Ähnliches könnte in der anderen Richtung über das Wort *Religion* gesagt werden. Wenn wir entdecken, daß es sich bei der ersten Reihe um lauter Wörter für „Dharma" handelt und bei der zweiten um Wörter für „Religion", nähern wir uns dem Transkulturellen. Eine angemessene Interpretation erfordert einen kulturübergreifenden Zugang. Wir müssen zum Beispiel verstehen, was *dharma* in der *Gītā* bedeutet und dessen Bedeutung im Deutschen wiedergeben können; oder wir müssen verstehen, was *religio* in der Vulgata bedeutet und in der Lage sein, es ins Sanskrit zu übersetzen. Erst wenn wir entdecken, daß die Beziehung nicht zwei-eindeutig ist, gelingt es uns vielleicht, das angemessene Wort zu wählen, indem wir den transkulturellen Faktor mit in Betracht ziehen. Nur wenn ich weiß, daß *dharma* alle diese Wörter im Deutschen und daß *Reli-*

---

[28] „Homöomorphismus ist nicht dasselbe wie eine Analogie; er stellt ein eigenartiges funktionelles Äquivalent dar, das durch eine topologische Transformation entdeckt wurde." Es ist „eine Art existentieller, funktioneller Analogie". R. Panikkar, *The Intrareligious Dialogue.* New York (Paulist Press) 1975, p. XXII.

gion alle diese Wörter im Sanskrit bedeutet, und doch keines von allen ein-
deutig ist; erst wenn ich das richtige Wort wähle, weil mir etwas dämmert,
was seinen eigenen Ausdruck in der Sprache, in die ich übersetze, findet –
fast wie eine Neuschöpfung; erst dann bin ich mit dem Transkulturellen in
Berührung: Es ist weder *dharma* noch Religion oder Pflicht oder *pūja* –
und dennoch kann ich das passende Wort finden. Im allgemeinen geschieht dies, weil wir den Kontext kennen und dann das passende Wort
finden, aber dies schiebt das Problem nur hinaus, denn auch den Kontext
kann ich nur mit Hilfe der Wörter kennen.[29] Wir berühren das Problem
der Erfahrung, bevor diese zum Ausdruck gebracht worden ist. Es gibt keine Erfahrung ohne Ausdruck, und dennoch sind sie nicht dasselbe.[30]
Der Begriff der Zeit ist hierfür paradigmatisch. Wir haben vielleicht eine
kulturübergreifende Auffassung von Zeit. Unterschiedliche Kulturen haben unterschiedliche Erfahrungen und Auffassungen von den Rhythmen
des Menschen und des Kosmos. Ich versuche nun, diese Kulturen aufgrund
eines spezifischen Hauptmerkmals, der „Zeit", nach größeren Einheiten zu
gruppieren. Zeit hat mit Vergangenheit, Gegenwart und Zukunft zu tun,
mit dem Fluß der Ereignisse, mit Wandel, Bewegung und ähnlichem. Zeit
hat mit Leben und mit Sein zu tun. Aber alle diese Wirklichkeiten werden
von den verschiedenen menschlichen Traditionen verschieden erlebt und
erfahren. Ein kulturübergreifendes Verständnis wird sowohl Unterschiede
als auch Ähnlichkeiten aufzeigen. Aber nur wenn wir ein Bewußtsein vom
transkulturellen Charakter der Zeit haben, wird es uns möglich sein, die
drei verschiedenen Arten des menschlichen Zeitbewußtseins zu entdecken,
die wir noch genauer umschreiben werden.
Um den Weg für einen verständlichen Diskurs zu bereiten, werden wir die
Parameter unserer Untersuchungen offenlegen müssen.

2. DER MENSCHLICHE MASSSTAB:
DER ASTROLOGISCHE RHYTHMUS

Zwischen dem Jahrtausende umfassenden kosmischen Maßstab eines Teilhard de Chardin auf der einen und dem journalistischen Vorstellungsver-
mögen, das bloß Tage oder Wochen umfaßt, der soziologischen Perspektive
von Jahrzehnten oder dem historischen Blickwinkel einiger Jahrhunderte

---

[29] Cf. G. Steiner, *After Babel – Aspects of language and Translation.* London (Oxford University Press) 1975; deutsch: *Nach Babel. Aspekte der Sprache und Übersetzung.* Frankfurt a. M.
(Suhrkamp) 1981.
[30] Cf. R. Panikkar, „The Supreme Experience", Kapitel X von *Myth, Faith and Hermeneutics.*
New York (Paulist Press) 1979.

auf der anderen Seite liegt das astrologische Maß des Rhythmus der Erde.[31] Dies ist der natürliche Äquinoktialrhythmus der Erde um die Sonne, der 25.000 Jahre dauert, bis die Erdachse wieder die gleiche Position erreicht hat. Dies ist das sogenannte platonische oder kosmische Jahr. Jeder astrologische Monat würde dann knapp 2100 Jahre dauern. Wenn wir um das Jahr 1950 ins Wassermannzeitalter eingetreten sind und damit der Monat der Fische beendet wurde, der um etwa 150 v. Chr. begonnen hat, dann würde es meiner Perspektive entsprechen, die folgenden Überlegungen auf dem Hintergrund des Beginns dessen anzusiedeln, was wir menschliche Geschichte nennen; diese fällt mit den beiden vorhergehenden Perioden zusammen, mit Widder, seit etwa 2250 v. Chr., und Stier, ab ca. 4350 v. Chr.[32] Die Geschichte des Menschen umfaßt demnach eine Erinnerung von grob gerechnet 6000 Jahren.[33] Läßt sich über diesen Maßstab etwas Sinnvolles aussagen?

Ich möchte hier einige Ideen vorlegen, die sich nicht auf astrologische Überlegungen stützen, so wichtig diese auch sind, sondern auf meine diachronen und diatopischen Erfahrungen mit bekannten Kulturen und Völkern.[34]

Alle verschiedenen Rhythmen haben ihre Berechtigung. Das Bedürfnis des Individuums nach Nahrung kann nicht jährlich oder wöchentlich befriedigt werden; dies ist eine tägliche Angelegenheit. Politik kann nicht die Situation der gegenwärtig in der *polis* lebenden Generation ignorieren. Historiker denken in einer größeren Zeitspanne, Naturwissenschaftler wiederum in einer anderen und Philosophen neigen dazu, ihre Perspektive noch zu erweitern und Theorien oder Meinungen *sub specie aeternitatis* oder zumindest *in mundo sublunari* abzuleiten – von einer Soziologie des Wissens ganz abgesehen.

Es gibt aber eine Zeitspanne, die dazwischen liegt und nur zu oft vernachlässigt worden ist, weil sie andere Skalen und Maßstäbe erforderlich

---

[31] Cf. zu den Details und zur Rechtfertigung die Untersuchung von Alfons Rosenberg, *Durchbruch zur Zukunft. Der Mensch im Wassermannzeitalter*. Bietigheim/Würt. (Turm Verlag), ohne Jahr (zweite Auflage 1971).

[32] Zum Beginn des Wassermannzeitalters cf. die Kontroverse rund um Marilyn Fergusons Buch *The Aquarian Conspiracy*. Los Angeles (J. P. Tarcher) 1980 [deutsch: *Die sanfte Verschwörung*. Basel (Sphinx) 1982] in: *Forum* XI, 1 (1980), pp. 27–46; obwohl meine Sicht vermutlich radikaler ist.

[33] Interessanterweise käme die buchstäbliche Errechnung des Alters der Erde entsprechend der Bibel auf genau 6000 Jahre.

[34] Cf. als Beispiel einer solchen Erfahrung in meiner Studie „El presente tempiterno: Una apostilla a la historia de la salvación y a la teología de la liberación" in *Teología y mundo contemporáneo* (Homenaje a K. Rahner), A. Vargas-Machuca (ed.). Madrid (Christianidad) 1975, 133–175, wo eine Alternative zum Dilemma der nichtabendländischen Kulturen vorgeschlagen wird, die entweder die Geschichtlichkeit zum Verschwinden bringt oder akzeptiert.

macht.[35] Es gibt Probleme, die zu klein sind, um an physikalischen oder biologischen Gesetzen gemessen zu werden, und zu groß, um mit bloß soziologischen Kategorien angegangen zu werden. Dort beginnt das, was ich den astrologischen Maßstab nenne. Dieser Maßstab ist genau definiert durch die Größe jener Phänomene, die sich im umfassenderen Rhythmus unseres galaktischen Systems auf den Menschen als *homo sapiens* und auf das Sonnensystem beziehen. Ich möchte hierin nicht falsch verstanden werden. Was gesagt wurde, darf nicht mit historischen Kategorien interpretiert werden, als ob wir von der menschlichen Geschichtsuhr nach dem Maß astronomischer Einheiten sprechen würden. Ich spreche nicht so sehr über ein Newtonsches oder Einsteinsches Sonnensystem, sondern über den Menschen. Das menschliche Maß ist nicht einfach ein größerer Maßstab als der historische, sondern mit diesem Maß lassen sich die Veränderungen im menschlichen Zeitbewußtsein messen. Es geht hier nicht um unsere Zeitwahrnehmung, sondern um unser Leben in den Dimensionen von Zeit und Raum, das in den letzten Jahrhunderten der abendländischen Zivilisation nur zu oft (wenn auch nicht immer) mit dem geschichtlichen Sein gleichgesetzt wurde.

Als echter Maßstab dient hier die menschliche Sprache. Es ist etwas irritierend zu sehen, daß menschliche Probleme mit Hilfe übermenschlicher Paradigmen wie astrologischer und biologischer Zyklen angegangen werden. Es ist aber genauso unbefriedigend, Fragen, die den Menschen und die Natur der Wirklichkeit betreffen, so anzugehen, wie sie vom Menschen erfahren werden, der mit einem Zirkel ausgestattet ist, der nur für beschränktere Phänomene taugt. Liegt die Gefahr beim ersten Zugang in Ungenauigkeit aufgrund eines Mangels an konkreten Daten, so liegt sie beim zweiten Zugang in der allzu großen Vereinfachung durch ungerechtfertigtes Extrapolieren.

Historische Untersuchungen müssen sich auf schriftliche Dokumente beschränken, und prähistorische Forschungen konzentrieren sich auf menschliche Werkzeuge. Die Sprache, so möchte ich behaupten, ist das menschliche *metron* (Maß) par excellence. Sie mißt das *humanum*, und sie ist mehr als nur ein Werkzeug oder ein Dokument. Sie ist inkarnierte menschliche Natur. Nicht nur, daß der Logos Fleisch geworden ist; das Fleisch wird auch Logos. In der Sprache kristallisiert sich die menschliche

---

[35] Das epochale Wagnis von Teilhard de Chardin besteht darin, den winzigen *homo sapiens* direkt in das Schicksal der Milchstraße zu projizieren. Die vorliegende Untersuchung kann wohl ein fehlendes Glied zwischen der kosmologischen Makroebene und der anthropologischen Mikroebene beibringen.

Erfahrung und ihre Überlieferung.[36] Die menschliche Sprache ist nicht bloß Aufzeichnung der Vergangenheit. Sie legt in der Gegenwart Zeugnis ab von der menschlichen Natur. Wir sollten lernen, nicht nur Dokumente der Vergangenheit zu entziffern, sondern auch Sprache zu lesen.

Hier kommen uns sowohl die Weisheit des prähistorischen Menschen als auch die Lehren der großen Meister der geschichtlichen Periode – in kulturübergreifender Perspektive gesehen – zu Hilfe, ohne daß wir uns in übermenschliche oder metakosmische Utopien flüchten müßten. Sie alle haben der Sprache die größte Aufmerksamkeit entgegengebracht. Teilhard de Chardin oder die Hindu-Kosmologie mögen in ihrem jeweiligen Kontext wahr sein, aber genauso, wie wir es vermeiden sollten, zur Beurteilung unserer gegenwärtigen menschlichen Situation in Zentimeter und Sekunden zu rechnen, sollten wir es auch vermeiden, Lichtjahre als menschliches Maß zu nehmen.[37] Das Schicksal des Menschengeschlechtes kann nicht nur vom Weißen Haus oder vom Kreml aus beurteilt werden, aber ebensowenig ausschließlich vom Mount Wilson, von Sri Aurobindos Ashram oder von einem biologischen Laboratorium aus. Als Maßstab dient uns weder jener der US-Präsidentschaftswahlen noch jener der zoobiologischen Arten.[38] Ich berücksichtige das menschliche Bewußtsein mindestens der letzten 20.000 Jahre und das menschliche Gedächtnis, das 6000 Jahre der Geschichte zurückreicht, um unsere Überlegungen ins kommende Jahrtausend hinein zu projizieren.[39] In diesem mittleren Bereich ist es möglich, das menschliche Maß zu bewahren, und hier kann das transhistorische Bewußtsein einiges Licht auf die unerträgliche Situation unserer Zeit werfen.[40]

---

[36] Wir können diese Argumentation hier nicht weiterführen. Cf. als einzigen Hinweis, da sie nicht sehr bekannt sind: F. Ebner, *Das Wort und die geistigen Realitäten* und *Zum Problem der Sprache und des Wortes,* die beide in den *Schriften I.* München (Kösel) 1963 wieder abgedruckt sind.

[37] Ich stelle die Legitimität von Teilhards Anspruch nicht in Frage. Ich biete vielleicht einfach die vitale Verbindung zwischen Geschichte und Kosmologie an. Aber ich sehe von einer Diskussion des Problems der Evolution ab.

[38] „Nur die gesamte Menschheitsgeschichte vermag die Maßstäbe für den Sinn des gegenwärtigen Geschehens zu geben", schrieb Karl Jaspers 1949, kurz nach dem Zweiten Weltkrieg, in *Vom Ursprung und Ziel der Geschichte.* Frankfurt a. M. (Fischer) 1956, p. 11. Eine Generation später wage ich hinzuzufügen, daß die Anwendung dieses Maßstabes zum Schluß führt, daß wir am Rand jener Mutation stehen, die bereits erwähnt wurde. Auf dies, so scheint es, weist Jaspers am Ende des Buches hin: „Die Auffassung der Geschichte im Ganzen führt über die Geschichte hinaus." (p. 262).

[39] Eines scheint klar: Das Sonnensystem hat bereits die Hälfte seiner Lebensspanne gelebt. Der Planet Erde ist ein sterblicher Makroorganismus. Unsere Grenzen sind nicht nur räumlich, sondern auch zeitlich. Aus dieser Perspektive sind wir alle Gefangene. Aber dies ist hier nicht unser Problem.

[40] Dschingis Khan und die mongolische Invasion Europas mit der Französischen Revolution und der chinesischen Kulturrevolution in einen Topf zu werfen und die Punischen Kriege in

3. KREUZUNG DER MENSCHLICHEN WEGE:
EINE DREIFALTIGE TYPOLOGIE

Es ist der diachrone Charakter der gegenwärtigen Szene, der – zusammen mit einer angemessenen kulturübergreifenden Methode – unser Unterfangen möglich macht. Wir brauchen nicht Tausende von Jahren in die Vergangenheit zu reisen, um einer nichthistorischen Erfahrung der Wirklichkeit zu begegnen. Es mag für die meisten genügen, höchstens einige tausend Meilen (für viele sind es gar nur einige Meter) über ihre Lebenswelt hinauszugehen: Wir leben in einer diachronen Welt. Wir sind Zeitgenossen von paläolithischen Menschen, konfuzianischen Weisen und vedantischen Pandits, von Frauen der Renaissance und Elektroingenieuren. In bezug auf die Sensibilität für das Kulturübergreifende, die hier geweckt wird, sind sich viele der problembewußten Menschen heute darüber im klaren, daß eine einzige Kultur oder eine einzige Art zu denken der heutigen menschlichen Situation einfach nicht mehr gerecht werden kann. Wenn es uns gelingt, uns in das nichthistorische menschliche Bewußtsein hineinzuversetzen und einen Schimmer des transhistorischen Bewußtseins wahrzunehmen, können wir vielleicht den Zusammenbruch des historischen Mythos, der sich in unserer Mitte zu ereignen beginnt, in verständlicher Art und Weise beschreiben.

Ich möchte darauf hinweisen, daß es sich bei dieser dreifaltigen Typologie nicht um drei wasserdicht voneinander abgeschottete Bereiche handelt. In jedem Menschen und in jeder Kultur liegen die beiden anderen, im Moment nicht so vorherrschenden Typen mehr oder weniger im Schlaf. Dies bewirkt – unter anderen Faktoren – daß das menschliche Leben sich, auch auf theoretischer Ebene, nicht auf rein logische oder rationale Parameter reduzieren läßt. Stark verkürzt möchte ich diese Typologien wie folgt beschreiben:

Wenn wir sagen und glauben: „Die Ursprünge der Menschheit und/oder der Erde liegen in einem heterogenen Prinzip – das heißt, in einem transzendenten Punkt, der keine direkte Verbindung zu unserer gegenwärtigen Situation hat, obwohl er diese erklärt; dieses Prinzip muß der wichtigste Faktor der Wirklichkeit sein, aber wir können ihn nicht wirklich kennen oder steuern. Wir können ihn höchstens erflehen. Gott ist einer der Namen für ein solches Prinzip, aber, unter welchem Namen auch immer, es ist

denselben Topf wie die beiden letzten Weltkriege zu werfen – weil all dies nichts als mikroskopische Momente einer kosmischen Evolution zu einer Noosphäre sind – kann uns vielleicht helfen, eine allgemeine Ausrichtung des Universums auszumachen, aber dadurch wird die ebenso notwendige Unterscheidung zwischen den Ausbeutungen eines Hannibal und jenen Hitlers tendenziell verwischt.

souverän, unergründlich und transzendent. Obwohl immer gegenwärtig, stand dieses Prinzip am Ursprung von allem, der wahre Urquell. Die Vergangenheit muß darin die wichtigste Kategorie sein. Deshalb kommt Tradition an erster Stelle. Wir müssen unseren Weg durch diese mittlere Welt, die *antariksha* finden . . .“; wenn wir auf einen solchen gedanklichen Zusammenhang positiv reagieren, befinden wir uns in einer nichthistorischen Denkweise. Das Kriterium für Wahrheit ist das, was war und immer sein wird. Autorität wird unmittelbar als wesentliches Element in der Ordnung der Wirklichkeit erkannt. Erinnerung ist Macht.

Wenn wir sagen und glauben: „Im Anfang war eine besondere Handlung des Gottes, ein tatsächlich ausgesprochenes Wort des Göttlichen, eine Geburt des Gottes oder des Helden – oder die Gründung der Stadt, die Verfassung, das Ereignis, der datierbare Urknall –, dann ist dieser Anfang wichtig; er ist tatsächlich der Anfang, aber wir müssen ihn fortsetzen; wir müssen das Leben selbst in die Hand nehmen und die Zukunft schaffen. Das Schicksal hängt nicht von den Launen der Götter ab, sondern von uns selbst, von unserem Verhalten, aber auch von unseren Gedanken. Dann ist die Zukunft die Kategorie, auf die es ankommt. Dann steht Freiheit an erster Stelle; wir gehen auf eine Eschatologie zu, die die Frucht unserer Taten ist . . .“; wenn wir auf einen solchen gedanklichen Zusammenhang positiv reagieren, dann befinden wir uns in der historischen Welt. Das Kriterium für die Wahrheit ist die Evidenz der Fakten, und die Tatsachen sprechen unseren Verstand an und fesseln ihn wegen ihrer unverkennbaren und unleugbaren raumzeitlichen Parameter. Kreativität wird unmittelbar als wesentliches Element in der Ordnung der Wirklichkeit erkannt. (Die Distanz zum Anfang, der Zwischenzeit und zum Ende) messen heißt denken. Dieses Messen ist Wissen und bringt Macht.

Wenn wir sagen und glauben: „Am Anfang war weder ein Prinzip noch ein Ereignis; jeder Augenblick ist sein eigener Anfang und sein eigenes Ende; der Vergangenheit die Last der Gegenwart aufzubürden oder das auf die Zukunft zu verschieben, mit dem wir heute nicht zurechtkommen, ist die größte Versuchung auf Erden; die Gegenwart ist der wichtigste Faktor der Wirklichkeit, denn nur der Gegenwart kommt volles ontologisches Gewicht zu; Leben ist weder die Zweitausgabe eines himmlischen Paradigmas noch ein Projekt, das in eine mehr oder weniger ideale Zukunft projiziert wird, weder eine Erinnerung noch eine Prüfung noch ein Auftrag noch ein Kapital, das Zinsen trägt; wir müssen die Kruste der schalen Zeitlichkeit durchbrechen, um zum Kern von allem vorzudringen und damit zum Glück . . .“; wenn wir auf einen solchen gedanklichen Zusammenhang positiv reagieren, befinden wir uns in einer transhistorischen Mentalität. Das

Kriterium für Wahrheit ist die persönliche Erfahrung, die nicht in Zweifel gezogen werden kann. Freiheit wird unmittelbar als das wesentlichste Element der Wirklichkeit erkannt. Einsicht, das heißt die Natur der Dinge zu erkennen, bringt Macht.

Wir sollten zur Kenntnis nehmen, daß wir es hier mit grundlegenden Haltungen der Wirklichkeit gegenüber zu tun haben. Aus der Sicht einer dieser Haltungen können wir sagen, daß wir die andere nicht verstehen oder daß wir ihr nicht beipflichten. Aber dies hebt die anderen menschlichen Grunderfahrungen nicht auf, und die Tatsache, daß sie menschlich sind, läßt sie ein Teil dessen sein, wie der Mensch sich selbst versteht, und somit auch dessen, was der Mensch ist. Oder anders ausgedrückt: Kulturübergreifende Forschungen befassen sich nicht nur oder vorwiegend damit, wie „wir" (mit unseren Kategorien und aus unserer Sicht) „andere" verstehen, sondern damit, wie andere sich selbst verstanden haben – und zwar in einer Art und Weise, die auch wir zu verstehen oder zumindest zu erahnen beginnen –, weil die Begegnung mit dem anderen nicht nur unser Gesichtsfeld erweitert, sondern auch unsere eigene Haltung verändert hat. Es ist sicherlich legitim, von einem bestimmten Standpunkt, zum Beispiel jenem der modernen Wissenschaft, aus zu versuchen, die Gesamtheit der Wirklichkeit zu verstehen und uns bereit zu erklären, unsere eigenen Maßstäbe zu verändern, sollte das „Objekt" unserer Nachforschungen dies erforderlich machen. Jedes Weltbild hat einen ihm eigenen, legitimen Anspruch auf Wahrheit und damit auf Allgemeingültigkeit. Niemand kann von außen die Flexibilität irgendeiner Denk- oder Lebensweise aufoktroyieren.[41] Dies erst macht den Dialog möglich und fruchtbar. Es gibt aber Verstehensmuster, metaphysische Optionen, Grundhaltungen und/oder grundlegende menschliche Perspektiven, die sich gegenseitig auszuschließen scheinen, die manchmal unverständlich oder sogar falsch zu sein scheinen und dennoch im menschlichen Panorama vorkommen. Dies ist es, was die Glaubwürdigkeit des Pluralismus ausmacht, wie wir noch sehen werden.[42] Nicht der Gegenstand der Wissenschaft, wie in unserem Beispiel, ist universal, sondern die wissenschaftliche Perspektive. Wissenschaft ist *eine* Art,

---

[41] Wie oft wird ein Katholik mit Außenstehenden konfrontiert, die ihm sagen: „Aber du als Katholik kannst nicht so reden!" weil sie im Baltimorer Katechismus gelernt haben, was Katholiken glauben sollten, und die katholische Tradition als ein für allemal festgelegt betrachten. In gleicher Weise verlangen „Philosophen" von „Wissenschaftlern", sie müßten sich strikt an die Paradigmen halten, die Wissenschaftler vor langer Zeit aufgestellt haben. Oder „Wissenschaftler" neigen dazu sich vorzustellen, daß Philosophen ganz einfach nicht über die Instrumente verfügen, um sie zu verstehen. Zum Verhältnis von Wissenschaft und Philosophie cf. mein Buch *Ontomomía de la ciencia*. Madrid (Gredos) 1961.

[42] Cf. meine Untersuchung „The Myth of Pluralism – The Tower of Babel" in *Cross Currents* XXIX, 2 (Spring 1979), pp. 197–230.

die Welt zu sehen und somit in der Welt zu sein, aber wirklich nicht die einzige Art. Es geht hier um etwas Grundlegenderes als um verschiedene Denkweisen.[43] Es geht um verschiedene Möglichkeiten des Menschseins – alle sind allerdings im und durch den *dia-logos* miteinander verbunden.[44] Wie dem auch sei, es sind diese verschiedenen Arten der menschlichen Wahrnehmung von Wirklichkeit, einschließlich der Wirklichkeit des Menschen, die uns dazu ermächtigen, über die historischen Grenzen hinauszugehen und von einem transhistorischen menschlichen Bewußtsein zu sprechen, das bereits kairologisch im vorherrschenden historischen Bewußtsein des heutigen abendländischen Menschen präsent ist.

---

[43] Es wäre interessant, H. Nakamuras *Ways of Thinking of Eastern Peoples.* Honolulu (East-West-Center) 1964 und Martin Heideggers *Was heißt Denken?* Tübingen (Niemeyer) 1954 miteinander in Verbindung zu bringen.
[44] Ich habe diesen Abschnitt nach der Diskussion dieses Essays an der Hundertjahrfeier zu Ehren von Teilhard de Chardin an der Georgetown University eingefügt, um einigen möglichen Mißverständnissen zuvorzukommen.

II

NICHTHISTORISCHES BEWUSSTSEIN

Das nichthistorische Bewußtsein prägt das vorherrschende Weltbild und
das Selbstverständnis des sogenannten prähistorischen Menschen seit un-
vordenklichen Zeiten bis zum allgemein angenommenen Beginn der historischen Periode der Menschheit. Dies bedeutet allerdings nicht, daß der
prähistorische Mensch nur der chronologisch festgelegten prähistorischen
Vergangenheit angehört. Nichthistorisches Bewußtsein ist eine zeitgenössi-
sche kairologische Wirklichkeit, nicht nur für die sogenannten Primitiven,
sondern auch für den modernen Weltbürger. Einer der Gründe, weshalb
ich die Religiosität dieser Kulturen *ursprünglich* nennen möchte, ist der,
daß sie etwas Ursprüngliches repräsentieren, das in jedem Menschen gegenwärtig ist. Dieses nichthistorische Zeitbewußtsein, das eine Sicht des
Lebens und damit der Wirklichkeit nährt, die sich von der historischen
Sicht unterscheidet, stellt *ein* Beispiel dar.
Der entscheidende Bruch ist die Erfindung und Verbreitung des Schreibens. Jene alte ägyptische, von Platon erzählte Legende vom König, der seine Mitgötter wegen der Erfindung der Schrift ausschilt, zeigt diese Veränderung auf.[45] Mit der Erfindung der Schrift gewinnen die vergangenen

---

[45] Platon, *Phaidros*, 274–275. Es scheint mir sinnvoll, den ganzen Abschnitt wiederzugeben:
SOKRATES: Es bleibt also noch die Angemessenheit oder Unangemessenheit des Schreibens
übrig, wo seine Anwendung schicklich ist und wo sie sich nicht ziemt. Nicht wahr?
PHAIDROS: Ja.
SOKRATES: Weißt du denn, wie du in bezug auf die Reden Gott am ehesten gefallen kannst,
indem du sie praktisch übst oder indem du darüber sprichst?
PHAIDROS: Durchaus nicht; aber etwa du?
SOKRATES: Ich kann wenigstens eine Sage darüber erzählen, die von den Früheren stammt.
Und diese wissen ja die Wahrheit; wenn wir sie aber selbst finden könnten, würden wir uns da
wohl noch irgendwie um die menschlichen Meinungen kümmern?
PHAIDROS: Eine lächerliche Frage! Doch erzähle nun, was du gehört haben willst.
SOKRATES: Nun also, ich habe gehört, in der Nähe von Naukratis in Ägypten sei einer von
den dortigen alten Göttern gewesen, dem auch der Vogel, den man Isis nennt, heilig war; der
Gott selbst habe Theuth geheißen. Der habe als erster die Zahl und das Rechnen erfunden,
auch die Geometrie und die Astronomie, ferner die Brettspiele und Würfelspiele, und schließlich auch die Buchstaben. Im weiteren habe damals König Thamus über ganz Ägypten regiert,
und zwar in der großen Stadt des oberen Landes, die die Hellenen das ägyptische Theben
nennen; den Gott aber heißen sie Ammon. Zu diesem sei Theuth gekommen und habe ihm
seine Künste vorgeführt und gesagt, man solle diese auch den übrigen Ägyptern mitteilen. Der
König fragte, was für einen Nutzen denn jede dieser Künste bringe, und als jener erklärte, ta-
delte er das eine und lobte das andere, je nachdem ihm diese Erklärung gut schien oder nicht.
Zu jeder dieser Künste also habe Thamus dem Theuth manches für und manches dagegen er-
öffnet; doch würde es zu weit führen, das alles zu erzählen. Als nun aber die Reihe an den

Ereignisse eine eigene Konsistenz, ohne daß es eines persönlichen Betroffenseins bedarf; sie können zu (äußerlichen) Erinnerungszeichen werden, ohne (innerliches) Gedächtnis zu sein. Sie sind einfach in irgendwelchen Archiven aufgezeichnet. Von diesem Augenblick an kann unser Leben nicht nur in unserem Gedächtnis und in unserem Fleisch, sondern auch in äußeren Hilfsmitteln (dem Geschriebenen) verschlüsselt werden, die Zeugnis für oder gegen uns ablegen können und für Ereignisse einstehen können, die – weil wir sie vielleicht vergessen haben – für uns nicht ganz wirklich sind. Vergangene Ereignisse erlangen unabhängige Wirklichkeit. Sie können in besonderen Medien wie Ton, Stein, Blättern oder künstlichen Materialien gelagert, eingefroren oder sozusagen versteinert werden. Sie brauchen nicht im Gedächtnis des Menschen angesammelt werden und die Gegenwart durchdringen. Aber sie können vom politischen Führer ins Gedächtnis gerufen oder vom Propheten wiedererweckt werden, denn sie sind noch immer im Gehirn des Menschen und in seiner Sprache aufbewahrt. Vor allem können sie als gesammelte Erfahrung vergangener Generationen in die Zukunft projiziert werden. Wir können uns daran erinnern, daß eine Mittelmeerstadt, Byblos, für ihre Pergamente berühmt wurde und einige Religionen aus dem Gebiet des Mittelmeeres dadurch sogar noch berühmter wurden, daß sie die „Bibel" als ihren Eckpfeiler bezeichneten. Historisches Bewußtsein entwickelt sich aus einem allgemeineren nichthistorischen Bewußtsein heraus und gewinnt seine Macht mit der Erfindung der Schrift. Damit erlangt die Zeit eine gewisse Unabhängigkeit in bezug auf den Menschen. Der Mensch wird die Zeit zurückerobern müssen und macht sich fortan auf die Suche nach der verlorenen Zeit oder nach der kommenden Zeit.

Der prähistorische Mensch hingegen lebt hauptsächlich im *Raum* und ist auf seinen spezifischen „Ort" im Universum ausgerichtet. Die Zeit ist dem

Buchstaben war, sagte Theuth: „Diese Kenntnis, o König, wird die Ägypter weiser und ihr Gedächtnis besser machen; denn als ein Heilmittel für das Gedächtnis und für die Weisheit ist sie erfunden worden." Der König erwiderte: „Kunstvoller Theuth, der eine hat die Fähigkeit, das hervorzubringen, was zu einer Kunst gehört, der andere vermag zu beurteilen, welches Maß von Schaden oder Nutzen sie denen bringt, die sie anwenden wollen. Du, der Vater der Buchstaben, sagtest nun aus Voreingenommenheit gerade das Gegenteil von dem, was sie bewirken. Denn diese Erfindung wird die Lernenden in ihrer Seele vergeßlich machen, weil sie dann das Gedächtnis nicht mehr üben; denn im Vertrauen auf die Schrift suchen sie sich durch fremde Zeichen außerhalb und nicht durch eigene Kraft in ihrem Innern zu erinnern. Also nicht ein Heilmittel für das Gedächtnis, sondern eines für das Wiedererinnern hast du erfunden. Deinen Schülern verleihst du aber nur den Schein der Weisheit, nicht die Wahrheit selbst. Sie bekommen nun vieles zu hören ohne eigentliche Belehrung und meinen nun, vielwissend geworden zu sein, während sie doch meistens unwissend sind und zudem schwierig zu behandeln, weil sie sich für weise halten, statt weise zu sein." *Platon, Meisterdialoge,* übertragen von Rudolf Rufener. Zürich, München (Artemis) 1974, p. 258–259.

Raum untergeordnet. Eine autonome (menschliche) Zeit ist für sein Bewußtsein nicht von großer Bedeutung. Die Zeit ist eher kosmisch oder vielmehr anthropokosmisch, denn die Trennung des Kosmischen vom Menschlichen ist (noch) nicht vollzogen. Mit anderen Worten, Zeit ist natürlich, nicht kulturell. Die Jahreszeiten der Erde sind das Maß für die Zeit, nicht die Nutzung der Erde durch den Menschen, wie in historischen Zeitaltern.[46] Die Menschen sind Ackerbauern und/oder Jäger, Siedler und/oder Nomaden. Biologische oder vitale Funktionen, im vornehmsten, aber auch elementarsten Sinne des Wortes, beschäftigen Verstand und Herz dieser Menschen: Die menschliche Aufmerksamkeit ist gerichtet auf Geburt, Pubertät, Heirat, Tod, Essen, Spielen, Träumen und, so würde ich annehmen, sehr wesentlich auch aufs Reden. Gearbeitet wird, um zu essen, zu trinken und durch Kleidung und Haus geschützt zu sein. Wir dürfen aber nicht vergessen, daß Essen, Trinken, Schlafen, Sichpaaren und so weiter alles *theokosmische* und nicht bloß „biologische" Handlungen sind. Arbeit wird vor allem für das Leben verrichtet, damit das Leben von den Vorfahren bis zu den Nachkommen weitergeht, damit die Welt weiterbesteht. Aber Leben heißt, „in Schönheit seinen Weg gehen", wie die Navajo sagen würden, das Leben genießen, offen für die Schönheit der Natur, für die Freude des menschlichen Austausches auf allen Ebenen, die Ekstase der Selbstentdeckung und die komplexen Beziehungen zu übernatürlichen und übermenschlichen Mächten. Männer ziehen in den Krieg, um eine Frau zu retten, um Rache zu üben, um bessere Jagdgründe und besseres Land für den Ackerbau zu erobern und vielleicht auch, um ihre Nachbarn zu demütigen oder gar leeren Raum zu besetzen . . ., aber sie marschieren nicht in die *Zukunft*. Was würde es ihnen schon bedeuten? Dies ist den Alexander, Akbar und Napoleon der historischen Periode vorbehalten.

Die Welt des prähistorischen Menschen, seine Umwelt *(circumstantia)* ist der *theokosmos:* das vergöttlichte Universum. Es ist nicht eine „Welt der Menschen", aber ebensowenig ist es eine „Welt der Götter" als separates, übergeordnetes Reich, das über dem Menschlichen schwebt. Der Mensch teilt die Welt mit den Göttern. Er trinkt noch immer *soma* mit den Göttern.[47] Die Götter bilden noch keinen eigenen Clan, wie sie es tun werden, wenn die Geschichte heraufdämmert. Es ist die Welt der Geschichte, die

---

[46] Cf. die klassische Studie von M. P. Nilsson, *Primitive Time-Reckoning* (A Study in the Origins and first Development of the Art of Counting Time among the Primitive and early Culture Peoples). Lund (C. W. K. Gleerup) 1920, für Beispiele, Daten und Argumente.

[47] Cf. *Rig Veda*, X, 135, 1; obwohl es bemerkenswerterweise eine Hymne ist, die die Ahnen im Reich von Yama beschreibt.

die prähistorische Welt „voll von Göttern" sieht.[48] Das ist eine Sicht von außen. Im nichthistorischen Bewußtsein ist es die Welt, die vergöttlicht wird oder vielmehr göttlich ist. Das Göttliche durchzieht den Kosmos. Die Naturkräfte sind alle göttlich. Natur ist sozusagen „übernatürlich" – oder vielmehr: Natur ist das, was aus dem Göttlichen oder vom Göttlichen geboren wird. Die Heimat des prähistorischen Menschen, sein Hintergrund ist kosmotheologisch. *Harmonie* ist das höchste Prinzip – was nicht bedeutet, daß sie auch verwirklicht worden ist. Der Sinn des Lebens besteht sowohl darin, in diese Harmonie mit der Natur einzutreten, als auch darin, sie zu überhöhen.[49]

Der prähistorische Mensch hat gewiß klare Vorstellungen von Vergangenheit, Gegenwart und Zukunft. Die Mutter mag sich um ihre Kinder Sorgen machen oder der Großvater um seine Ernte, wie beim historischen Menschen. Aber ihre Zeit ist, so möchte ich behaupten, nicht historisch, das heißt, sie ist nicht um den Menschen zentriert als Ansammlung von Vergangenheit, mit der „geschichtliche Wirklichkeit" geschaffen wird. Was nicht übernommen wird oder nicht erwünscht ist, wird verworfen.[50] Die Zeit ist nicht dazu da, eine Gesellschaft aufzubauen oder eine bessere Zukunft zu schaffen. Du bist nicht Eigentümer, sondern „Genießer" deiner Zeit. Zeit ist der Tag oder die Nacht. Die Zeit ist ein alter Mann oder ein Gott, ein Geschenk der Vergangenheit. Es ist der Rhythmus der Natur, nicht das Konstrukt einer Kultur. Ein Stamm mag danach streben, einen anderen zu überwältigen, um bessere oder größere Weiden zu bekommen, aber die Idee eines Kaiserreiches, eines Königreiches, einer Kirche, eines kollektiven Unternehmens, das sich von dem unterscheidet, was die Natur

---

[48] Cf. die berühmte vorsokratische Sentenz, die von Aristoteles dem Thales zugeschrieben wurde *(De Anima,* I, 5 [411 a 7–8]) und bereits bei Platon *(Die Gesetze,* X [899 b]) überliefert ist: „Über die Sterne alle und den Mond, über die Jahre und die Monate und sämtliche Jahreszeiten werden wir also keinen anderen Satz aufstellen als wiederum diesen: weil sich als Ursache von alledem eine Seele oder mehrere Seelen gezeigt haben und diese in jeder Hinsicht vollkommen sind, dürfen wir behaupten, daß sie Götter sind, ob sie sich nun als Lebewesen im Inneren eines Leibes befinden und so den ganzen Himmel ordnen, oder wo und wie sie auch immer sein mögen? Gibt es denn jemanden, der das zugibt und zugleich bestreitet, daß alles ‚voll von Göttern sei?'" *Platon, Die Gesetze,* übersetzt von Rudolf Rufener. Zürich, München (Artemis) 1974, p. 436. Cf. auch Aristoteles' *Metaphysik* I, 3 (938 b 20–27) und Augustinus' *De civitate Dei* VII, 6 (MPL 41, 199) über Varros Diktum von den Weltelementen „voller Seelen".

[49] Ein wichtiger Aspekt, der Licht auf den Charakter dieser ersten Art des Bewußtseins werfen würde, wäre eine Untersuchung über die Haltung des Menschen dem Sex gegenüber. Cf. E. Aguilar, *Vers una sexologia de la religió.* Barcelona (Edicions 62) 1982, wo die verstreuten Daten über den paläolithischen Menschen zusammengetragen sind, mit der Absicht unsere gegenwärtigen tiefsten Instinkte und die Grunderfahrungen des vorgeschichtlichen Menschen zu bestimmen.

[50] *Non numero horas nisi serenas* („Zähl die heiteren Stunden nur"), heißt es auf einer alten Sonnenuhr.

tut oder von den Rhythmen des Kosmos abgespalten ist, erscheint dem prähistorischen Menschen ohne Sinn.[51] Der Sinn des Lebens besteht nicht darin, auf Erden eine große Gesellschaft zu schaffen, eine mächtige Organisation, sondern vielmehr darin, das Leben auf bestmögliche Art und Weise zu genießen.[52] Der prähistorische Mensch kann zum Beispiel nicht glauben, daß ein mächtiger Staat den Wert des Lebens seiner Individuen zu erhöhen vermag.[53] Die Eschatologie fällt mit dem Ende des eigenen Lebens zusammen.[54] Du beginnst jeden Tag neu. Jeder Tag trägt genug an seiner eigenen Last.[55]

Man könnte dieses nichthistorische Bewußtsein auch als *vor-schriftliche Mentalität* bezeichnen. Es fällt einer historischen Mentalität schwer, sich ein Leben ohne Schrift vorzustellen. Das nichthistorische Bewußtsein überläßt alles vertrauensvoll der Erinnerung – nicht den Gedächtnisstützen. Die Vergangenheit ist nur insofern gegenwärtig, als die Erinnerung und die Muster des täglichen Lebens sie bewahren. Die Gegenwart der Vergangenheit besteht darin, sie zu leben, in jedem Detail des Lebens. Die Legenden existieren im Erzählen, genauso wie die Lieder im Singen. Das Ansammeln von Wissen ist nur möglich in dem Ausmaß, wie es auch verdaut werden kann. Nahrung kann in Silos gelagert werden, aber Wissen muß

---

[51] Cf. die bezeichnende Passage bei Hegel: „Was wir eigentlich unter Afrika verstehen, das ist das Geschichtslose und Unaufgeschlossene, das noch ganz im natürlichen Geiste befangen ist, und das hier bloß an der Schwelle der Weltgeschichte vorgeführt werden mußte." *Die Vernunft in der Geschichte*, J. Hoffmeister (ed.), *Philosophische Bibliothek*, 171 a (5th ed.) 1955, p. 234. Apud Ritter (Hg.), *Historisches Wörterbuch der Philosophie, op. cit.,* Vol. III, 1974, *sub voce Geschichtslosigkeit*, wo auch J. Burckhardts Meinung wiedergegeben ist: Der Barbarismus der „Barbaren" ist genau diese „Geschichtslosigkeit" (das Fehlen jeglichen Empfindens für Geschichte).

[52] Die Bibliographie ist bereits sehr umfangreich geworden. Cf. die neueren Untersuchungen: F. Gillies, „The Bantu Concept of Time", *Religion*, X (Spring 1980), 16–30. J. Murungi, „Toward an African Conception of Time", IPU, XX, 4 (December 1980), 407–416 (On Ameru time-reckoning). A. Kagame, „The Empirical Apperception of Time and the Conception of History in Bantu Thought", in UNESCO, *Cultures and Time.* Paris (UNESCO) 1976, pp. 89–116.

[53] Hegel hat bereits gesehen, daß „das Historische" dort beginnt, wo „die Zeit des Heroentums", das heißt das Zeitalter des Kulturheroen, endet: *Werke* (ed. H. Glockner) XIV, 256 sq. (Apud Ritter, *op. cit.*).

[54] Es ist beachtenswert, daß die offensichtlichste Bedeutung der Wiederkunft, wie sie im Neuen Testament beschrieben ist, und der Auferstehung des Fleisches, wie sie das Dogma der Kirche verficht, nämlich, daß alles in einem nichthistorischen Kontext geschieht, in der christlichen Exegese fast gänzlich übersehen worden ist. Um es kurz darzulegen: Das individuelle Endgericht und das Jüngste Gericht für die Menschheit fallen für das Individuum zusammen. Die Wiederkunft tritt beim Tod jedes Menschen ein. Die Auferstehung geschieht mit unserem eigenen Leib aus Fleisch und Knochen, das heißt jetzt. Cf. R. Panikkar, „La Eucaristía y la Resurrección de la carne", (1952), Nachdruck in meinem Buch *Humanismo y Cruz.* Madrid (Rialp) 1963, 335–352.

[55] *Matth.* 6, 34.

aktualisiert werden, und die Erinnerung ist die einzige Schatzkammer. Tradition ist das wahre Leben der Gegenwart. Der Sinn des Lebens liegt nicht in dem, was ich noch zu leben habe, sondern in dem, was ich bereits gelebt habe, und besonders in dem, was ich im Augenblick lebe. Der Tod ist nicht beängstigend. In gewissem Sinne liegt er nicht vor mir, sondern gerade hinter mir.[56] Als ich geboren wurde, überwand ich den Tod, und je mehr ich lebe, desto mehr distanziere ich mich von meinem (tödlichen) Nichtsein vor der Zeit meines Daseins.[57] Ich kann mein Leben jeden Augenblick aufs Spiel setzen. Das heißt nicht, daß ich mit dem Tod spiele. Ich spiele mit dem Leben.[58] Ich muß mein Leben nicht kapitalisieren. Leben ist nicht bloß die Fortdauer eines passiven Seinszustandes, nicht bloß die Langeweile einer statischen Situation, sondern ein dauerndes Ringen, das aktive Teilnehmen an den Kreisläufen der Natur, in der das Leben nicht stirbt.[59] Der Träger des Lebens gibt es weiter, und so vergeht *er* nicht, denn der Träger ist eben das, was er trägt. Eine gelöschte Fackel ist keine Fackel; die Fackel ist die lebendige Flamme.

Es ist bedeutungsvoll, über die Tatsache nachzudenken, daß, in Zahlen ausgedrückt, der prähistorische Mensch ungefähr 90 Prozent seines Einkommens für Nahrung verwendet, während der Bürger der sogenannten (historisch) entwickelten Länder dafür nur 10 Prozent ausgibt. Aber Nahrung bedeutet für den prähistorischen Menschen nicht nur, Proteine zu schlucken oder die Gesundheit zu erhalten. Nahrung ist dynamische Kommunion mit dem gesamten Universum; Essen heißt Teilhaben am kosmischen Stoffwechsel, es ist das Symbol des Lebens, der Austausch mit allem, was ist, das größte Bindeglied zwischen Menschen und ebenso das größte

---

[56] Cf. R. Panikkar, „The Time of Death: the Death of Time. An Indian Reflection", in *Meletê Thanatou/La réflexion sur la mort* (Ecole Libre de Philosophie „Plethon". 2ᵉ Symposium International de Philosophie). Athènes 1977, pp. 102–121.

[57] Cf. zum Beispiel die typisch buddhistische Geisteshaltung, wo Long-ch'en zu Rab-jampa im 14. Jh. sagte: „Das Erleiden der Geburt ist mehr zu fürchten als das des Todes", *Dharmacatur-ratnamâla*, 1 (engl. by A. Berzin, *The Four-Themed Precious Garland*. Dharamsala (Library of Tibetan Works and Archives) 1979, p. 19.

[58] Viele der Jagdbräuche, die bis in unsere Zeit unter den Militärs vorherrschten und die von den Geschichtsbüchern als Gladiatorenkämpfe, Soldatenmut, Duelle usw. vermerkt werden, könnten als Beispiele angeführt werden. Die neuesten könnten den – andererseits erschreckenden – Bemerkungen des Präsidenten der USA, der Senatoren und Kongreßabgeordneten entnommen werden, als am 19. August 1981 zwei libysche Flugzeuge vor der Küste Libyens abgeschossen wurden. Bloß eine Übung, um zu beweisen, „daß Amerika die Muskeln hat, um seinen Worten Nachdruck zu verleihen" (R. Reagan, gemäß einem Bericht in den *Santa Barbara News Press*, 21. August 1981, p. 1). Man schaut auf die Gegenwart und auf die Vergangenheit, aber nicht in die Zukunft. Der Unterschied zu einer unbeständigen Welt mit modernen Waffen kann nicht zu hoch eingeschätzt werden.

[59] Cf. *Chāndogya Upanishad*, VI, 11, 3.

Zeichen der Verbundenheit.[60] Die vitalen Bedürfnisse des historischen Menschen liegen anderswo.[61]

Wenn Freude für das nichthistorische Bewußtsein der Grundwert ist und Freude in der Gegenwart wirklich ist, dann ist Hoffnung der Grundwert des historischen Menschen, und Hoffnung bewährt sich in der Kontrolle und Beherrschung der Zukunft. Man kann nicht drei reichliche Mahlzeiten pro Tag *genießen,* aber man kann sehr wohl unbegrenzt Nahrungsmittel produzieren und zur Verwendung als zukünftige politische und militärische Waffe lagern.

Aber der prähistorische Mensch wird von der Vergangenheit verfolgt. Wenn er sie vergißt, Wissen und Macht haben nur jene, die sich erinnern. Tradition ist mächtig, weil sie die Vergangenheit vermittelt. Die vergessene Vergangenheit wird zu dem, was später mythische Vergangenheit genannt wird. Der Kult macht sie gegenwärtig. Liturgische Zeit ist nicht geschichtlich: Die Vergangenheit dringt in die Gegenwart ein; die Gegenwart transformiert die Zukunft. Zumindest seit der späteren paläolithischen Periode (um 35.000 v. Chr.) finden wir den Brauch des Begräbnisses, der die erste bekannte Form des Menschen ist, auf die Zeit zu reagieren.[62]

Wir haben vom „prähistorischen Menschen" gesprochen, als Konzession an das historische Bewußtsein und um die kairologische Dynamik zu betonen, wie sie sich aus historischer Sicht darbietet. Aus diesem Grund habe ich dieses erste Moment „nichthistorisches Bewußtsein" genannt. Während ein gewisser Typus dieses Bewußtseins tatsächlich durch die sogenannten prähistorischen Völker repräsentiert wird, so hat ein anderer Typus desselben Bewußtseins in weit jüngeren Kulturen existiert, etwa in den meisten der Hauptkulturen Asiens. Das Zeitbewußtsein ist dort sicherlich nichthistorisch, und es wäre unrichtig zu behaupten, daß diese Kulturen nun auf den letzten Wagen des historischen Bewußtseins aufspringen müßten, wie wir weiter unten darlegen werden. Einer der machtvollsten Faktoren in der heutigen Welt ist der Mythos der Geschichte, der die Bemühungen plausibel erscheinen läßt, das aus dem Westen stammende technologi-

---

[60] Cf. zum Beispiel die vedischen Texte über Nahrung, die, obwohl sie aus einer späten Periode stammen, diese Mentalität widerspiegeln, apud R. Panikkar, *The Vedic Experience.* Los Angeles/Berkeley (University of California Press) 1977, pp. 224–237.

[61] „You North Americans" – beklagte sich ein Geschäftsmann – „eat in between the working hours; we South Americans just work between the hours of eating!" („Ihr Nordamerikaner eßt während der Arbeitszeit; wir Südamerikaner arbeiten zwischen den Essenszeiten!")

[62] Cf. für Daten und weitere Informationen S. G. F. Brandon, *History, Time and Deity.* Manchester (University Press) New York (Barnes & Nobles) 1965. Brandons unfassende These „lautet, daß Religion aus dem Zeitbewußtsein des Menschen kommt und daß seine Reaktion auf die Zeit eine Vielfalt von Ausdrucksformen gefunden hat, einschließlich jener der Vergöttlichung der Zeit." „The Deification of Time", in *Studium Generale* 23 (1970) 485–497.

sche Weltbild unter dem Vorwand seiner Universalität über die ganze Welt zu verbreiten.[63]

Bevor wir weitergehen, müssen wir aber noch die anderen beiden Momente charakterisieren.

---

[63] Von diesem Standpunkt aus sind sowohl die sog. Erste als auch die sog. Zweite Welt, die liberale kapitalistische und die sozialistische kapitalistische Ideologie nur zwei Varianten des gleichen geschichtlichen Mythos. Zu einem Verständnis der Zweiten Welt als „jene (wenigen) Länder, die, zu etwas verschiedenen Zeiten, aber dem Rest weit voraus, fähig waren, die Vorteile der Techniken der Ersten Welt zu nutzen, während sie sich deren geistiger, politischer oder ökonomischer Kontrolle entzogen" cf. D. V. Coutinho, *Cross Currents,* XVIII (Fall 1968). Unsere heutige Situation zeigt aber, daß das, was zu Beginn ein Unterschied gewesen sein mag, eben durch die Macht der Technologie (aus dem Ersten Weltkrieg) untergraben, wenn nicht zerstört worden ist.

III

HISTORISCHES BEWUSSTSEIN

Im zweiten Moment ist die vorhergehende kairologische Phase nicht aufgegeben, sondern allmählich ersetzt worden, oder wenigstens wurde ein Gegengewicht dazu geschaffen.[64] Diese neue Periode, das Zeitalter der Schrift, kennzeichnet auch den Übergang von der *Agri*kultur zur *Zivili*sation, das heißt vom Dorf zur Stadt. Das Dorf hat, wie die Felder und die Natur, nicht jene spezifische Zeit, die wir heute menschliche Zeit nennen. Städtische Zeit („city time") ist nicht so sehr kosmisch als vielmehr geschichtlich. Sie richtet sich weniger nach der Sonne als vielmehr nach der Uhr.[65]

Historische Zeit ist nicht nur menschliche Zeit, obwohl der historische Mensch dazu neigt, beide miteinander zu identifizieren. Es ist diese Identifikation, die den Mythos der Geschichte erzeugt. Historische Zeit ist jenes spezifische (menschliche) Zeitbewußtsein, das an die Autonomie des „menschlichen" Geschlechtes gegenüber der Zeit der irdischen und überirdischen Wesen glaubt. Und diese historische Zeit, „menschliche" Zeit genannt, wird vor allem als Drang zur *Zukunft* verstanden – in der die Erfüllung des Daseins oder endgültiger Wohlstand für das Individuum, den Stamm, die Nation oder die ganze Menschheit erreicht werden wird. Dieser menschlichen Zeit liegt die Überzeugung zugrunde, daß wir, noch nicht vollendet, in Knechtschaft leben und aus diesem Grund gegen die Natur, gegen das Schicksal, gegen die Erde oder die Materie kämpfen müssen. Es ist ein Kampf um Freiheit gegen alles, was dem Menschen angeblich feindlich gegenübersteht. Unser Schicksal liegt in der Zukunft, ist die Zukunft.

Während das nichthistorische Zeitbewußtsein die Erfüllung des Menschen in jedem zeitlichen Augenblick finden kann, ist die historische Zeit unend-

---

[64] Es sollte klar sein, daß ich nicht einer allzu vereinfachten Evolutionstheorie das Wort rede, wie sie heute noch in vielen Geschichtsbüchern und religionsgeschichtlichen Werken vorherrscht, die den „prähistorischen" Menschen als undifferenzierten und unentwickelten Primitiven betrachtet, den „wir" vollständig hinter uns gelassen haben ... Der Vorgang ist viel komplexer, und wir finden heute nicht nur in den ärgerlicherweise sogenannten unterentwickelten Ländern, sondern (glücklicherweise) auch in jedem von uns starke Spuren des Urmenschen.

[65] „Abstrakte Zeit wurde zum neuen Lebenselement", sagt L. Mumford in seinem Kapitel „The Monastery and the Clock", in dem er seine These verteidigt: Die „Anwendung des quantitativen Denkens auf das Studium der Natur trat zum ersten Mal mit der regelmäßigen Zeitmessung in Erscheinung." Mit der Uhr „hörte die Ewigkeit allmählich auf, als Maß und Brennpunkt der menschlichen Tätigkeiten zu dienen". *Technics and Civilization*. New York (Harcourt, Brace and World) 1963, pp. 12–18 (first edition 1934).

lich und muß in der Ewigkeit oder in einer qualitativ anderen Zukunft „gerettet" (erlöst[66]) werden, wenn der Mensch von der sisyphusartigen Verzweiflung befreit werden soll, nie irgend etwas zu beenden oder ein Ziel zu erreichen. Der historische Mensch glaubt, anders als der prähistorische, der sich in mehr oder weniger großer Harmonie mit der Natur befindet, in einem dialektischen Gegensatz zur Natur zu stehen. Der zivilisierte Mensch ist das nicht-natürliche (kulturelle) menschliche Wesen.[67] Sowohl der Glaube an eine künftige Ewigkeit als auch der Glaube an eine ewige Zukunft gehören zum selben Bedürfnis, das das historische Bewußtsein empfindet, nämlich dem, die Zeitlichkeit zu transzendieren.

Transzendenz ist die Hauptkategorie. Man muß die Zeit transzendieren.[68] Man muß immer darüber hinaus und weiter gehen.[69] Man muß fahren und Raum erobern. Man muß Indien ansteuern, auch wenn man nicht weiter kommt als nach Amerika. Man muß auf den Mond fliegen und die Forschung über die Grenzen der eigenen Kraft hinaus treiben, auch wenn sie in unserer Hand explodiert (oder über den Köpfen der gelben Japaner), auch wenn die Genmanipulation uns zur Marionette in unserer „schönen neuen Welt" macht. Man kann nicht aufhören.

Immanenz ist andererseits die Hauptkategorie des nichthistorischen Bewußtseins. Wir sollten der doppelten Bedeutung des Wortes Immanenz unsere Aufmerksamkeit schenken.[70] Bemerkenswerterweise wurde die Vorstellung von Immanenz aus der Sicht des historischen Bewußtseins als eine Art negative Transzendenz gedeutet; sonst wäre für die historische Mentalität Immanenz synonym mit Identität.[71] Immanenz kann aber auch in nichthistorischer Weise verstanden werden, und in diesem Fall bedeutet sie weder negative Transzendenz noch Identität. Daß der göttliche Geist, um ein Beispiel anzuführen, uns immanent ist, bedeutet nicht, daß Gott derart innerlich in uns wohnt, daß wir sozusagen transzendent sind in bezug auf den Geist – der dann auf den Status eines inneren Gastes degradiert würde. Aber es bedeutet auch nicht, daß zwischen den „beiden" (Gott und der

[66] Cf. *Eph.* 5, 16.
[67] Cf. die populäre Unterscheidung zwischen Natur/Kultur, Welt/Mensch, Natur/Gnade (Übernatürliches), Mensch/Tier, Geist (Verstand)/Materie usw.
[68] *Ut ergo tu sis, transcende tempus* („Damit also auch du *seiest*, übersteige die Zeit!"), sagt der erste Europäer, der Afrikaner Augustinus, *In Joan,* tr. 38, n. 10, deutsch: *Vorträge über das Evangelium des hl. Johannes,* übersetzt von Thomas Specht. Kempten/München (Kösel) 1913, Bd. 2, p. 171.
[69] *Plus ultra* (darüber hinaus) war das Motto Karls V. von Europa.
[70] Cf. R. Panikkar, *Trinität. Über das Zentrum menschlicher Erfahrung.* München (Kösel) 1993, p. 49 sq.; 56 sq.; 88 sq.
[71] Cf. R. Panikkar, *Le mystère du culte dans l'hindouisme et le christianisme.* Paris (Cerf) 1970, pp. 29–41. Dies ist der Grund, weshalb das geschichtliche Abendland die Neigung vieler östlicher Weltauffassungen zur Immanenz so oft als Pantheismus und Monismus betrachtet hat.

Seele) eine Art monistische Identität besteht. Es bedeutet (obwohl das Wort *Bedeutung* hier vielleicht nicht passend ist), daß wir fähig sein können, sie zu unterscheiden – ohne sie zu trennen –, daß sie weder eines noch zwei sind, ohne allerdings zu sagen, daß die Unterscheidung nur eine erkenntnistheoretische ist. Die Mystiker machen, in der historischen Welt, tatsächlich eine solche Erfahrung. Aber man muß keineswegs Mystiker sein, um eine solche „Vision" der Dinge zu haben.

Nichthistorisches Bewußtsein ist, wie wir sagten, auf Immanenz ausgerichtet, der historische Mensch auf Transzendenz. Um glücklich zu sein, um sein eigenes volles Menschsein zu verwirklichen, ist es für das nichthistorische Bewußtsein nicht nötig, hinauszugehen und den Mond oder einen anderen Raum – oder (in einer vom Mann dominierten Gesellschaft) eine andere Frau zu erobern, nur um eine andere Erfahrung zu machen. Statt dessen versucht man zu entdecken, wer man ist und was man hat; man ist lieber Zuschauer als Schauspieler; man wird vielleicht die eigene Frau töten, bevor man einfach eine andere ausprobiert – wenn sie mit einem anderen Mann weggelaufen ist.[72]

Das Dorfleben hat in diesem Sinne keine „historische" Zukunft.[73] Sogar heutzutage noch geht man in die Stadt, wenn man Karriere machen will.[74]

Das Dorf hat seine Jahreszeiten, seine Vergangenheit und Zukunft; das Jahr ist die Einheit; aber der herrschende Wert ist die Gegenwart, so wie sie durch die Vergangenheit geformt ist. Für die Gegenwart, für eine Begegnung mit einem Freund, das Feiern eines Festes, für eine Hochzeit oder um in den Krieg zu ziehen, kann der Dorfbewohner ohne weiteres seine ganze Zukunft aufs Spiel setzen oder gar verkaufen.[75] Der Kampf gegen das Mit-

---

[72] Das Beispiel des Verhältnisses Mann – Frau sollte *cum grano salis* genommen und in diesem Kontext ohne Extrapolation verstanden werden. Was hier vorgeschlagen wird: daß Sexualität auch gemäß dem Standpunkt von Transzendenz und Immanenz gesehen werden kann. Androgynie und die Verinnerlichung der *shakti* könnten als Beispiele für letzteres stehen.

[73] Cf. zum Beispiel J. S. Mbiti, „The African Conception of Time", *Africa* VIII (1967) und andere Werke des gleichen Autors, der behauptet, daß afrikanische Traditionen „im Grunde genommen keine Zukunftsvorstellung" haben, obwohl diese Sicht von F. Gillies, *art. cit.*, bestritten wird.

[74] Wie man sagt: „Im Dorf, junger Mann, hast du keine Zukunft. Nimm lieber eine Stelle in der Stadt an."

[75] „Willst du für den Rest des Lebens in Schulden leben? Merkst du denn nicht, daß dieses momentane Feiern für nur ein paar Tage lang eine Hypothek für die Zukunft darstellt?" sagt der „wohlhabende" verweltlichte Mensch, der den Mann aus dem Dorf um ein Darlehen für die Hochzeit seiner Tochter gebeten hat. Der Mann aus dem Dorf versteht so wenig von diesem Reden, daß er kaum fähig ist zu antworten: „Aber verstehst du denn nicht, daß das Leben aus solchen Augenblicken besteht? Merkst du denn nicht, daß das Leben nur lebenswert ist, wenn wir es feiern, indem wir es verschenken? Kannst du denn die Zeit nicht essen, aufnehmen und dir aneignen, so daß du ihr nicht entwischen mußt, als ob sie etwas außerhalb von dir wäre?"

giftsystem in Indien ist zum Scheitern verurteilt (wie die westliche Art der Familienplanung), wenn das Problem nicht auf dieser zutiefst anthropologischen Ebene angegangen wird.[76] Es würde sich lohnen, zur Kenntnis zu nehmen, daß es sich bei der in den Augen so vieler „Sozialarbeiter" bei sogenannten unterentwickelten Völkern vorhandenen Unfähigkeit, die „Wohltaten" der Neuzeit anzunehmen und zu übernehmen, vielleicht ganz einfach um Reaktionen der (menschlichen) Natur auf Angriffe von außen handelt. Die modernen Technokraten nennen es passiven Widerstand der primitiven Denkweise, die für Veränderungen unzugänglich ist und technologischen Verbesserungen – die selbstverständlich „zu ihrem eigenen Wohl" wären – mißtrauisch gegenübersteht. Dieser instinktive Widerstand der „Eingeborenen" ist sehr oft ihr Abwehrmechanismus zur Bewahrung der eigenen Identität und zum Überleben. Jedenfalls ist der größte Eingriff der modernen Technologie in nichttechnologische Kulturen eben der Zusammenbruch ihres autochthonen Rhythmus, herbeigeführt durch die Einführung eines fremden Zeitbewußtseins.[77]

Wir können uns seitenlange Beschreibungen ersparen, wenn wir eine bekannte Geschichte aus der biblischen Tradition in Erinnerung rufen und uns der positiven Voreingenommenheit dieser Tradition für ihren Helden, trotz seines zweifelhaften lügnerischen Charakters, bewußt werden.[78] Esau war ein prähistorischer Mensch; Jakob hatte ein historisches Bewußtsein. Esau war sich der Zukunft nicht bewußt und fand im köstlichen Geschmack eines Topfes voller Linsen die Erfüllung der Gegenwart und damit des Lebens.[79] Er kümmerte sich keinen Deut um sein historisches Schick-

---

[76] Und auf dieser Ebene zeigt sich natürlich das Problem in einem anderen Licht.
[77] Dies beginnen selbst moderne abendländische Menschen in ihrem eigenen Leben zu spüren. Die Weiterentwicklung der technologischen Mittel zur Überwindung der Begrenzungen von Raum und Zeit verkehrt sich nun in ihr Gegenteil und hat genau die entgegengesetzte Wirkung. Cf. zum Beispiel J. P. Dupuy, „L'encombrement de l'espace et celui du temps", *Esprit* 10 (October 1980), pp. 68–80. Ebenfalls besonders bemerkenswert ist Ivan Illichs Essay „Energy and Equity". London (Calder & Boyars) 1974, reprinted in Illich, *Toward a History of Needs*. New York (Bantam) 1980, pp. 131–172; deutsch: *Die sogenannte Energiekrise oder die Lähmung der Gesellschaft*. Reinbek b. Hamburg (Rowohlt) 1974.
[78] Cf. *Gen.* 27, 1 sq. Wäre es fair zu sagen, daß geschichtliche Städte, Königreiche und Länder zumeist auf Gewalt, Blut und Täuschung gebaut wurden? Geschichte läßt nur Raum für die Sieger. *Vae victis! („Wehe den Besiegten!")*
[79] Es ist bemerkenswert, wie Esau zum Vielfraß degradiert wurde, den nur danach verlangte, ein biologisches Bedürfnis zu stillen – als ob Brahman nicht Nahrung und das Abendmahl nicht Essen wäre, als ob Kommunion mit der Natur dem „zivilisierten" Menschen nur zur Schande gereichte, als ob, noch einmal, nur die Zukunft zählen würde. Die grundlegende Unterscheidung, wie sie bei J. Maritain hervorgehoben und – durch O. Lacombe, L. Gaudet, R. C. Zaehner und andere – oft in der Religionsgeschichte verwischt wurde, zwischen einer immanenten Naturmystik (natürlich) und einer transzendenten Begegnung mit dem lebendigen Gott (übernatürlich) hat möglicherweise ebenfalls ihren Ursprung in dieser historischen Interpretation der Wirklichkeit, die dann den nichthistorischen Weltbildern übergestülpt wird.

sal. Statt dessen glaubte er an die Symbolik des Essens.[80] Jakob kümmerte sich um das, was das vorherrschende Merkmal der semitischen Zivilisation war: das Kommen des Reiches – verschieden benannt: als verheißenes Land, Nation, Kirche, Himmel, Paradies, Gerechtigkeit, Befreiung oder was immer. Jakob verstand, weshalb sein Großvater aus der Stadt Ur weggezogen war, in die Zukunft hinein . . . Er war erpicht darauf, der Erbe zu sein. Esau kümmerte sich nicht um Geschichte, um historische Berufung, historisches Schicksal, um eine Aufgabe, die durch die Kraft seines Willens oder des Willens Gottes außerhalb der Reichweite seiner Person ausgeführt werden sollte. Sein Sinn für Transzendenz war nicht zeitlich. Der indische Bauer, der seine ganze Zukunft für die Mitgift seiner Tochter verkauft, oder die afrikanische Familie, die für die große jährliche Feier alle ihre Reserven aufbraucht, stehen auf Esaus Seite. Christus irritierte die Kinder Jakobs, als er ihnen sagte, sie sollten jedem Tag seine eigene Sorge lassen und sich keine Sorgen um den nächsten Tag machen.[81] Der historische Mensch muß über die Zukunft nachdenken und darauf hin leben. Der prähistorische Mensch muß keine geschichtliche Rolle oder Funktion ausüben. Sein Leben wird in der Gegenwart gelebt, obwohl oft von der Vergangenheit verfolgt. Er singt und lebt wie *la cigale* (die Zikade), während der historische Mensch arbeitet und hortet wie *la fourmi* (die Ameise) in La Fontaines Fabel. Jeder Bankbeamte in den Dörfern Indiens oder anderswo wird dir sagen, daß diese „primitiven" Leute keine Ahnung von Sparen hätten, und händeringend darüber lamentieren, wie schwierig es sei, sie für die panökonomische Ideologie zu „erziehen". Jetzt sagt man ihnen, um für das Alter vorzusorgen, bräuchten sie keine Enkelkinder, sondern Geld – ungeachtet der Inflation. Die historische Zeit steht unter dem Bann der Zukunft und unter der Führung der Vernunft. Weder was Esau tat, war vernünftig, noch was Christus predigte.

Menschen und Völker werden in wirbelnde Bewegung versetzt; ihre Bewegung beschleunigt sich, nicht weil sie Raum überwinden oder über den Raum siegen wollen wie Nomadenstämme oder der prähistorische Mensch, sondern weil sie *Zeit* erobern wollen, aber auch weil sie ihre Vorzüglichkeit und ihre Überlegenheit über andere (eine übermenschliche Rolle) demonstrieren wollen. Kriege werden geführt, um die Sieger groß und ihre Kinder mächtig zu machen. Der Mensch arbeitet im Zeichen des Wunders einer historischen Zukunft, die erreicht werden soll: ein großes Reich, das errichtet werden soll, eine bessere Zukunft, die es zu erobern

---

[80] *Gen.* 25, 29–32. Cf. als Beispiel die vedischen Texte über Nahrung in R. Panikkar, *The Vedic Experience*, op. cit., II, 10–11, pp. 224–237: Nahrung ist Brahman! Cf. auch G. Deleury, *Le modèle indou*. Paris (Hachette) 1978, das Kapitel über „Les manières de table", pp. 21–40.
[81] Cf. *Luk.* 6, 34 usw.

gilt, Bildung für die Kinder, die es möglich macht, sich zur Decke zu strek-
ken usw.[82] Das ganze moderne System basiert auf *Kredit,* das heißt auf der
Hypothek der Zukunft.[83]

Dieser Sinn für Zweckhaftigkeit und Ehrgeiz sind die Essenz heutiger Erziehung. Moderne Wissenschaft bedeutet die Fähigkeit, die Zukunft vor-
auszusehen, so daß du kontrollieren kannst, wo der Ball hinunterfallen
wird, oder voraussagen kannst, wann die Finsternis eintreten wird, oder die
Garantie für ein langes Leben geben kannst. Wir müssen nur die Bälle
durch Atome, Bomben, Chromosomen und Epidemien ersetzen und Fin-
sternisse durch Aufstände, Inflationen, Kristallisationen, Amalgame und
synthetische Produkte, und wir überblicken 6000 Jahre menschliche „Wissenschaft" – Wissen und Kontrolle über jene Parameter, die sich in Begriffen von Raum und Zeit ausdrücken lassen.[84] Es ist wichtig, im Bewußtsein
zu haben, daß das, was wir Wissenschaft nennen – verstanden als Versuch,
die Kontrolle über die empirische Kausalität zu behalten –, als Magie begonnen hat. Die wichtigste Frage in diesem Zusammenhang ist, *wie* die
Dinge sich in Raum und Zeit ereignen werden – denn dann kannst du sie
unter Kontrolle halten.[85] Raum und Zeit werden zu den Paradigmen der
Wirklichkeit. Etwas ist wirklich für uns, wenn wir es auf dem Netz der
raum-zeitlichen, kartesianischen Koordinaten lokalisieren können. Von
dort aus schließen wir unmittelbar, daß etwas wirklich ist, wenn es eine
Tatsache ist; und wenn diese „Tatsache" der Vergangenheit angehört, muß
es sich um eine historische Tatsache handeln. Jesus wird als wirklich betrachtet, wenn er eine historische Gestalt ist – während für die nichthistorische hinduistische Mentalität Krishna seinen Wirklichkeitscharakter verlieren würde, wenn er als nur historische Persönlichkeit geschildert würde.

Das historische Bewußtsein erreichte seine Reife erst mit der Geburt der
abendländischen Wissenschaft, obwohl seine Wurzeln viel älter sind, als jede Geschichte der Zivilisation oder der Wissenschaften uns sagen wird.[86]
Beide Bewußtseinsformen sind miteinander vermischt. Man braucht nicht
Kants Vorstellung von Raum und Zeit zu akzeptieren – als Formen, die a
priori zu unserer Empfindung existieren –, um zu realisieren, daß Kulturen

---

[82] Cf. R. Panikkar, „The Mirage of the Future" *Teilhard Review,* Vol. VIII, no. 2, London
(June 1973), pp. 42–45.
[83] Wenn die Zeit – diese lineare Zeit – angehalten würde, würde das ganze System zusammenbrechen. Die „most powerful nation in the world" hat natürlich das größte Budgetdefizit.
[84] Cf. I. Barbour, *Issues in Science and Religion.* New York (Harper & Row) 1966.
[85] Vgl. Nietzsches Satz in *Also sprach Zarathustra:* „Wo immer ich Leben fand, fand ich den
Willen zur Macht", zitiert bei R. May, *Power and Violence.* New York (W. W. Norton) 1972,
p. 19, der zu zeigen versucht, daß „Macht für alle Lebewesen wesentlich ist".
[86] Cf. das monumentale Werk von P. Duhem, *Le système du monde.* Paris (A. Hermann)
1913–1917.

und Zivilisationen diese beiden nicht immer als unabdingbar verwoben und auch nicht immer in derselben Weise erfahren haben.

Die Welt des historischen Menschen, seine Umwelt *(circunstancia)* ist der *anthropokosmos,* die Menschenwelt, das Universum des Menschen. Der historische Mensch ist nicht in die Evolution des Kosmos eingegliedert; sein Schicksal hat wenig zu tun mit dem Geschick der Sterne, den Mondphasen, den Jahreszeiten oder den Flüssen.[87] Er lebt in einer Welt, die er als übergeordnet empfindet, in der menschlichen Welt; Kälte und Hitze, Tag und Nacht, Regen und Dürre sind überwunden. Er ist nicht von den Jahreszeiten abhängig und, so wenig als möglich, vom Klima. Die an die Jahreszeiten gebundenen Feste der katholischen Kirche, um ein Beispiel aus einer relativ traditionellen Institution zu verwenden, sind praktisch verschwunden.[88] Die Natur ist gezähmt und unterworfen worden. Sie ist entmythologisiert; da gibt es nichts Geheimnisvolles. Ihre Geheimnisse sind enträtselt; ihre Macht ist in Megawatt und Megatonnen aller Art kanalisiert. Das historische Bewußtsein hat die Furcht vor der Natur überwunden. Der Sinn des Lebens läßt sich nicht im kosmischen Kreislauf finden, sondern im menschlichen – in der Gesellschaft als einer Schöpfung des Menschen. *Gerechtigkeit* ist der höchste Grundsatz – was nicht bedeutet, daß sie bereits verwirklicht worden wäre. Auch hat das historische Bewußtsein keineswegs Herz und Verstand aller Zeitgenossen erobert. Prä-historische Verhaltensweisen und Reaktionen sind noch immer einflußreich.

Aus demselben Grund ist die Welt des historischen Menschen nicht die Welt der Geister. Engel, *apsara,* Teufel, Zwerge, Elfen, *devata,* Sirenen, Kobolde, Seraphim, *bhuta* und ähnliche sind, wenn nicht vollständig abgeschafft, so doch unwirksam und der menschlichen Vernunft unterworfen. Jedenfalls haben diese Geister keine Geschichte, und das Leben des historischen Menschen entfaltet sich nicht auf dieser Bühne – trotz gelegentlicher Ausbrüche des gespenstischen, irrationalen Unterbewußtseins.[89] Die einzi-

---

[87] „Neque enim propter stellas homo, sed stellae propter hominem factae sunt" („Denn nicht der Mensch ist wegen der Sterne, sondern die Sterne sind wegen des Menschen erschaffen worden"), sagt Gregor der Große beim Nachdenken über den „Überlegenheitskomplex" des aufkommenden christlich-abendländischen Bewußtseins. Diese Haltung ist verständlich als Reaktion auf die Tyrannei der *stoikeîa tou kósmoû,* der Weltelemente, die kennzeichnend ist für die ersten christlichen Jahrhunderte der europäischen Zivilisation. Cf. R. Panikkar, *Humanismo y Cruz, op. cit.,* pp. 123 sq.

[88] Die Quatembertage sind vergessen; die Johannisnacht blieb nur in einigen Winkeln Südeuropas und in Quebec populär; die kosmologische Bedeutung von Weihnachten und Epiphanie ist beinahe verblaßt; das dreitägige Bittgebet vor Himmelfahrt wird praktisch nicht mehr gehalten; die Feste der Schutzengel und der drei großen Erzengel sind künstlich zusammengezogen worden. Regenprozessionen, das Segnen einer guten Ernte und der Haustiere haben sich als Folklore in einigen wenigen „unterentwickelten" ländlichen Gebieten erhalten.

[89] Mehr als 25 Prozent aller Spitalsbetten in den USA stehen in psychiatrischen Abteilungen, und viele psychisch Kranke hängen auf der Straße herum.

ge Bühne ist die historische Arena. Mit dem DDT seiner Vernunft hat der Mensch angeblich alle diese „Kräfte" unschädlich gemacht. Wenn überhaupt, handelt es sich um Kräfte, die von Psychoanalytikern, Psychiatern, Parapsychologen (wenn es sein muß), Ärzten usw. untersucht werden müssen. Historisches Leben ist das Zurschaustellen der Möglichkeiten des Menschen vor seinen Mitmenschen. Der historische Mensch steht allein im Welttheater – ohne Götter und andere Wesen, lebende oder unbelebte. Wenn Gott von einigen noch immer akzeptiert wird, dann ist er transzendent, teilnahmslos, vielleicht für ein anderes Leben gut, aber sicherlich nicht dazu da, sich in die menschlichen Angelegenheiten einzumischen. Gott hat die Welt dem Mühen der Menschen überlassen.[90]

Wenn die Entdeckung der Schrift als der entscheidende Bruch zwischen dem prähistorischen und dem historischen Bewußtsein bezeichnet werden kann, dann ist das entsprechende Ereignis, das die posthistorische Periode einleitet, die Entdeckung oder Erfindung der inneren selbstzerstörerischen Kraft des Atoms. So mächtig ist es von Natur, daß es aufgehört hat, das zu sein, als das es gedacht war: *aksaram*, unzerstörbar. Es hat aufgehört, *atomos* zu sein, unteilbar, unüberbietbar einfach und in gewissem Sinne ewig. Die Spaltung des *atomos* hat auch das historische Bewußtsein explodieren lassen.[91]

Wir sind uns der anthropologischen (nicht nur der politischen und soziologischen) Folgen dieser Tatsache noch nicht voll bewußt geworden. Es handelt sich um eine qualitative Veränderung, nicht nur eine der Bewaffnung und der Technologie, nicht nur in der Art der Kriegsführung und der Mechanismen der Ökonomie, sondern auch im neu aufkommenden Selbstverständnis des Menschen. Als Becquerel vor einem Jahrhundert (1896) bewies, daß das Atom zerstörbar und damit nicht unwandelbar ist, erschütterte er den Glauben von Tausenden von Jahren der Zivilisation: den Glauben, daß die Welt aus einigen bleibenden Elementen besteht, ob sie nun Elemente, Ideen oder Prinzipien genannt werden. Das Atom stand für die Konsistenz der Dinge, die als bleibend und damit als verläßlich angesehen wurde. Das Atom entsprach der alten Vorstellung von Substanz. Wenn

---

[90] *Koh.* 3, 10/11.

[91] Dieser Gedanke über die Bedeutung der Atomspaltung ist oft zum Ausdruck gebracht worden, meist aber in Verbindung mit der ersten Explosion einer auf menschliche „Ziele" gerichteten Atomwaffe: „Diese Atombombe ist die zornige Wiederkunft Christi zum Gericht", sagte Winston Churchill einen Tag nach der Explosion. „Wenn man mich fragen würde, welches das wichtigste Datum in der *Geschichte* der Menschheit ist, würde ich ohne Zögern antworten: der 6. August 1945" (Arthur Koestler). „Die Explosion der ersten Atombombe ist zum *para-historischen* Phänomen geworden. Sie ist nicht bloß eine Erinnerung, sondern eine ständige Erfahrung, außerhalb der *Geschichte* ... Sie hat keinen Bezug zur Zeit. Sie gehört der bewegungslosen Ewigkeit an" (Pedro Arrupe). Die Hervorhebungen stammen von mir und die Zitate aus J. Garrision, *The Plutonium Culture*. New York (Continuum) 1981.

nichts allem „unter-steht" (engl. „sub-stand"), ist das historische Bewußtsein auf verlorenem Posten. Es gibt keine Rampe, keinen Anfang, von dem
aus sich alles entwickeln kann und auf Sein, Erfahrung, Energie oder was
immer aufgebaut werden kann. Die moderne Physik weiß es besser, aber alte Glaubensvorstellungen sind nicht totzukriegen. Wenigstens Elementar-
partikel und deren Interaktionen mit Energie schienen unwandelbar. Nun
wird auch dies in Frage gestellt.[92] Nichts scheint dem zersetzenden Vergehen der Zeit zu entkommen. Oder vielleicht ist die Zeit selbst Bestandteil
einer umfassenderen Wirklichkeit.[93]
Diese Veränderung kann sehr wohl das Ende der abendländischen Periode
der Menschheit darstellen. Es besteht kein Zweifel daran, daß der Höhepunkt des historischen Bewußtseins nicht nur mit der jüdisch-christlich-is-
lamischen Tradition verknüpft ist, sondern auch mit der westlichen Vorherrschaft über den ganzen Planeten, auch wenn diese Dominanz die Namen Wissenschaft und Technologie trägt. Die Großartigkeit der idealistischen Sicht der Geschichte, wenn Schelling die Geschichte „das ewige Gedicht des göttlichen Verstandes"[94] nennt, Hegel die Geschichte mit Vernunft[95] identifiziert, Marx Geschichte und Wissenschaft gleichsetzt[96] oder
in jüngerer Zeit der Mensch als Geschichte charaktisiert wird[97]: All dies findet ein Ende.[98]

[92] Cf. S. Weinberg, „The Decay of the Proton", *Scientific American* (June 1981), pp. 64–75.
Der popularisierte Untertitel lautet: „Das Proton hat bekanntlich eine Lebenszeit von mindestens 10^2 des Alters des Universums, aber die Theorie weist darauf hin, daß es vielleicht nicht
ewig lebt. Wenn es nicht unsterblich ist, wird alle Materie letztlich zerfallen."
[93] Dies ist in der Tat die Hypothese meines Essays.
[94] „. . . nichts, das heiliger wäre als die Geschichte, dieser große Spiegel des Weltgeistes, dieses
ewige Gedicht des göttlichen Verstandes", *Werke, op. cit.* V, 289, 306, 309 (apud G. Scholtz'
Artikel *Geschichte* in Ritters *Wörterbuch*, III, 364).
[95] „Ich will über den vorläufigen Begriff der Philosophie der Weltgeschichte", so beginnt Hegels Vorlesung über *Die Vernunft in der Geschichte*, „zunächst dies bemerken, daß, wie ich gesagt habe, man in erster Linie der Philosophie den Vorwurf macht, daß sie mit Gedanken an
die Geschichte gehe und diese nach Gedanken betrachte. Der einzige Gedanke, den sie mit-
bringt, ist aber der einfache Gedanke der Vernunft, daß die Vernunft die Welt beherrsche, daß
es also auch in der Weltgeschichte vernünftig zugegangen ist." Einige Seiten weiter sagt er:
„. . . ihr Individuum [der Geschichte] ist der Weltgeist", und weiter unten: „Das eine ist das
Geschichtliche, daß der Grieche Anaxagoras zuerst gesagt habe, daß der Nus, der Verstand
überhaupt oder die Vernunft, die Welt regiere . . ."
[96] „Wir kennen nur eine einzige Wissenschaft, die Wissenschaft der Geschichte." K. Marx, F.
Engels, *Werke.* Ost-Berlin 1956–1968, Vol. III, 18 (apud Ritter, *Wörterbuch, op. cit.*, III, p.
374). Marx sagt noch etwas mehr, als daß alle Wissenschaft historisch ist: „Die Geschichte ist
unser Ein und Alles." (*ibid.*)
[97] Cf. Heideggers *Sein und Zeit, op. cit. passim.*
[98] Für nützliche Informationen und Hinweise cf. den ausgezeichneten Artikel von G. Scholtz,
Geschichte, in Ritters *Wörterbuch, op. cit.*

IV

DIE KRISE DER GESCHICHTE

Solange es auf dem Planeten historische Gebiete und Reiche aller Art gab, konnte der Mensch weiterhin glauben, die Grausamkeiten und Widersprüchlichkeiten des einen Systems könnten durch ein anderes korrigiert werden, und die geschichtliche Existenz sei, zumindest theoretisch, das Schicksal des menschlichen Wesens. Viele Reiche nahmen für sich in Anspruch, das ganze menschliche Geschlecht erobert, beherrscht oder zumindest beeinflußt zu haben, aber wir wissen, daß bis heute nicht ein einziges historisches Regime die vier Enden der Welt durchdrungen hat. Wir sind auch jetzt dazu nicht in der Lage, und dies läßt uns eine kleine Atempause.[99] Aber Wissenschaft und Technologie sind dabei, überall einzudringen, und die panökonomische Ideologie wird immer mehr zum einzigen „Kommunikations"-System. Überdies wird die Lage der Welt von der Politik und den Interessen der sogenannten Supermächte und deren jeweiliger (mehr oder weniger widerstrebender oder „blockfreier") Satelliten bestimmt. Wir steuern rasch auf ein einziges System zu, trotz der dialektischen Unterschiede der Protagonisten auf der Weltbühne. Diese Situation bringt immer mehr Leute dazu, sich zu fragen, ob der Weg aus einer solchen Sackgasse wirklich darin liegen kann, einfach aus einem sozialistischen in ein kapitalistisches Land zu emigrieren oder das System zu verbessern oder etwa darin, die Geschichte überhaupt zu transzendieren. Ich bin gezwungen, diese Situation nicht nur als *eine* historische Krise à la Toynbee zu bezeichnen, sondern als *die* Krise der Geschichte, die Krise des historischen Bewußtseins, das das zugrunde liegende allgemeine und vorherrschende Selbstverständnis des heutigen westlichen Menschen und seiner kulturellen Satelliten ist. Natürlich ist es offensichtlich, daß eine quantitative Mehrheit der Völker der Erde (noch?) nicht in diesen Parametern lebt. Nichtsdestoweniger ist ihr Leben zunehmend von der historischen Macht betroffen. Versuchen wir, einen flüchtigen Blick auf die Situation zu werfen.

Zuerst müssen wir drei Endstufen unterscheiden: das Ende der Geschichte, das Ende der Zeit und das Ende des Menschen. Bevor der weltliche Zeitgeist seinen Weg in die Köpfe der westlichen Menschen fand, glaubte die

---

[99] Ich will damit sagen, daß nicht nur die brasilianischen und afrikanischen Dschungel die „Lungen" der Erde sind, sondern daß es die sogenannten unterentwickelten Völker sind, die das System vor dem Explodieren bewahren. Sind diese Völker einmal „entwickelt", wird es tatsächlich keinen Ausweg mehr geben.

Mehrheit der Welt an das Ende des Menschen: Auch wenn es einen zweiten kosmischen Zyklus geben sollte, dieser Mensch, wie wir ihn kennen, wird ein Ende nehmen – im allgemeinen durch eine Katastrophe. Gibt es in der Hindutradition oder in anderen östlichen Traditionen unendlich viele *kalpa* oder kosmische Zeitalter, so existiert in den abrahamitischen Traditionen nur ein einziges. Der Schlußakt ist eine Katastrophe. Ich rede jedoch nicht *unmittelbar* darüber.[100]

Ich spreche auch nicht über das Ende der Zeit, sondern über das Ende der Geschichte. Ich entwirre diese zwei Themen, indem ich die Auffassung in Frage stelle, der Mensch sei ausschließlich ein geschichtliches Wesen.[101] Ich wende mich also nicht der traditionellen theologischen Frage zu, sondern lege ein anthropologisches Problem vor. Der Fortschrittsmythos ist praktisch gescheitert.[102] Die *geschichtliche* Situation der heutigen Welt ist nicht anders als verzweifelt.[103] „Entwicklung" ist wirklich kein Thema für die hungernden Massen, die mehr als die Hälfte der Weltbevölkerung ausmachen.[104] Es gibt keinen Trost für die Millionen, die durch Fehlernährung geistig oder körperlich behindert sind.[105] Darauf hinzuweisen, daß die moderne Technologie alle diese Entbehrungen überwinden *kann,* ist keine Antwort, wenn sie in Wirklichkeit die gegenwärtige verzweifelte Lage jener, die unterdessen Opfer dieser Situation werden, nicht erleichtern *kann,* und

---

[100] Dies ist das im engeren Sinne theologische Problem, das in der christlichen Tradition *Parusie oder Wiederkunft* genannt wird. Religionshistoriker nennen es das Tausendjährige Reich, und heutiges theologisches Denken unterscheidet zwischen Heilsgeschichte und menschlicher Geschichte.

[101] Es ist bemerkenswert, daß J. Piepers *Über das Ende der Zeit* vom Ende der Geschichte handelt.

[102] Wladimir Solowjew schrieb in seinem letzten Buch, *Drei Gespräche,* 1900: „Ich bin der Meinung, daß Fortschritt, der wahrnehmbar beschleunigter Fortschritt ist, immer ein Symptom des Endes ist." Und so Alfred Weber nach dem Zweiten Weltkrieg: „Das Ergebnis der Geschichte bis jetzt besteht darin, daß die Menschheit zu jener Furcht vor der Welt und vor der Existenz zurückkehrt, die von den Urvölkern empfunden werden." „Der vierte Mensch oder der Zusammenbruch der geschichtlichen Kultur", *Die Wandlung* (1948), p. 283. Apud J. Pieper, *op. cit.,* pp. 73 und 75.

[103] Typisch in dieser Hinsicht ist die Schlußfolgerung von William I. Thompson in seinem vor einigen Jahren erschienenen, viel gelesenen Buch *At the Edge of History.* New York (Harper & Row) 1971: „Die abendländische Zivilisation bewegt sich auf das Ende eines Zeitalters apokalyptischen Aufruhrs zu . . . Geburt und Tod sind letztlich verwirrend; um darin Sinn zu finden, müssen wir mit dem Mythos Frieden schließen." „. . . Am Rand der Geschichte kann die Geschichte selbst uns nicht mehr helfen, und nur der Mythos bleibt als der Wirklichkeit gleichgestellt . . . Und jetzt schlafen wir in der kurzen Pause zwischen Blitz und Donner." (p. 163).

[104] Cf. zum Beispiel Susan George, *How the Other Half Dies. The Reasons for World Hunger.* London (Penguin Books) 1976; deutsch: *Wie die anderen sterben. Die wahren Ursachen des Welthungers.* Berlin (Rotbuch) 1978.

[105] Die Zahlen sind schwindelerregend und irreversibel. Alles, was wir tun können, ist dafür zu sorgen, daß die Situation nicht noch schlimmer wird. Und dies ist nur eine theoretische Hoffnung, wie die Erfahrung der letzten 30 Jahre zur Genüge demonstriert.

sie löst *nicht* alle Probleme, die sie (utopisch gesehen) lösen könnte. Was noch schlimmer ist, die Menschen haben die Hoffnung verloren, daß es dem Großteil ihrer Kinder nur etwas besser gehen wird. Und ihr gesunder Menschenverstand setzt sich durch. Sie stehen bereits in der dritten Generation jener, die mit der Hoffnung auf ein technologisches Paradies „evangelisiert" wurden, und sind am Ende ihrer Geduld angelangt.[106] Dies ist die heutige Situation: Das himmlische Paradies vermag die meisten Menschen nicht mehr zu faszinieren. Ein Leben der Entbehrung, ein Tal der Tränen hier, ein schlechtes Karma in diesem Leben, so daß ich später vielleicht mit einem himmlischen Garten, einer Stadt des Brahman, einer Vision von Gott oder einer angenehmeren Wiedergeburt belohnt werde – all dies sind rasant verschwindende Mythen.[107] Wahlkampfreden und traditionelle religiöse Predigten mögen die Massen für einen ergreifenden Moment lang aufwühlen, aber das menschliche Geschlecht ist immer mehr immun gegenüber den gesellschaftlichen Viren. Die Waren müssen jetzt geliefert werden und nicht erst, wenn Gott und die (also meine) Partei gewinnen wird.

Es herrscht aber nicht nur Verzweiflung unter den Armen. Auch bei den Reichen machen sich Enttäuschung und Ernüchterung breit. Die Armen der Welt haben sich noch immer eine gewisse prähistorische Religiosität bewahrt, die ihnen etwas gibt, an das sie sich halten können . . . Jene, die in wissenschaftlichem und technologischem Komfort leben, haben sich der Götter entledigt und sehen nun, daß ihr praktisch ausgerichteter höchster Wert Anzeichen radikaler Impotenz zeigt.[108] Die Reichen konnten ihre Bequemlichkeiten rechtfertigen, indem sie sich selbst suggerierten, daß die Massen der Welt „zu gegebener Zeit" ebenfalls in deren Genuß kommen würden. Heute können wir nicht länger daran glauben. Es liegt am System

---

[106] Nahrung, dieses Geschenk der Götter, das nach der *Bhagavad Gītā* jeden zum Dieb macht, der sie allein genießt, ohne etwas zurückzugeben (III, 12), ist zur Waffe geworden, zur militärischen Waffe in den Händen sogenannter Weltmächte (Cf. S. George, *How the Other Half Dies, op. cit.*). Allein die USA, das heißt 6 Prozent der Weltbevölkerung, verbrauchen 34 Prozent und haben die Kontrolle über 60 Prozent der Weltenergie (vor einigen Jahren noch lagen die Zahlen bei 40 Prozent). Cf. S. Turquie, „Efficacité et limites de l'arme céréalière", in *Le Monde Diplomatique,* Nr. 312 (March 1980), als konkretes Beispiel von Spekulationen in bezug auf die Politik der USA gegenüber der UdSSR nach der Invasion Afghanistans.

[107] „Sic transeamus per bona temporalia, ut non amittamus aeterna." („Mögen wir uns der guten Dinge der zeitlichen Welt so erfreuen, daß uns jene der ewigen Welt nicht verlorengehen"), Gebet der Lateinischen Liturgie, 3. Sonntag nach Pfingsten, ist ein ausgezeichnetes Gebet, vorausgesetzt, es wird nicht als Flucht vor den irdischen Verantwortlichkeiten verstanden, die den himmlischen Lohn auf eine spätere „Zeit" oder eine „andere" Welt vertagt. Auch viele Beispiele aus anderen Traditionen könnten beigebracht werden.

[108] Die Literatur ist bereits verwirrend. Cf. zum Beispiel die Untersuchung von D. Yankelovich, „New Rules in American Life", *Psychology Today* (April 1981), pp. 35 sq., die, obwohl sie auf die USA beschränkt ist, als Indikator für den Trend technologischer Gesellschaften dient.

selbst, daß die Reichen immer reicher und die Armen immer ärmer werden.[109] Es steht keine Lösung zur Verfügung, und wir haben die Unschuld verloren.[110] Die postindustrielle Gesellschaft wird sich immer mehr bewußt, daß der Lauf der gegenwärtigen Welt nicht aufgehalten werden kann. Stillstand würde zum Chaos führen.[111] Die Rüstung steigert sich in verrückte Proportionen – und ist dazu gezwungen, denn sonst würde das gegenwärtige Wirtschaftssystem schon morgen zusammenbrechen.[112] Die panökonomische Gesellschaft *muß* früher oder später explodieren.[113] Wenn man alles quantifiziert und jedem menschlichen Wert ein Preisschild umhängt, verschwindet das *humanum* und macht dem *monetale*, dem Geldgemäßen, Platz. Jede „menschliche" Ware wird ihrem Geldwert untergeordnet. Einigen Privilegierten wird es vielleicht bessergehen, aber Glück und Zufriedenheit werden ihnen entgehen. Jedoch noch mehr als das: Wir realisieren heute, daß es nicht *dem Volk* bessergehen wird, nur einzelnen, Gruppen, Klassen, Firmen oder Nationen.[114] Eine Wirtschaft, die sich auf bloßen Gewinn stützt, muß an dem Tag platzen, an dem es keine Märkte mehr gibt, um das Geschäft gewinnträchtig abzuwickeln, da alle „anderen" auf einem viel tieferen Niveau leben als man selbst. Handel bedeutet

[109] Cf. die vielen eindringlichen Analysen von Denis Goulet über die sogenannte Entwicklung, zum Beispiel *The Cruel Choice*, op. cit.; *A New Moral Order.* Maryknoll, N.Y. (Orbis) 1974.

[110] Wenn die Welt soviel Papier verbrauchen würde, wie die USA in zwei Jahren, bliebe kein einziger Baum auf dem Planeten übrig. Wenn die Völker der Erde Einheiten an nicht erneuerbarer Energie im selben Ausmaß wie die USA verbrauchen würden, wäre die Energie bereits in unserer Generation erschöpft.

[111] Cf. nichtsdestoweniger die Bemühungen um eine Veränderung der Wirtschaft, indem sie auf andere Gebiete gelenkt wird, wie berichtet in *The UNESCO Courier – The Arms Race* (April 1979).

[112] Ungefähr 60 Prozent der weltweiten Wirtschaft der historisch und ökonomisch „entwickelten" Länder ist direkt oder indirekt auf Rüstung und sogenannte Verteidigung ausgerichtet. Wenn solche Märkte verschwänden, würde deren Wirtschaft zusammenbrechen und – da sie einen Lebensstil pflegen, der auf ökonomischen Werten basiert – würde auch ihre ganze Zivilisation zusammenbrechen. Cf. das dem Thema Rüstung gewidmete UNESCO-Bulletin: *The UNESCO Courier – The Arms Race* (April 1979) und *A Farewell to Arms* (September 1980).

[113] Die Science-fiction-Literatur hat heute Hochkonjunktur. Erzählungen über das Ende der Welt sind zahlreich. Cf. Gore Vidals *Kalki* und Morris L. West, *Die Gaukler Gottes* als Beispiele.

[114] Die Untersuchungen über den Neokolonialismus sind, wie die Beispiele Brasilien und Indien zeigen, sehr aufschlußreich. Wegen der Größe dieser Länder kann das Experiment weitergehen, aber der Preis, der in mangelnder Freiheit und einem Übermaß an Leiden bezahlt wird, ist ebenfalls wohlbekannt. Der „Wohlstand" eines solchen Landes verdankt sich den fünf Prozent der Bevölkerung, die Kontakt zu ausländischen Märkten haben und deren Vorteile nutzen können – das heißt, die Tatsache billiger Arbeitskräfte im eigenen Land ausnutzen können. Diese fünf Prozent profitieren mit einem Faktor von Tausenden von Prozenten. Fünfzehn Prozent der Leute haben, in verschiedenem Ausmaß, Anteil am „Wohlstand" jener Minderheit, und 80 Prozent leben unter schlechteren Bedingungen als vor dem „Wirtschaftsboom" und dem „industriellen Fortschritt".

Tausch, nicht Gewinn. Aber wer würde sich in der heutigen Welt damit zufriedengeben, Waren nur auszutauschen? In dem Moment, wo menschliche Werte zu Geld gemacht werden können, braucht es Anreiz, um Handel zu treiben.[115] Gewinn – nicht Entdeckerfreude oder Neugierde auf Neues oder Stolz auf den eigenen Mut – ist absolut notwendig.[116] Bis heute wird

---

[115] Die Veränderung in der Bedeutung des Wortes *Ökonomie* ist bemerkenswert. Statt *oikos*, Haus, und *nomos,* Gesetz, Ordnung, das heißt in der Wortverbindung: Ordnung des Hauses, des Haushaltes, der Verwaltung der Behausung des Menschen (*vivienda* heißt im klassischen Spanisch noch immer sowohl Haus als auch Lebensstil), bezeichnet das Wort heute den monetären Aspekt aller menschlichen Transaktionen.

[116] Die Kunst des Feilschens und der menschliche Aspekt des Einkaufens („shopping") in den sogenannten unterentwickelten Ländern im Vergleich zur steifen, freudlosen und abgestumpften Reaktion „entwickelter" Menschen, die in diesen „primitiven" Läden ohne „festgelegte" Preise einkaufen, ist ein ganz alltägliches Beispiel. Die Verdinglichung – und damit die Entmenschlichung – menschlicher Beziehungen beginnt. Der Handel hat jeglichen Bezug zum Austausch unter Menschen verloren. Und doch scheint die menschliche Natur sich solcher Prostitution zu widersetzen. Angestellte in Supermärkten bekommen den Klatsch und das intime Geplauder ihrer Kunden sehr wohl mit, trotz „Selbstbedienung" und Kreditkarten. Cf. die feine Ironie des spanischen Dichters J. M. Pemán in seinem Gedicht *Feria de abril en Jerez:*
Y es que Andalucía
es una señora de tanta hidalguía
que apenas le importa „lo materiá".
Ella es la inventora de esta fantasía
de comprar, y vender y mercar
entre risas, fiestas, coplas y alegría
juntando a la par
negocio y poesía . . .
La Feria es un modo de disimular.

Un modo elegante
de comprar y vender,
Se lo oía decir a un tratante:
– Hay que ser inglés,
pa hacer un negocio
poniéndole a un socio
un parte con veinte palabras medías
que cada palabra cuesta un dinerá:
„Compro vagón muelle cinco tonelás
Stop. Urge envío . . ." ¡Qué cursilería!
en Andalucía
con veinte palabras no hay ni pa empezá . . .
¡Que al trato hay que darle su poco da sá! . . .

Lo de menos, quizás, es la venta.
Lo de más es la gracia, el aqué,
y el hacer que no vuelvo y volvé,
y darle al negocio sal y piminêta,
como debe sé.

Negocio y Poesía: ¡Feria de Jerez!
¡Rumbo y elegancia de esta raza vieja
que gasta diez duros en vino y almejas
vendiendo una cosa que no vale tres!

Aus José María Pemán, *Obras completas: Poesía.* Tomo I, Madrid, Buenos Aires (Secelicer) 1947, pp. 429–430. Cf. auch die möglichen Etymologien der englischen Wörter *bargain* (zögern, debattieren) und *barter* (Schwierigkeiten, Kummer, Verwirrung).

bei den Stämmen von Nagaland im Nordosten von Indien Reis nicht verkauft, das heißt, man spekuliert nicht mit den elementaren Bedürfnissen des Lebens; diese haben keinen Marktwert, sondern einen menschlichen Wert.[117] Menschliche Grundbedürfnisse sollten aus den wirtschaftlichen Bindungen herausgehalten werden. Wir essen kein Menschenfleisch, nicht weil es nicht gut oder nahrhaft wäre, sondern weil es vom Menschen stammt. Aber auch wenn wir heute nicht unsere Mitmenschen töten, um ihr Fleisch zu essen, zwingen wir sie doch, ihren Reis zu verkaufen und – als Folge davon zu verhungern.[118]

Am besten betrachten wir für einen Moment einige Beispiele. Die gesamte heutige Weltwirtschaft, und damit auch die ganze Welt der Politik, ist auf die historische Zukunft mit dem Namen Wachstum und auf die Macht der Kredite ausgerichtet.[119] Und hier fangen die Probleme an. Die heutige Welt beginnt allmählich zu ahnen, daß dem Wachstum Grenzen gesetzt sein könnten.[120] In der geistigen Welt hat Wachstum keine Grenzen, denn der Geist an sich kennt keine Grenzen; Wachstum bedeutet nicht *mehr,* sondern *besser.* Hier wird also eine andere theologische Vorstellung aufgebracht: Ein theologischer Gedanke (die Unendlichkeit Gottes) wird zum kosmologischen Glauben (die Unendlichkeit der Materie). Aber in den Begriffen quantifizierbarer Materie bedeutet „besser" zwangsläufig „mehr": mehr Akkumulation von mehr begrenzten Dingen in ein endliches Gefäß. Wachstum dieser Art kann sehr schnell krebsartig werden. Kein Wunder, daß Krebs die moderne Epidemie ist! Heutzutage ist der Drang zu wachsen, unumkehrbar konfrontiert mit den begrenzten materiellen Ressourcen des Planeten, hinfällig geworden. Aber die Eigendynamik des Wachstums scheint unabänderlich . . . Es kann sich nicht selbst aufhalten, wenn nicht eine qualitative Veränderung einsetzt, und die Hoffnung auf eine dem entsprechende Veränderung war das marxistische Weltbild. Ansonsten wird ei-

---

[117] Zur Erntezeit erhält jede Familie soviel Reis, wie sie für die Saison braucht und bewahrt ihn in großen Körben in der ersten Veranda ihres Hauses auf. Es gibt private und gemeindeeigene Reisfelder. Erst seit neuestem beginnt der „Immobilien"-Handel Fuß zu fassen. Und damit fällt zusammen: Bis 1980 gab es kaum irgendwelche Fälle psychotischer Erkrankungen.

[118] Cf. den Beweis, den S. George, *op. cit.* lieferte, und die unten (Anm. 119) zitierte Dokumentation aus *Le Monde Diplomatique.*

[119] „Das Geld auf Kredit dient im kapitalistischen System also dazu, dank der kurzfristigen Nutzung eines erhöhten Arbeitskraftpotentials eine Wachstumsproduktion für die Zukunft zu schaffen", G. Kleinschmidt, „Revenir à l'étalon-or?", *Le Monde Diplomatique,* May 1980. Cf. weiter: „Nunmehr aber müßte der Kapitalismus, indem er in seinem Streben in der Endlichkeit des Systems der Reichtum an sich errichtet, eine monetäre Normalisierung unterstützen, die sich von jenen unterscheidet, die ihm von den vorkapitalistischen Ökonomien hinterlassen worden sind." *Ibid.*

[120] Cf., als ein Beispiel, die bekannte Untersuchung des Club of Rome, *The Limits of Growth;* deutsch: *Die Grenzen des Wachstums. Bericht des Club of Rome zur Lage der Menschheit.* Stuttgart (DVA) 1987.

ne Katastrophe oder eine Diktatur herbeigewünscht, damit nur das galoppierende Wachstum eingedämmt werden kann – denn jene, die auf Kosten anderer, die weniger haben, mehr haben können, werden ihre Vorteile nicht aufgrund purer moralischer Grundsätze aufgeben. Natürlich würde ein bloßer Zusammenbruch die Leute nur dazu bringen, den Teufelskreis ständig zu wiederholen. Die meisten Warnungen, die wir heute vernehmen, wurden bereits nach dem Ersten Weltkrieg geäußert, aber niemand schenkte ihnen Beachtung. Wer den Tiger reitet, kann nicht absteigen. Und dies scheint die Situation unserer modernen Welt zu sein.[121]

Bleiben wir beim Beispiel der modernen Wirtschaft. Kapitalismus ist auf Gewinn ausgerichtet, und zwar, der inneren Logik gemäß, auf ein Maximum von Gewinn. Der Übergang vom *Optimum* zum *Maximum* ist verbunden mit dem Übergang von der Gegenwart zur Zukunft.[122] Kredit bedeutet, die Zukunft als Hypothek zu benutzen, in der Hoffnung, daß Arbeit den Kredit zu gegebener Zeit einlösen wird. Auch hier liegt ein Vorstellungsmodell unbegrenzter Zeit zugrunde.[123] Wir fühlen uns genötigt, auf die Zukunft hin zu leben. Die Enttäuschung setzt ein, wenn wir nicht mehr für den problematischen Wohlstand unserer Urenkel arbeiten können, denn sogar schon für jene, die gleichzeitig mit uns auf der Welt sind, erweist sich das System als untauglich. Das historische Bewußtsein befindet sich in einer Sackgasse. Das historische Bewußtsein sucht seine Erfüllung in der Zukunft, aber die innere Logik einer Wirtschaft des Gewinns und des Wachstums, im Gegensatz zu einem Lebensstil der Selbstversorgung, verpflichtet einen automatisch, die Zukunft zu verpfänden. Man wächst nicht von innen wie ein lebendiger Organismus, sondern durch Bereicherung und Anhäufung von außen. Eine solche Situation ist buchstäblich eine Hypothek *(engl. „mort-gage"):* ein Versprechen zu sterben, sobald die Märkte gesättigt sind und die Opfer, Kunden genannt, die Grenzen ihrer

---

[121] Etwas kryptisch, in einer leicht anderen Bedeutung, aber auch prophetisch schreibt M. Heidegger: „Die Geschichte geht, wo sie echt ist, nicht zugrunde, indem sie nur aufhört und ver-endet wie das Tier, Geschichte geht nur geschichtlich zugrunde." *Einführung in die Metaphysik.* Tübingen (Niemeyer) 1966, p. 144.

[122] Als Beispiel für die Eigendynamik der panökonomischen Ideologie, der kapitalistischen und der sozialistischen, cf. das mittlerweile gut untersuchte Problem des Hungers heute. Cf. die Artikelserie in *Le Monde Diplomatique,* May 1980, die zeigt, wie „durch eine Perversion der Wissenschaft und der Technologie die Produktionsmethoden auf ein solch ausgeklügeltes Maß vorangetrieben worden sind, das sich nur noch durch Mehrwert und Gewinn rechtfertigen läßt. Die enorme Konzentration von Kapital und anderen Mitteln machen den Landwirt samt seiner tausendjährigen Weisheit zugunsten wirtschaftlich rentablerer Ausbeutung überflüssig" (p. 13).

[123] Eine Analyse der Budgets von Einzelnen, Gesellschaften und speziell von Staaten zeigt, daß mit wachsenden Defiziten zu leben, entweder zu einer *sanatio in radice* (Bankrott) oder zu einer Übernahme durch die Gläubiger führt, sobald diese mächtig genug sind. Man kann nicht auf unbestimmte Zeit mit einem negativen Budget leben.

Geduld erreicht haben.[124] Der historische Mensch erhebt Anspruch darauf, sein Leben unter Kontrolle zu haben und sein Schicksal selbst zu schmieden. Die heutige prekäre Lage scheint aber völlig seiner Kontrolle entglitten zu sein.[125] Und es ist dieses Problem der Kontrolle, das die gegenwärtige Krise des historischen Bewußtseins hervorruft.[126]

Völlig anders ist die ökonomische Vision der meisten traditionellen Kulturen, die so oft als „primitiv" abgestempelt werden: Sie funktionieren unter drei Voraussetzungen, die mit der modernen panökonomischen Ideologie unvereinbar sind:

1. Regionaler Wohlstand statt einer globalen Wirtschaft.
2. Regionale Selbstversorgung statt globalem Profit.
3. Begrenzung der Werte und Einschränkungen auf dem Gebiet der Wirtschaft statt Ausweitung der Wirtschaft als allgemeingültiger Wert in einem universalen Bereich.

Es ist klar, daß die heutigen Kommunikationsformen, die den ganzen Planeten umfassen, die Voraussetzungen 1 und 2 untergraben haben. Aber es ist ebenso klar, daß die Veränderung (oft als Fortschritt bezeichnet) sich als schlechter erweist als die vorherige Stufe.[127] Selbstversorgung wird in dem Augenblick zugunsten des Gewinns zerstört, in dem man den Grundsatz

---

[124] Die Bibliographie ist heute umfangreich. Cf., als einzelnes Beispiel, den mehrstimmigen Dialog in A. Birou und P. M. Henry, *Towards a Redefinition of Development* (engl. ed. by J. P. Schlegel; ed.). Oxford/New York (Pergamon Press) 1977.

[125] Geschichtsbewußtsein ist „Symptom der Endzeit", sagt Erwin Reisner, zitiert bei E. M. Cioran, *Ecartèlement*. Paris (Gallimard) 1979, p. 17; deutsch: *Gevierteilt*. Frankfurt (Suhrkamp) 1982, p. 16, der beifügt: „C'est toujours par détraquement que l'on épie l'avenir"(p. 17); „Stets lauert man aus Zerrüttung der Zukunft auf." (p. 18); und weiter unten: „. . . rien de plus aisé que de dénoncer l'histoire; rien en revanche de plus ardu que de s'en arracher quand c'est d'elle qu'on émerge et qu'elle ne se laisse pas oublier." (p. 18/19); „. . . nichts leichter, als die Geschichte zu denunzieren; dagegen nichts schwerer, als sich ihr zu entwinden, wenn sie es ist, aus der man hervorragt und sie sich nicht vergessen läßt." (p. 18); „La fin de l'histoire est inscrite dans ces commencements, – l'histoire, l'homme en proie au temps, portant les stigmates qui définissent à la fois le temps et l'homme" (p. 39); „Das Ende der Geschichte ist in ihren Anfängen vorgezeichnet – da die Geschichte, der der Zeit schutzlos ausgesetzte Mensch, die Stigmata trägt, die Zeit und Menschen zugleich definieren." (p. 35)

[126] „De même que les théologiens parlent à juste titre de notre époque comme d'une époque post-chrétienne de même on parlera un jour de l'heure et du malheur de vivre en pleine posthistoire. [. . .] Le temps historiques est un temps si tendu qu'on voit mal comment il pourra ne pas éclater." (*ibid.* p. 39); „Ebenso wie die Theologen mit vollem Recht von unserer Epoche als von einer nach-christlichen sprechen, wird man eines Tages von dem Glück und dem Unglück sprechen, mitten in der Nach-Geschichte zu leben. [. . .] Die geschichtliche Zeit ist so gespannt, daß es nicht recht einzusehen ist, wie sie nicht zerplatzen könnte." (p. 35) Oder weiter unten: „L'homme fait l'histoire; à son tour l'histoire le défait" (p. 42); „Der Mensch macht die Geschichte; die Geschichte ihrerseits entmachtet ihn." (p. 38)

[127] Cf. Ivan D. Illich, *Tools for Conviviality*. New York (Harper & Row) 1973; deutsch: *Selbstbegrenzung. Eine politische Kritik der Technik*. Reinbek b. Hamburg (Rowohlt) 1980, ebenso wie Illichs weitere Kritik der „Entwicklung".

der Verzinsung anerkennt.[128] Gewinn ist nur etwas für Erfolgreiche. Erfolg bedeutet hier, *bessergestellt* zu sein als dein Nachbar. Die abendländischen Theologen des Mittelalters, die sich gegen Zinswucher als widernatürliche Einrichtung, das heißt gegen die Vorstellung, Geld bringe Geld hervor[129], wandten, hatten eigentlich gar nicht so unrecht, wenn sie nicht nur auf den dem Evangelium widersprechenden Geist dieser Praxis verwiesen, sondern auch auf das Prinzip der Ausbeutung des Menschen durch den Menschen, wie sie der neuzeitlichen Wirtschaft eigen ist.[130] Es ist das System selbst, das menschliche Ausbeutung fordert.[131] Es handelt sich um Mißbrauch als System.[132] Aber wir sind an die Grenzen gekommen: Weltweiter Gewinn ist ein Widerspruch in sich. Die Briten, die Banias, die Medicos können nur so lange expandieren, als es unterprivilegierte Massen gibt.[133] Wir stoßen an drei Grenzen: die Grenze der Menschheit, die Grenze der Geduld der Menschen und die Grenzen der Erde selbst. Es bleiben nicht mehr viele neue Märkte übrig; die Menschen, denen mittlerweile bewußtgeworden ist, daß sie vom System ausgebeutet werden, haben nicht mehr viel Geduld; und der Energieverbrauch kann nicht mehr weiter expandieren ohne verheerende ökologische Erschütterungen. Die innere ökonomische Dialektik ist entlarvend einfach. In einem geschlossenen System zieht der Gewinn der einen Partei unweigerlich Verluste einer anderen nach sich. Die einzige Möglichkeit, das System auszuweiten, ist die Vermehrung des Geldes. Das bedeutet Inflation. Sie bringt jenen momentane Erleichterung, die nicht zum Bestreiten ihres Lebensunterhalts darauf angewiesen sind, wirft aber jene noch tiefer in die Grube, die bereits auf dem Boden angelangt sind.

Die moderne Ökonomie ist eng verbunden mit einer egalitären Gesellschaft. Sobald alle hierarchischen Unterschiede eingeebnet sind – keine Ka-

---

[128] Cf. die vier Artikel von Thomas von Aquins *Summa Theologiae,* II-II, 78 q. 78: *De peccato usurae* („Von der Sünde des Zinses"), wo er sich an die Lehrmeinung der Kirche hält, wie sie seit den ersten Konzilien traditionell gilt, und dennoch bereits die verbindlichen Unterscheidungen für eine neue Finanzordnung macht.

[129] Das geflügelte Wort stammt aus Aristoteles' *Politik,* I, 3, 23.

[130] Cf. zum Beispiel den Artikel *Usury* („Wucher") in der *Encyclopedia of Religion and Ethics,* J. Hastings (ed.). Edinburgh (T. T. Clark) 1921 (letzte Auflage 1971).

[131] Die islamische Theologie sagt dasselbe. In einigen islamischen Ländern verleihen heute die Banken kein Geld mit Zinsen, sondern beteiligen sich als Partner an den Investitionen und Gewinnen ihrer Kunden.

[132] Zur Situation von ausländischen Arbeitern in einem demokratischen und „zivilisierten" Land wie Frankreich im Jahr 1979 cf. J. Benoît, *Comme esclaves.* Paris (Alain Moreau) 1980. Die sogenannten Einwanderer in Frankreich machen 11 Prozent der erwerbstätigen Bevölkerung aus; ihr Anteil an Verletzten oder Toten liegt zwischen 22 und 50 Prozent, z. B.

[133] Wie ein „fortschrittliches" Land ohne Probleme mit Überbevölkerung, ohne Knappheit an Land oder ökonomischen Ressourcen seine Ureinwohner behandelt, cf. S. Hargous, *Les indiens de Canada.* Paris (Ramsay) 1980, aber auch Ausgabe No. 62 der Quebecer *Journal Monchanin,* XII, 1 (Jan.–March 1979): *Political Self-Determination of Native Peoples.*

sten, keine Zünfte, keine Aristokratien mehr –, wird das Geld zum einzigen differenzierenden Faktor, zur Möglichkeit, sich von den anderen zu unterscheiden.

Das derzeitige politische Panorama ist nicht mehr das von kindlichen Streitereien, und der soziale Zerfall kann nicht unter Kontrolle gebracht werden. Die Wettbewerbsgesellschaft muß sich selbst zerstören. Wenn Erfolg bedeutet, die Spitze zu erreichen, werden andere, sobald sie mitgekriegt haben, daß sie diese Spitze ebenfalls erreichen können, versuchen, die, die an der Spitze sind und anschließend sich gegenseitig, auszuschalten. Die Beispiele aus der Vergangenheit und aus der Gegenwart sind kraß genug. Wir befinden uns nicht in einer Schlacht zwischen den Guten und den Bösen, den Weißen und den Schwarzen, den Amerikanern und den Russen, zwischen den Frauen und den Männern, den Gläubigen und den Ungläubigen und so weiter. Die Menschen kämpfen gegen das System, mit dem die menschliche Welt unausweichlich verknüpft zu sein scheint, der technologischen und panökonomischen Ideologie.[134]

Es überzeugt nicht zu behaupten, daß die Technologie nicht *in sich* schlecht sei oder daß Geld *an sich* eine praktische Erfindung sei; denn es gibt kein *in sich* und *an sich*. Abstraktionen reichen nicht aus, genauso wenig wie Vernunft allein irgendwelche menschlichen Probleme lösen wird, denn die Situation des Menschen ist nicht eine ausschließlich rationale. Abstraktion ist eine gute wissenschaftliche Methode, aber nicht anwendbar auf menschliche Fragen, denn nichts Menschliches kann vom Menschen abstrahiert werden, ohne die eigentlichen Variablen des Problems zu verändern.

Meine Behauptung lautet: Die heutige technologisch-panökonomische Ideologie ist sowohl mit dem historischen Bewußtsein als auch mit dem besonderen Charakter, den das Bewußtsein in der jüdisch-christlich-islamisch-marxistisch-westlichen Welt angenommen hat, unabdingbar verbunden. Die abendländischen Wurzeln der neuzeitlichen Wissenschaft sind ausreichend untersucht worden, und das trifft ebenso auf die Technologie zu, die nur durch die Zusammenarbeit mit dem derzeitigen Wirtschaftssystem des Westens das sein kann, was sie geworden ist.[135] Das ganze

---

[134] Zur heutigen Welt gehören grob geschätzt 200 Millionen Menschen, die in Konzentrationslagern – Slums, *favelas*, Ghettos, *bidonvilles* und ähnliches genannt – leben. Im Jahr 2000 werden höchstwahrscheinlich einige Milliarden oder mehr Menschen unter menschenunwürdigen Bedingungen von „Innenstädten" oder umliegenden Slums der „Großstädte" der Welt leben. Cf. B. Granotier, *La planète des Bidonvilles*. Paris (Seuil) 1980.

[135] Als ein ausgearbeitetes Beispiel cf. die umfassende Analyse, die Hinweise und Bibliographie von L. Mumford in seinem zweibändigen Hauptwerk, *Technics and Civilization: The Myth of the Machine*. New York (Harcourt, Brace & World) 1967, und *The Pentagon of Power*. New York (Harcourt, Brace & World) 1970; deutsch: *Mythos der Maschine. Kultur, Technik*

heute herrschende System setzt nicht nur eine bestimmte Erkenntnistheorie und Anthropologie voraus, die mit der Kosmologie der neuzeitlichen Wissenschaft verbunden ist, sondern letztlich eine ganze Ontologie.[136] Paolo Freires „conscientizaĉao" (Konszientisation) und die meisten Bewegungen in Lateinamerika, Afrika und Asien, die politische Mündigkeit erlangen wollen, repräsentieren den schmerzlichen Übergang vom prähistorischen Bewußtsein sogenannter analphabetischer Massen zum historischen Bewußtsein.[137] In Wirklichkeit befinden sie sich im Übergang von der vorschriftlichen zu einer historischen Mentalität.[138] Die Dorfbewohner und noch mehr jene, die erst kürzlich in die städtischen Slums abgewandert sind, werden wegen ihres Mangels an historischem Bewußtsein ausgebeutet. Moderne Politiker und Sozialreformer neigen dazu, „das Bewußtsein" dieser Leute zu „bilden", indem sie ihnen einen Sinn für Geschichte vermitteln und indem sie sie dazu anstiften, statt bloße Objekte der Ausbeutung zu sein, selbst aktiv Handelnde in der Geschichte zu werden und ihr Schicksal selbst zu bestimmen.[139] Sie werden darin unterrichtet, sich zu organisieren und für ihre Rechte zu kämpfen. Wenn sie sich allerdings auf die Geschichte einlassen, entdecken sie den großen Betrug: Sie sind zu spät gekommen und können nie mehr die Herren der Geschichte sein.[140]

Sagen wir es mit ungeschminkten Worten: Viele Menschen haben Angst vor einem Dritten Weltkrieg und vor einer großen atomaren Katastrophe (ein weiteres Beispiel dafür, wie wir unsere Ängste, aber auch unsere Freuden in die Zukunft projizieren). Jene, die solche Ängste haben, sind im all-

---

und Macht. Frankfurt a. M. (Fischer) 1986, eine umfassende Kritik der Megamaschine der abendländischen technologischen Kultur.

[136] Cf. R. Panikkar, „Mythos und Logos. Mythologische und rationale Weltsichten", in: H. P. Dürr und W. Ch. Zimmerli (Hg.), *Geist und Natur.* Bern/München/Wien (Scherz) 1989, p. 206–220.

[137] Wir sollten sorgfältig zwischen der Befreiungstheologie in Lateinamerika und anderen Befreiungsbewegungen auf anderen Kontinenten unterscheiden. Allen scheint aber allgemeine „Bewußtseinsbildung" und die Übernahme der historischen Kategorien gemeinsam zu sein.

[138] Cf. die politischen Plakate gegen das Engagement der USA in Lateinamerika, die aussagen: *Tomar la Historia en Nuestras Propias Manos* – von einem Graffiti vom 1. Mai 1981 an der Casa de los Chicanos an der University of California, Santa Barbara.

[139] „Konszientisation heißt nicht einfach nur, sich bewußt werden. Die bleibende Befreiung der Menschen und ihre Humanisierung spielt sich nicht im Innern des Bewußtseins ab, sondern in der *Geschichte,* die sie dauernd schaffen und neu schaffen müssen", sagen D. Von der Weid und G. Poitevin mit Bezug auf Paolo Freire, *Inde. Les parias de l'espoir.* Paris (Ed. d'Harmattan) 1978, p. 112 (Hervorhebungen von R. P.).

[140] Dies wäre meine Warnung an alle Bewegungen der „Konszientisation" in Ländern auf dem Weg zu (westlicher) Entwicklung. Jede Kultur ist ein Ganzes. Das Annehmen kurzfristiger Vorteile ist ein trojanisches Pferd, das die unvermeidliche Zerstörung der traditionellen Kulturen mit sich bringt. Anderseits ist Isolation auch keine Antwort, außerdem sind die meisten Traditionen nicht fähig, von sich aus auf die Bedürfnisse des heutigen Menschen zu reagieren.

gemeinen die wohlhabenden Bewohner der Ersten und der Zweiten Welt. Aber für zwei Drittel der Menschen auf der Erde ist diese Katastrophe *bereits eingetroffen.*[141] Fragen wir nicht nur jene, die unter Bedingungen leben, die noch unter denen der Tiere stehen (und das sind wiederum viel mehr als ein Drittel der Menschheit); fragen wir die Millionen von Vertriebenen, und werfen wir einen Blick auf die geopolitische Weltkarte (da man sie kaum noch als Bevölkerungskarte bezeichnen kann): Gulags, Konzentrationslager, Verfolgung und Kriege auf jedem Kontinent. *Der Dritte Weltkrieg hat bereits begonnen* und dessen atomare Phase wird nur der vorhersehbare Ausgang und Schlußakt eines Dramas sein, das nun nicht mehr nur Myrdals „Asiatisches Drama" ist, sondern eine Welttragödie größten Ausmaßes und mit verheerenden Folgen.[142]

Ich habe diese eher soziologischen Aspekte der heutigen Welt ausführlich dargestellt, um die Dringlichkeit dieser Frage, deren Wichtigkeit und den existentiellen Hintergrund für ein transhistorisches Bewußtsein hervorzuheben. Letzteres ist nicht länger nur das Privileg einer Oberschicht, sondern beginnt, das gemeinsame Schicksal aller Menschen und Völker der Erde zu werden in ihrem Versuch, mitten in den inneren und äußeren Spannungen des modernen Lebens zu überleben.[143]

---

[141] Im Jahr des Kindes (1979) berichtete eine Untersuchung von Kinderärzten in Kerala, daß 60 Prozent der Kinder dieses Staates voraussichtlich wegen Eiweißmangel geistig behindert sein werden. Aber Indien verdiente 1978 230 Krore Rupien (2300 Millionen US-Dollar) in ausländischer Währung durch Export von Fischen und Fischprodukten (in Kerala ernähren sich die Menschen von Fisch!). Die indische Armee wies 1979 mehr als 50 Prozent der Kandidaten zwischen 17 und 21 Jahren aus medizinischen Gründen ab, nur 15 bis 20 Prozent wurden als tauglich befunden. Während die Ernährung der Menschen in den USA und Europa zu 35 Prozent aus eiweißreichen Nahrungsmitteln besteht, enthält die Ernährung in Afrika nur 23 Prozent, die in Lateinamerika 20 Prozent und die in Indien 10 Prozent (und in Indien macht Getreide 60 Prozent der Nahrung aus, in den USA hingegen nur 9 Prozent). Bericht von C. J. Samuel in *The Indian Express.*

[142] Vom Zweiten Weltkrieg bis 1980 wurden auf dieser „friedlichen Erde" über 130 Kriege geführt. Von 1500 v. Chr. bis 1860 wurden zumindest (denn diese wurden registriert) 8000 Friedensverträge abgeschlossen, von denen der größte Teil eine Klausel enthält, die auf einen dauernden, um nicht zu sagen ewigen Frieden hinweist . . . Cf. Bouthoul, *Huit mille traités de Paix.* Paris, 1948, p. 11. Apud A. Corradini, „The Development of Disarmament Education as a Distinct Field of Study", *Bulletin of Peace Proposals.* Oslo (International Peace Research Institute) March 1980, p. 220.

[143] Hier möchte ich auch das Wiederaufleben des Interesses am Mönchstum und am kontemplativen Leben unter den Menschen der post-industriellen Regionen der Welt ansiedeln. Cf. zum Beispiel Norman O. Brown (*Love's Body.* New York [Vintage] 1966, p. 214.), der Jakob Boehme zitiert: „Von der Geschichte zum Mysterium weiterzugehen, heißt, die Auferstehung des Leibes hier und jetzt zu erfahren als eine ewige Wirklichkeit; die *parousia* zu erfahren, die Gegenwart, die der Geist ist; die Reinkarnation der Inkarnation zu erfahren, die Wiederkunft; seine Wiederkunft in uns. ‚Unser rechtes Leben, damit wir sollen Gott schauen, ist als ein (ge-)dämpftes Feuer, manchem auch wohl als das Feuer im Steine verschlossen. [. . .] Liebe Kinder, es muß brennen und nicht im Steine verschlossen liegen bleiben. [. . .] Der historische Glaube ist ein Moder, der da als ein Fünklein glimmet. Er muß angezündet werden.

Kurz gesagt: Der historische Imperativ hat versagt.[144] Alle Messianismen verlieren ihre „raison d'être" (Daseinsberechtigung).[145] Und dennoch teilen die großen politischen Mächte der Gegenwart die messianische Vorstellung, daß sie das Heil der Welt repräsentieren und verkörpern.[146] In dieser elften Stunde werden sich allerdings immer mehr Menschen mit immer größerer Klarheit dieser Sackgasse bewußt. Die Anzeichen dafür sind Legion: die Möglichkeit einer weltweiten Selbstzerstörung des Menschen, der Raubbau an der Erde und die Eroberung des Weltraums, die weltweite Interdependenz der Menschheit und das universale Ausgeliefertsein an irgendeinen schlauen Einzelnen oder eine egoistische Gruppe, die zunehmenden Ängste und die tatsächlich neuen Mechanismen, um das Überleben zu verteidigen – die nicht mehr auf eine potentere Technologie, sondern auf einen neuen Lebenstrieb, unabhängig von den bestehenden Mächten, ausgerichtet sind. Die Überzeugung gewinnt gleichermaßen an Boden, daß das gegenwärtige Wirtschaftssystem nicht mehr durch äußere Faktoren unter Kontrolle gehalten werden kann, daß es im Gegenteil genau dieses System ist, das die Optionen in der Hand hat und seine Vorherrschaft durchsetzt. Reform ist keine Lösung mehr, und Revolution führt dazu, den immer gleichen Mechanismus einfach nur auf den Kopf zu stellen. Die Geschichte ist nicht zum Traum, sondern zum Alptraum geworden. Der Mensch, von dem gesagt wurde, er sei ein historisches Wesen, entdeckt, daß er nicht Geschichte machen kann. Diktaturen machen die Menschen machtlos, und Demokratien haben nicht nur in der Praxis, sondern auch in der Theorie versagt. Der einzelne Mensch zählt – wenn es Millionen von Menschen gibt – nicht wirklich, nicht mehr als ein einziger Dollar, wenn die Transaktion sich in den Milliarden bewegt. Das Individuum ist nur ein machtloser Bruchteil der Masse. Um Macht zu haben, müßte man aufhören, ein durchschnittlicher Mensch zu sein – denn sich mit anderen zusammenzutun, um eine „pressure group" zu bilden, fordert

[...] Die Seele muß aus der Vernunft dieser Welt ausdringen ins Leben Christi, in Christi Fleisch und Blut, so empfähet sie Materiam zu ihrem Anzünden. Es muß Ernst sein, denn die Historia erreichet nicht Christi Fleisch und Blut." (Jakob Böhme, De incarnatione verbi, II, VIII, 1; zitiert nach: *Von der Menschwerdung Jesu Christi,* hrsg. von Gerhard Wehr. Freiburg i. Br. [Aurum] 1978), p. 187.

[144] Wir müssen nur die historische Verrücktheit der Weltsituation im Hinblick auf die Dialektik zwischen den Großmächten und die tödliche Aufrüstung auf diesem Planeten ins Auge fassen.

[145] Dies ist die große Herausforderung der abrahamitischen Religionen – der traditionellen wie der säkularen –, in Form des Reiches, der Kirche, der Demokratie, der Wissenschaft oder der Technologie.

[146] Cf. E. Jahn, „The Tactical and Peace-Political Concept of Détente", in *Bulletin of Peace Proposals,* XII, 1 (1981), 33–43, wo gezeigt wird, daß keine der „Supermächte" den Glauben aufgegeben hat, daß Friede und Gerechtigkeit auf der Erde nur geschaffen werden können, wenn ihre jeweilige Ideologie obsiegt – durch Krieg oder durch Entspannung.

überdurchschnittliche Mittel, besonders wenn die Gruppe so groß sein muß, daß sie nur mittels Technologie geführt werden kann. Die Mehrheit ist zur Masse geworden, die schlecht ausgerüstet ist, um irgendeine Wahrheit aufzudecken.[147] Außerdem: Wenn es sich bei der Sache, die auf dem Spiel steht, um globale Fragen handelt, um das Überleben und nicht nur um technische Probleme, welches Recht hat dann ein Land (seine herrschende Schicht) oder eine Gruppe von Ländern, die Folgen ihrer Politik der übrigen Menschheit aufzubürden? Die Minderheit kann sich der Mehrheit beugen, wenn es darum geht, ob man auf der rechten oder linken Straßenseite fahren soll oder bei einer Änderung des Dezimalsystems, aber wenn wir direkt in unserem Sein bedroht sind, sind die Grenzen der Toleranz erreicht.[148]

Und dennoch bleibt dem einzelnen Menschen nur die Überzeugung, daß er oder sie wenig dazu beitragen kann, die Macht der Umstände, die Trägheit des Systems oder die Dynamik der Macht zu verändern. Immer mehr dämmert dem menschlichen Geist die Überzeugung, daß der Sinn des Lebens nicht in der Zukunft oder im Gestalten der Gesellschaft oder in der Transformation der Natur liegt, sondern im Leben selbst, das in seiner gegenwärtigen und wirklichen Tiefe gelebt wird. Diesem erst seit kurzem sichtbarer gewordenen – wenn auch nicht ganz neuen – Moment im menschlichen Bewußtsein wenden wir nun unsere Aufmerksamkeit zu.

---

[147] Cf. J. Ortega y Gasset, *La rebelión de las masas, Obras Completas*. Madrid (Revista de Occidente) Vol. 4, 1966, pp. 113–312; deutsch: *Der Aufstand der Massen*. Reinbek b. Hamburg (Rowohlt) 1958.
[148] Cf. R. Panikkar, „Toleranz, Ideologie und Mythos", Kapitel 2 von *Rückkehr zum Mythos, op. cit.*

V

TRANSHISTORISCHES BEWUSSTSEIN

Diese dritte Bewußtseinsform tritt immer mehr in den Vordergrund.[149] Dabei sind die beiden anderen Formen keineswegs verschwunden, und natürlich lag die dritte Form in Gestalt metaphysischer Einsichten und mystischer Erfahrungen schon immer in der Luft. Aber heute gewinnt sie an Stoßkraft, und aufgrund bestimmter Prinzipien, wie sie die Wissenssoziologie ausgearbeitet hat, verändert sie sich auch in ihrem Charakter.[150] Sowohl als Symptome für die Krise der historischen Zivilisation wie auch als Versuche, einen Ausweg daraus zu finden, gibt es heute überall auf der Welt Bewegungen für Frieden, gewaltfreien Widerstand, Rückkehr zur Natur, Abrüstung, Ökologie, für den Zusammenschluß auf Weltebene usw., bis hin zur Makrobiotik. Die meisten von ihnen weisen auf eine transhistorische Stimmungslage hin, aber sie sollten auf der Hut sein, daß sie nicht zur Verlängerung der Agonie des Lebens in einem ungerechten System beitragen, indem sie nicht radikal genug sind. Ohne an einer transhistorischen Dimension teilzuhaben, laufen sogar diese Bewegungen Gefahr, vom System vereinnahmt zu werden. Ein Beispiel sind die „Sozialdienste", die ein *business as usual* möglich machen; alles geht unverändert seinen Gang, ohne schlechtes Gewissen, das sich einstellen könnte, wenn man direkt mit den Opfern konfrontiert würde, ganz einfach weil einige gute Seelen sich um diese kümmern.[151] Wir können, ja wir müssen uns den Bemühungen um eine bessere Welt und eine gerechtere soziale Ordnung anschließen, aber wir sollten uns nicht der Selbsttäuschung hingeben. Genau hier wird die Funktion des wahren Intellektuellen und/oder Kontemplativen ausschlaggebend. Was wir brauchen, ist eine radikal andere Alternative, nicht nur ein Flickwerk von Reform an den Mißbräuchen des vorhandenen Sy-

---

[149] Transhistorisches Bewußtsein *durch*dringt die Geschichte bis zu ihrem außerzeitlichen Kern. Die ausnahmsweise Verwendung von „posthistorisch" in diesem Essay sollte mit Nachdruck unterschieden werden vom „posthistorischen Menschen" in Roderick Seidenbergs gleichnamiger klassischer Studie, die die neue Barbarei heutiger Institutionen und Prozesse analysiert, die aus dem Bild Gottes einen tödlichen kollektiven Automaten (vor)fabriziert haben. Seidenberg, *Posthistoric Man, An Inquiry.* Chapel Hill, N. C., 1950. Cf. auch L. Mumfords gewaltigen Essay „Post-Historic Man" als Antwort auf Seidenbergs Analyse, die als Kapitel 34 in Mumfords *Interpretations and Forecasts, 1922–1972.* New York (Harcourt, Brace, Jovanovich) 1973, pp. 376–387 erschien.
[150] Hier sehe ich die existentielle und praktische Bedeutung dieser Untersuchung.
[151] Der Beweis für die gegenwärtige unhaltbare Situation ist, daß solche „Werke der Barmherzigkeit" tragisch geworden sind: Du bist ein Schurke, wenn du sie nicht ausübst, und ein Verräter, wenn du tust. Ein weiterer Fingerzeig auf das Transhistorische.

stems – trotz der Tatsache, daß jeder praktische Schritt auf eine Alternative hin mit dem Status quo beginnen und versuchen muß, diesen in einen *fluxus quo* umzuwandeln, der einem Neuen Himmel und einer Neuen Erde dient – wenn dieses viel gebrauchte und mißbrauchte Bild noch erlaubt ist. In jedem Fall fordert eine solche Alternative nicht weniger als eine radikale Veränderung des Bewußtseins.

Ich möchte auf zumindest eine der Wurzeln dieser radikalen Veränderung hinweisen. In abendländischer Ausdrucksweise würde ich es so sagen: Wir sind Zeugen des Übergangs vom Monotheismus zur Trinität, das heißt von einem monotheistischen Weltbild zu einer trinitarischen Vision. In der Sprache des Ostens formuliert, geht es um die Überwindung des Dualismus durch *advaita,* das heißt um den Übergang von einem zweistöckigen Modell des Universums zu einer nichtdualistischen Auffassung der Wirklichkeit. In einer philosophischen Sprache ausgedrückt: Es läuft darauf hinaus, den Mittelweg zwischen der Skylla des Dualismus und der Charybdis des Monismus zu finden.[152] In einer zeitgemäßeren Ausdrucksweise könnten wir sagen, daß sie dazu führt, die Heiligkeit des Weltlichen zu erfahren.[153] Mit Weltlichkeit meine ich die Überzeugung von der Unverzichtbarkeit der Zeit, vom Sinn dafür, daß Sein und Zeit unauflöslich miteinander verbunden sind. Zeit wird als konstitutive Dimension des Seins erfahren; es gibt kein zeitloses Sein; *heilige Weltlichkeit,* ein Ausdruck, der bedeutet, daß diese Weltlichkeit in eine Realität eingebettet ist, die sich nicht in der Zeitlichkeit erschöpft. Sein ist zeitlich, aber es ist auch „mehr" und „anders" als zeitlich. Dieses „Mehr" ist nicht bloß eine Beifügung – als ob Ewigkeit beispielsweise „nach" der Zeit kommen würde, oder als ob ein überzeitliches Sein zeitlich „plus" etwas anderes sein würde, oder nur eben unzeitlich. In gleicher Weise ist auch dieses „Andere" nicht ein anderes Sein, das nicht an der Zeitlichkeit teilhat. Ich würde das Wort *Tempiternität* verwenden, um diese Einheit auszudrücken. Mit einem weiteren Neologismus[154] habe ich die Erfahrung der gleichfalls nicht reduzierbaren Eigenart des Göttlichen, des Menschlichen und des Kosmischen (Freiheit, Bewußtsein und Materie) als *kosmotheandrisch* bezeichnet, so daß die Wirk-

---

[152] Cf. meine Studien, die diese Annahmen entwickeln und anwenden, zum Beispiel „Rtatattva: Preface to a Hindu-Christian Theology", in *Jeevadhara,* No. 49, Jan.–Febr. 1979, pp. 6–63; und *The Trinity and the Religious Experience of Man.* New York/London (Orbis/Darton, Longman & Todd) 1973; deutsch: *Trinität. Über das Zentrum menschlicher Erfahrung.* München (Kösel) 1993.

[153] Cf. mein Buch *Culto y secularización.* Madrid (Marova) 1979, besonders pp. 58–61 und 90–100. Cf. auch H. Fingarette, *Confucius – The Secular as Sacred.* New York (Harper & Row) 1972.

[154] „Il n'y a que les termes nouveaux qui fassent peine et qui réveillent l'attention", sagt Malebranche, *Traité de morale,* part 1, chapt. 6, par. 8.

lichkeit – die ja eine einzige ist – nicht auf ein einziges Prinzip reduziert werden kann.[155] Dies ist meiner Meinung nach die Grundlage für eine Wandlung, die wirklich pluralistisch ist.

Wenn wir Pluralismus nicht als politische Strategie, sondern als ein Wort verwenden, das die höchste Struktur der Wirklichkeit repräsentiert, werden wir die Vorstellung von einem einzigen menschlichen Verstehensmuster fallen lassen.[156] Auf dieser Ebene versagen alle Wörter.[157] Es mag sein, daß es nur *ein* Schema des Verstehens gibt, aber wir können es nicht a priori postulieren. Es mag auch sein, daß es ein besonderes Gewahrsein der Dimensionen von Wirklichkeit gibt, das einfach nicht in die Kategorie des Verstehens, der Intelligibilität, paßt.[158] Wir sind uns vielleicht der Materie oder des Geistes bewußt, und dennoch können wir sie nicht intelligibel, mit dem Verstand erfaßbar nennen – nicht nur de facto, weil *wir* sie nicht kennen können *(quoad nos)*, sondern *de iure (quoad se)*, weil *sie* nicht zur Ordnung des Intelligiblen gehören.

Die dem Monotheismus zugrunde liegende Hypothese besagt, daß es ein höchstes Wesen gibt, für das alles intelligibel ist, so daß, wenn *quoad nos* Seiendes nicht transparent ist, *quoad se* – das heißt für Gott – alle Wirklichkeit verstandesmäßig faßbar ist.[159] Es wäre nicht fair, diese metaphysische Hypothese durch eine Überbetonung der Gefahren der Manipulation und des Mißbrauchs zu kritisieren, zu der sie in allen Arten von Caesaropapismen, Totalitarismen und Kolonialismen in Ost und West geführt hat.[160] Das Problem liegt tiefer.[161]

Wenn wir sagen, wir würden anfangen, das Ende der Geschichte mitzuerleben, muß das nicht bedeuten, daß wir das Ende des Menschen miterleben.

[155] Cf. R. Panikkar, *Colligite Fragmenta, passim.*
[156] Cf. R. Panikkar, „The Myth of Pluralism – The Tower of Babel", in *Cross Currents,* Vol. XXIX, No. 2, Summer 1979.
[157] Cf. die Worte aus den Upanishaden: „Wenn die Wörter zusammen mit dem Verstand zurückweichen, unfähig dies zu erreichen – wer diese Wonne Brahmans kennt, hat keine Furcht." *Taittirīya Upanishad,* II, 4, 1 (cf. auch II, 9, 1).
[158] In den Fußstapfen der griechischen Philosophen unterschieden die lateinischen Scholastiker zwischen dem Erkennen einer Existenz und einer Essenz. Auf dieser Basis erarbeiteten Descartes und Leibniz die ganze Problematik rund um das ontologische Argument (der Existenz Gottes).
[159] Cf. die thomistischen Grundsätze: „Deus enim cognoscendo se, cognoscit omnem creaturam"; „Gott nämlich, indem er sich selbst erkennt, erkennt alle Geschöpfe." *Sum. Theol.,* I, q. 34, a. 3, und J. Piepers Antwort auf J.-P. Sartre, daß das Dasein nicht vor dem Sein besteht, weil es ein Dasein gibt, das mit seinem Sein identisch ist (Gott). Wir könnten in gleicher Weise Spinoza oder Hegel in bezug auf die höchste Intelligibilität des Seins anführen.
[160] Cf. zum Beispiel F. Heer, *Europäische Geistesgeschichte.* Stuttgart (Kohlhammer) 1953.
[161] Cf. S. Breton, *Unicité et Monothéisme.* Paris (Cerf) 1981. Auf einer völlig anderen Linie cf. David C. Miller, *The New Polytheism. Rebirth of the Gods and Goddesses.* New York (Harper & Row) 1974.

Aber die Zerreißprobe wird, gerade wenn wir die Geschichte zu Ende führen sollen, historische Ausmaße annehmen. In dieser Feuerprobe der heutigen Welt wird nur der Mystiker überleben.[162] Alle anderen werden zerbrechen: Sie werden entweder den physischen Einengungen oder dem psychischen Streß nicht standhalten.[163] Und diese Desintegration wird auch die sogenannte Mittelklasse umfassen, die sich augenblicklich noch angemessen ernähren kann und die nicht versucht, auf dem schlüpfrigen Parkett der Entscheidungsfindung Stellung zu beziehen. Die Bürger, das heißt eigentlich die Bewohner der Burgen, sind heute die Eingebürgerten der Großstädte; vom Lärm bombardiert, von Angst verfolgt; überschwemmt von „Informationen", bis zur Betäubung mit Propaganda eingedeckt; in gegenseitiger Anonymität, ohne reine Luft zum Atmen, ohne offenen Raum für menschliche – und nicht bloß animalische – Nähe, ohne irgendwelche freie Zeit, da die Zeit selbst geknechtet ist.[164] Es gibt keine wirkliche *scholē*, Muße, und die Zeit ist nicht mehr frei.[165]

Der Mystiker, oder zumindest eine gewisse Art von Mystiker, hat transhistorische Erfahrung. Er oder sie stellt die Dinge nicht in den Strom der linearen Zeit. Seine oder ihre Vision beinhaltet alle drei Zeiten: Vergangenheit, Gegenwart und Zukunft.[166] Ein Beispiel ist der Unterschied zwischen dem volkstümlichen Glauben in den semitischen Religionen an eine „Schöpfung" am Anfang der Welt, der diese Schöpfung als Ereignis in der Vergangenheit versteht, und deren häufiger Deutung durch Metaphysiker und Mystiker: daß die „Schöpfung" und die „Bewahrung" des Universums durch Gott nicht zwei getrennte Akte sind und daß Schöpfung ein fortlau-

---

[162] Dies war das verborgene Leitmotiv meiner Sammlung von Essays aus über 30 Jahren, veröffentlicht als *Humanismo y Cruz*. Madrid (Rialp) 1963.

[163] Die Statistiken über psychische Erkrankungen sind aufschlußreich, auch ohne Spekulationen über die Zunahme an Gewalt, Selbstmord, Mord, Kriminalität usw.

[164] Cf. E. Castelli, *Il tempo esuarito*. Padova (Cedam) 1968, und ebenfalls *Il simbolismo de tempo*, E. Castelli (ed.), Roma (Istituto di Studi Filosofici) 1973.

[165] Die Bedeutungsveränderung der Wörter an sich erzählt einiges von der Geschichte. *Negotiate* bedeutet im Englischen zustande bringen, in Geld umwandeln. Das lateinische *negotium* wird korrekt mit *business* (Geschäft) übersetzt: beschäftigt sein *(to be busy),* heißt, *nec-otium* (keine Muße, Freizeit) zu haben. Und hier bedeutet *otium* sicherlich Friede, Ruhe, Stille. Cf. *affair* (Geschäft) von lateinisch *ad facere,* tun: *ado* (Getue, Aufhebens). Cf. ebenso die Etymologien von *Geschäft* („was man zu schaffen hat", was man zu tun, zu produzieren, zu schaffen hat) und *Handeln* (be-handeln, das heißt etwas mit den *Händen* tun: Kunst und Handwerk). Noch aufschlußreicher ist die Etymologie von *work* (Arbeit) in den romanischen Sprachen *(trabajo, travail* usw.) vom lateinischen *tri-palium,* einem Folterwerkzeug (wie auch im englischen *travail* [sich abrackern] und travel [reisen]!). Wenn *scholē* Freizeit, Ruhezeit, Entspannung bedeutet, so heißt *scholía* geschäftig sein (nervös aus Zeitmangel), Beschäftigung, Geschäft.

[166] „. . . tolle tempus, occidens est oriens" (hebe die Zeit auf, und der Abend wird zum Morgen – oder der Westen ist der Osten), wie es Meister Eckhart so prägnant ausdrückt. *Expositio Sancti Evangelii sec. Johannem*, Nr. 8 (L. W. iii, 9).

fender Prozeß ist.[167] Die scholastische Theologie bestätigt, daß Gottes Einfachheit uns nötigt zu sagen, daß in eben jenem Akt, durch den Gott den Sohn zeugt, er die Welt erschafft.[168] Der ewige innertrinitarische Prozeß und der zeitliche außertrinitarische Akt sind in ihrem Ursprung eins. In dieser Vision hängt die Erfüllung meines Lebens nicht von der Erfüllung der historischen Zukunft meiner Nation, meines Volkes, meiner Rasse oder gar der Menschheit ab. Ich bin weitgehend unabhängig von den Einengungen der historischen Ereignisse. Wenn das Ende meines Lebens die Zerstörung aller *Karmas* bedeutet, die mich noch immer an den Fluß der Zeit binden, dann liegt der Sinn menschlichen Lebens nicht mehr in der historischen Erfüllung eines Auftrages, sondern in der Verwirklichung des menschlichen Seins.[169]

Der prähistorische Mensch lebte in Furcht vor der Natur, aber es gelang ihm, auf seine Weise mit Mutter Erde oder der Erdgöttin umzugehen. Jetzt erschrecken der Große Bruder und sein Zwilling, die Technologie, den historischen Menschen, der sich verzweifelt bemüht, mit ihnen fertigzuwerden. Der prähistorische Mensch mußte von der Natur Abstand nehmen, um als Mensch zu überleben. Diese Entfremdung von der Natur machte ihn zum Menschen und unterschied ihn von den Tieren – zum Guten oder Schlechten. Der heutige, der historische Mensch muß sich nun selbst vom *System* trennen, um als Mensch zu leben. Es ist diese heilsame Trennung, diese Entwöhnung vom System, die jene, denen es gelingt, ihre Menschlichkeit zu bewahren, von den Robotern und Opfern des Systems unterscheiden wird: Ameisen, „workaholics", Rädchen in der Megamaschine, „bits", die in den Datenbanken der allgegenwärtigen Computer durch Zahlen identifiziert werden. Rückzug vom System bedeutet nicht unbedingt Flucht in die Berge oder bloßer Eskapismus aus der Geschichte. Er bedeutet sicherlich eine Pilgerfahrt zu den „heiligen Stätten" des menschlichen Geistes und der menschlichen Erde, aber auch ein Überwinden der Besessenheit von der Geschichte. Er bedeutet auch, seine Hände und sein Herz freizuhalten, um Mit-Menschen auf ihrem Weg zur neuen Konszientisation beizustehen. Vielleicht könnten wir es *Realisation* (Verwirklichung) nennen.

---

[167] Cf. meinen hinduistisch-christlichen Essay in diesem Zusammenhang, „The Myth of Prajāpati. The Originating Fault or Creative Immolation", in Panikkar, *Myth, Faith and Hermeneutics, op. cit.;* deutsch: „Der Mythos von Prajapati", *Rückkehr zum Mythos, op. cit.*, pp. 81–123.

[168] „Sed quia Deus uno actu et se et omnia intelligit, unicum Verbum eius est expressivum non solum Patris, sed etiam creaturam." D. Thomas, *Sum. Theol.* I, q. 34, a. 1.

[169] Cf. das *hodie*, das *Heute* der Osterliturgie im christlichen Ritus. Heute wird die Welt erlöst, denn heute wird sie geschaffen und heute wieder auferweckt.

Hier einige Merkmale dieser Verwirklichung: Das nichthistorische Bewußtsein versteht das Leben hauptsächlich im Zusammenspiel zwischen der Vergangenheit und der Gegenwart; die Zukunft hat kaum Gewicht. Das historische Bewußtsein ist damit beschäftigt, die Vergangenheit in die Zukunft zu entlassen; die Gegenwart ist nichts als der Punkt, an dem die beiden sich kreuzen. Das transhistorische Bewußtsein versucht, Vergangenheit und Zukunft in die Gegenwart zu integrieren; Vergangenheit und Zukunft werden als bloße Abstraktionen verstanden. Nicht nur das zweistökkige Gebäude des prähistorischen Menschen ist zusammengestürzt, auch das einstöckige Gebäude des historischen Menschen ist ein Trümmerfeld. Das zweistöckige Gebäude war das kosmologische Bild der traditionellen Religionen: Hier und Jetzt sind nichts als Ort und Zeit für den Kampf, um das Glück der Erlösung anderswo und später zu erlangen.

An diesem Punkt sollten wir den Buddhismus ansiedeln, als jene Weisheit, die auf der Erfahrung der Flüchtigkeit unseres Daseins beruht, ohne Ansammlungen aus der Vergangenheit oder Erwartungen an die Zukunft. Wir haben hier das Beispiel einer nichthistorischen, aber sicherlich nicht prähistorischen Mentalität: die buddhistische *kshanavāda* oder Lehre von der Flüchtigkeit aller Dinge (aller *dharmas*). Wirklichkeit ist grundsätzlich unzusammenhängend, sprunghaft.[170] Wir erschaffen die Zeit. Die Zeit versorgt uns nicht wie eine Mutter. Sie ist unser Kind. Die einzige Wirklichkeit ist der schöpferische Augenblick. Geschichte ist sozusagen aus dem Schutt authentischen menschlichen Tuns erbaut; und aus dem Schutt jedes Tuns. Geschichte mag mit *karma* zu tun haben.[171] Beides sind Faktoren, die in unser Leben eingreifen, und wir müssen uns von ihnen befreien.

Das menschliche Leben ist mehr als Anhäufung aus der Vergangenheit und Projektion in die Zukunft. Es ist beides, das *ex* und das *sister* unserer Existenz (und beides zusammen), das unser Sein ausmacht. Deshalb werden wir nur gerettet, wenn wir auf dem Ex-istieren in-sistieren, und dies ist die Erfahrung der Kontemplativen. Sie leben die Gegenwart in all ihrer In-tensität und entdecken in dieser Spannung (engl. „tension") die In-tentionalität und In-tegrität des Lebens, das tempiternale unaussprechliche Innerste, das in jedem authentischen Augenblick erfüllt ist. Es ist das *nunc dimittis* des alten Simeon, als er wahrnimmt, daß sein Leben sich in der Vision des Messias erfüllt hat[172], oder das *hodie,* das Christus zum einen Verbrecher

---

[170] Cf. L. Silburn, *Instant et cause. Le discontinu dans la pensée philosophique de l'Inde.* Paris (Vrin) 1955. Silburn merkt an, daß ein allgemeines Unverständnis in bezug auf diesen grundlegenden buddhistischen Lehrsatz bestand.

[171] Cf. R. Panikkar, „Time and History in the Tradition of India: kāla and karma", UNESCO, *Cultures and Time.* Paris (The UNESCO Press) 1976, pp. 63–88.

[172] Cf. *Luk.* 2, 25–32. Er sah in Jesus Christus die Fülle der Zeit.

spricht:[173] Das Paradies ist das Heute, im *hic et nunc,* aber nicht in dessen alltäglicher Banalität oder der Entäußerung von Tod und Leiden. Deshalb, so meine ich, sagte Christus zum guten Schächer: „. . . heute noch wirst du . . ." Die Zukunft des *Heute* ist nicht morgen; es liegt im Überschreiten der Nichtauthentizität des Tages („day"), um das Heute *(to-day)* zu erreichen, in dem das Paradies andauert. Der Sinn des Lebens ist nicht morgen, sondern heute.[174] Sicher, zwischen den beiden Augenblicken klafft ein Abgrund, und dieser Abgrund ist der Tod. Man muß den Tod in der einen oder anderen Weise überwunden haben. Nur dann haben wir das sorgenfreie Leben des Mystikers, das Nicht-anhäufen-Wollen von Reichtümern wie im Evangelium, das Transzendieren von Raum und Zeit der Hindus, das Flüchtige *(kshanikatva)* der Buddhisten, das *Wu* (Nichts) der Chinesen und so weiter.[175]

Das Neue an diesem Phänomen ist die zunehmend gesellschaftliche Dimension dieses transhistorischen Bewußtseins in der gegenwärtigen Szene.[176] Es sind nicht mehr nur wenige einzelne, die das historische Bewußtsein zu überwinden versuchen, indem sie das andere Ufer erreichen und das Transtemporale, das Tempiternale, erfahren. Es gibt eine wachsende Anzahl von Menschen in der historischen Welt, die aus reiner Überlebensnotwendigkeit von der erdrückenden Geschlossenheit des Systems und den universalen Einengungen der heutigen Situation zu diesem Durchbruch im Bewußtsein getrieben werden. Gerade der Überlebensinstinkt ist es, der heute viele ans andere Ufer von Zeit und Raum wirft, weil der raum-zeitliche Rahmen dieser Erde durch die mechanisierten Roboter der Megamaschine maßlos verschmutzt und prostituiert wird, die alle Opfer des technologischen Krebses sind.

Wir stehen inmitten einer Veränderung der Beziehung zwischen den gesellschaftlichen Hochburgen dieser Bewußtseinsformen. Die vorindustriel-

---

[173] Cf. *Luk.* 23, 43.

[174] Cf. die erstaunliche Aufforderung der Evangelien, sich nicht um das Morgen zu sorgen, nicht betrübt zu sein oder sich zu erinnern, *mē merimnâte* [v. 25], *Matth.* 6, 19–34. Cf. das gleiche *amepímnos* (frei von Sorgen – ohne Erinnerung, und ohne gespaltenes Wesen) von 1. *Kor.* 7, 32. Cf. *Phil.* 4, 6.

[175] Die große Versuchung aller Religionen liegt darin, die konstitutive Spannung zwischen dem *ex* und dem *sistere* zu durchtrennen, zwischen dem Zeitlichen und dem Ewigen, dem *vyāvahārika* und dem *pāramārthika*, dem *samsāra* und dem *nirvāna*, dem Irdischen und dem Himmlischen, der Erscheinung und der Wirklichkeit, dem Phänomen und dem *noumenon*, dem Bösen und dem Guten, dem Unkraut und dem Weizen, dem Weltlichen und dem Heiligen usw.

[176] Obwohl sich das Phänomen nicht auf die sogenannten Neuen Religionen reduzieren läßt, bieten diese ein gutes Beispiel. Cf. J. Needleman and G. Baker, *Understanding the New Religions.* New York (Seabury) 1978, zu einem ausschließlich nordamerikanischen Zugang. Cf. auch G. Lanczkowski, *Die neuen Religionen.* Frankfurt a. M. (Fischer) 1974, für ein Weltpanorama und die vorangegangenen Studien von G. Guariglia, V. Lanternari und E. Benz.

len Gesellschaften neigten dazu, sich dem nichthistorischen Bewußtsein zuzuwenden – nicht nur im Osten, sondern auch im Westen.[177] Die postindustriellen Gesellschaften öffnen sich jetzt immer mehr dem transhistorischen Bewußtsein, während die „Eliten" der vorindustriellen Gesellschaften versuchen, die Bewußtseinsform der Menschen zu verändern, um das historische Bewußtsein einzuführen, das eine Voraussetzung für Industrialisierung oder die Revolution ist.[178]

Der Glaube der nichthistorischen Mentalität, der noch tief in die historischen Zeiten hineinwirkt (wir sprachen von kairologischen Momenten), besagt – verallgemeinert gesprochen: Nur einige wenige erlangen das Heil.[179] Erlösung ist ein Vorrecht.[180] Die Wirklichkeit ist hierarchisch. Wie nur einer König ist oder nur wenige Samen unter Millionen Früchte tragen, genauso sind die Erwählten die Ausnahme unter den Menschen. Die anderen werden von diesem neuen Leben ausgestoßen oder werden in weiteren Geburten eine andere Chance erhalten. Der Himmel ist für die Wenigen; das Tor ist eng; wenige sind erwählt. All dies spielt sich im Bereich der Transzendenz oder des „nächsten" Lebens ab, auch wenn er mythisch verstanden wird.

Das historische Bewußtsein transformiert diesen Glauben an eine andere Welt in eine historische Berufung für eine geschichtliche Zukunft.[181] Der historische Glaube im Israel einer bestimmten Ausprägung des Judentums und in der vollkommenen Gesellschaft eines gewissen Typs von Marxismus könnten als zwei typische Beispiele dienen, wobei wir genausogut Beispiele christlichen und muslimischen Glaubens anführen könnten. Erfüllung geschieht in der Zukunft.[182]

---

[177] Cf. die Worte von Milan Kundera, dem tschechischen Schriftsteller, der in Paris im Exil lebt, wie sie der *Christian Science Monitor* (29 July 1981, p. B2) zitiert: „Die kleinen Nationen Mitteleuropas haben sie vorgegeben, sie würden Geschichte machen. Sie waren immer deren Opfer. Hegel mit seinem Geschichtskult hätte nie Tscheche oder Ungar sein können. Kafka hätte nie Russe sein können."

[178] „Das Raster, durch das die Industriegesellschaft ihre Vergangenheit herausschüttelt, wurde Geschichte genannt." sagt Ivan Illich in seinem polemischen Stil, *Vernacular Gender*, Cuernavaca, *Tecno-politica*, Doc. 07.81, p. 58.

[179] Cf. R. Panikkar, *Das Heil der Welt (pro manusripto); zum Beispiel *Bhagavad Gītā* II, 32; IV, 40; VII, 3, 19; IX, 3; XII, 5 usw.

[180] Dies war der hartnäckige Glaube der Menschheit durch die Zeitalter hindurch, gemäß dem kosmologischen Paradigma, daß nur ein winzig kleiner Teil jeder Ebene die höhere erreicht: mehr Wasser als Erde, mehr Erde als Pflanzen: Diese sind zahlreicher als die Tiere und die Tiere wiederum zahlreicher als die Menschen. So sind auch die Erwählten geringer an Zahl. Eine höhere Geburt zu erreichen oder vollständige Erlösung ist ein Privileg, vielleicht eine Berufung und deshalb eine Pflicht – aber nicht ein Recht, sicherlich nicht ein Geburtsrecht; es müßte ein Wiedergeburtsrecht sein.

[181] Cf. K. Rahner, *Zur Theologie der Zukunft.* München (dtv) 1971.

[182] „Comment lui assigner un but? (à l'histoire) Si elle en avait un, elle ne l'atteindrait qu'une fois parvenue à son terme." (p. 42); „Wie ihr ein Ziel setzen? (der Geschichte) Wenn sie eines

Die religiöse Krise der historischen Menschheit setzt ein, wenn die Überzeugung dämmert, daß diese Zukunft weder in vertikaler noch in horizontaler Richtung besonders glänzend aussieht. Eine andere Welt als sublimierte Neuauflage dieser Welt verliert an Glaubwürdigkeit, und eine andere Welt in der nahen oder fernen Zukunft hat praktisch ihre Chance vertan, irgendwelche Überzeugungskraft mit sich zu bringen. Angesichts dieser Situation gewinnt das transhistorische Bewußtsein unter den Menschen an Boden.

Aber die Demokratisierung des heutigen Bewußtseins, die Nivellierung der hierarchischen Struktur des Universums zerstört den Glauben, daß Erlösung oder Realisation ein Vorrecht sind. Der Mensch will die Erfüllung des Lebens nicht nur hier und jetzt für einige Auserwählte, sondern für alle. Dies bedeutet, daß jetzt ein neuer Mythos hervortritt; er besagt, daß die Erfüllung des Lebens – oder einfacher: der Sinn des Lebens – nicht nur in diesem Leben, wie die Mystiker schon immer betont haben, sondern für alle erreichbar sein muß. Diese Erlösung, verstanden als menschliche Erfüllung, kann nicht an eine bestimmte Rasse, Kultur oder Religion gebunden sein oder nur einer gehören. Das Gewissen heutiger Menschen spürt, daß es universal, allen erreichbar sein muß. Dennoch ist es offensichtlich, daß dies nicht der Fall ist; ein beträchtlicher Teil der sechs Milliarden Menschen hat nicht einmal den minimalen Stand des *humanum* erreicht. Diese Sackgasse fördert das Hervortreten des transhistorischen Bewußtseins auf einer gesellschaftlichen Ebene, unter der Voraussetzung, daß man der großen Versuchung widersteht: daß jene, die es sich in egoistischer Weise leisten können, für den bloß zeitlichen Moment in hedonistisches Wohlleben verfallen. Dies kann traditionsgemäß als Prüfstein einer authentischen Spiritualität bezeichnet werden. Flucht vor den Menschen, sofortige Befriedigung der eigenen Bedürfnisse, egoistisch-elitäres Verhalten und Blindheit gegenüber der historischen Situation des Menschen wären genau das Gegenteil des transhistorischen Bewußtseins, das ich hier beschreibe.[183]

*

Fassen wir zusammen: Der Hintergrund des prähistorischen Menschen ist der *Theokosmos:* Er empfindet sich selbst in Freundschaft und in Konfron-

---

hätte, würde sie es nur erreichen, wenn sie einmal zu ihrem Ende gelangt wäre." (*Gevierteilt*, op. cit., 38), schreibt E. M. Cioran in *Ecartèlement, op. cit.* Er weist auch auf „. . . ce défi à la contemplation qu'est l'histoire" (p. 60) hin „. . . die Geschichte, Herausforderung der Kontemplation." (p. 56)

[183] Hier liegen die Gründe für das Gedeihen so vieler „Neuer Religionen" und Sekten, die versprechen, ihren Mitgliedern die Güter hier und jetzt zu liefern.

tation mit den *numina,* den natürlichen und göttlichen Kräften, verbunden. Sein Szenario ist der vergöttlichte Kosmos.[184] Er ist hauptsächlich der Vergangenheit zugewandt. Er verehrt die Ahnen.

Der Horizont des historischen Menschen ist die *Geschichte:* Er sieht sich selbst im Zusammenwirken und im Kampf mit der menschlichen *Gesellschaft* der Vergangenheit, der Gegenwart und der Zukunft. Seine Welt ist die Welt des Menschen. Er ist vor allem der Zukunft zugewandt. Er verehrt den Gott, der sein wird.

Der auftauchende Mythos des transhistorischen Menschen geht von einer mehr oder weniger bewußten *theanthropokosmischen* Vision des Universums aus: Er findet sich, in wechselnden Abstufungen von Harmonie und Spannung, innerhalb einer kosmotheandrischen *Wirklichkeit* vor, in der alle Kräfte des Universums – von den elektromagnetischen bis zur göttlichen, von jenen der Engel bis zu jenen der Menschen – miteinander verwoben sind. Er lebt vorwiegend in der Gegenwart. Er ist sehr vorsichtig im Verehren. Wenn überhaupt, würde er seine Ehrerbietung dem Schnittpunkt von Vergangenheit und Zukunft, von Göttlichem und Menschlichem erweisen.

Der prähistorische Mensch hat ein *Schicksal.*[185] Er ist Teil des Universums. Der historische Mensch steuert sein Geschick selbst.[186] Er bestimmt im voraus, wo er steht. Er arrangiert sein eigenes Leben. Der transhistorische Mensch lebt sein *Los.*[187] Er ist in das ganze Abenteuer der Wirklichkeit ein-

---

[184] Cf. die traditionelle hindustistische Übereinstimmung (seit der *Shatapatha Brāhmana,* vg. VI, 1, 1, 1–15; VI, 1, 1, 2, 1–13; XI, 1, 6, 1–11) zwischen den vier Arten des Seins, die Brahma erschuf, und zwischen den vier Zeiten der Welt (und damit des Tages): Die Morgendämmerung ist die Zeit des Menschen; das Tageslicht ist die Zeit der Götter; die Abenddämmerung ist die Zeit der Väter (der Ahnen, *pitris*); und die Nacht ist die Zeit der Dämonen. Das Leben des Menschen ist mit diesen vier Dimensionen der Zeit, des höchsten Gottes, verwoben (gemäß der *Atharva Veda,* XIX, 53–54).

[185] *Fate* (Schicksal) kommt von lateinisch *fatum,* p. p. von *fari,* sprechen; das Partizip Perfekt bedeutet also „gesprochen", das heißt das endgültige Urteil, das die Götter gesprochen haben; aber auch mit den Konnotationen von *fame* (Ruhm) und *fable* (Fabel, Märchen), die den Raum für Freiheit öffnen.

[186] *Destiny* (Geschick), vom Lateinischen *destinare,* bestimmen, festlegen, festigen, etablieren; von *de-stanare,* setzen, fixieren; von *stare,* stehen. (Cf. Sanskrit *sthānam,* stellen, stehen.) Cf. auch den Satz von Novalis, in dem er den wahren Historiker als „Liebhaber des Schicksals" bezeichnet. *Schriften,* J. Minor (Hg.), 1932, II, p. 315. Apud Scholtz, *art. cit.*

[187] *Lot* (Los), vom altenglischen *hlot:* Anteil, Wahl und Entscheidung (deutsch *Los*); ein Gegenstand, der verwendet wird, um etwas mehr oder weniger durch Zufall zu bestimmen, das Los werfen für eine Belohnung, eine Aufgabe usw. (Cf. Lotterie, *to allot* – auslosen usw.). Im Althochdeutschen bewahrte es die Bedeutung von „Opferanteil der Götter, Opferblut" und natürlich „Erbschaft". Cf. lateinisch *clavis,* Schlüssel; *claudere,* schließen usw.; nicht etymologisch, aber semantisch verbunden mit *moira* (griechisch Schicksal), mit der ursprünglichen Bedeutung von „Los, Anteil". Das Verb *meíromai* bedeutet teilnehmen. Cf. *méros,* Teil, Anteil; *merízo,* teilen. Cf. das lateinische *mereo,* ich verdiene, im Sinne von gewinnen, das heißt einen Anteil gewinnen, einen Teil verdienen (vom Gewinn der Arbeit oder der Handlung).

bezogen, indem er an dem ihm zugeteilten Los teilnimmt oder indem er bereitwillig jenen Teil formt, der er ist.

Die prähistorische Denkweise braucht die Existenz des Menschen sich selbst oder anderen gegenüber nicht zu rechtfertigen. Der Mensch lebt einfach wie jedes andere Lebewesen. Das historische Bewußtsein muß den Wert des Menschen rechtfertigen, das heißt er muß ihn durch sein *Tun* beweisen, indem er seine eigene Welt mit ihren Werten erschafft. Der neuzeitliche Mensch ist ein Arbeiter.[188] Der transhistorische Mensch hat sowohl die prähistorische „naiveté" (Naivität) als auch den historischen Optimismus bzw. Pessimismus verloren. Er empfindet den Drang, der zu sein, der er vermutlich sein wird, wenn er seinen eigentlichen Platz im Universum einnimmt.[189]

Die Welt des transhistorischen Menschen, seine Umwelt, ist das kosmotheandrische Universum. Das wiederaufkommende Interesse an Astrologie zum Beispiel ist nicht nur zurückzuführen auf den Wunsch nach Kenntnis des Kommenden, wie eine Ehe oder ein Geschäft sich entwickeln werden, sondern auch auf das wachsende Bewußtsein dafür, daß das persönliche Geschick sowohl mit dem Schicksal der Gesellschaft als auch mit dem Abenteuer des ganzen Kosmos verbunden ist. Als weiteres Beispiel können wir die Erneuerung der Volksreligiosität und das Aufblühen so vieler neuer religiöser Bewegungen anführen, die die Sehnsucht der Menschen zum Ausdruck bringen, nicht nur mit der Welt des Menschen verbunden zu sein, sondern auch darüber hinaus mit dem Universum, wo die Menschen nicht die einzigen bestimmenden Kräfte sind. Das Geschick des Menschen ist nicht nur historisches Dasein. Es ist mit dem Leben der Erde verbunden (ökologisches Zwischenspiel[190]) und mit dem ganzen Schicksal der Wirklichkeit, das Göttliche nicht ausgenommen. Gott oder die Götter sind wieder inkarniert und teilen das Schicksal des ganzen Universums. Wir sitzen alle im selben Boot; und dieses Boot ist nicht nur der Planet Erde, sondern das ganze Mysterium des Lebens, des Bewußtseins, des Daseins. *Liebe* ist das höchste Prinzip, die verbindende Kraft, die alles zusammenbringt. Aber wir haben bereits auf den Hauptgrund für das Erwachen eines solchen Bewußtseins hingewiesen: Das Leben muß einen Sinn haben, auch wenn alle Idole – Fortschritt, Zivilisation, Friede, Wohlstand, Paradies – versagen.

---

[188] Cf. die Verfassung der Zweiten Republik in Spanien (von 1931): „España es una república de trabajadores de todas clases. (Spanien ist eine Republik der Arbeiter aller Klassen.)" Cf. die marxistische Ideologie: In den UdSSR war es nicht erlaubt, nicht zu arbeiten.

[189] Cf. den ersten Teil, passim.

[190] Ibid., pp. 54–64.

Dadurch, daß man eine solche Notwendigkeit zur Tugend macht, wird diese Tugend um nichts weniger wirklich.[191]

Wir könnten die gleiche grundlegende Intuition aus einer personalistischen Perspektive formulieren. Alle Menschen wollen das Heil erlangen. Ich verstehe diese Aussage als qualifizierte Tautologie. Alle Menschen wollen die Fülle dessen erlangen, wozu sie, ihrem Glauben gemäß, berufen sind. Alle Menschen wollen glücklich sein – eine andere Übersetzung derselben Tautologie. Aber es handelt sich um eine qualifizierte Tautologie, denn sie impliziert, daß alle Menschen zum Sinn ihres Lebens gelangen wollen, und sie öffnet das Tor zu unterschiedlichen Auffassungen dieses Sinnes, indem sie ihn Heil nennt und eine Vielfalt von Vorstellungen dessen, was Heil sein könnte, zuläßt. Nun könnten wir drei grundlegend verschiedene Interpretationen oder Erfahrungen von Heil beschreiben, je nach der vorherrschenden Bewußtseinsstufe. In den meisten Religionen finden wir diese drei Typen, wenn auch mit unterschiedlicher Betonung. Für die Zwecke unseres Diskurses können wir die eine *nirvāna,* die andere *sotēría* und die dritte *moksha* nennen.[192]

Nirvāna würde hier, wie der Name sagt, ein „Ausbrennen", ein Aufbrauchen des Brennmaterials, eine Flucht aus den Einengungen des Gefängnisses von Raum und Zeit und somit der Materie nahelegen. Ich rette mich selbst, indem ich *samsāra,* diese Welt, lautlos wegfallen lasse, auch wenn ich, damit dies geschieht, mich im Moment mit ihr abfinden und meine Pflicht tun muß. Meine Erlösung besteht darin, wahrzunehmen, daß ich bereits unsterblich war, nur war ich in die Falle der Materie verstrickt. Die Beispiele dafür reichen von Plato und der Gnosis bis zu Mahāvira und dem Vedantā. Sie überschreiten die religiösen Grenzen, denn als ihr Ursprung könnte jene persönliche Erfahrung bezeichnet werden, daß mein Sein letztlich reines Bewußtsein (oder einfach Seele) ist und daß dieses Bewußtsein oder diese Seele nichts mit meinem Körper, letztlich mit der Materie, zu tun hat.

Sotēría bedeutet, wie der Name sagt, ganz und heil, beschützt und wohlauf zu sein. *Sotēría* beinhaltet einen Glauben an die Möglichkeit, die Strukturen von Raum und Zeit in etwas zu transformieren, was dem Menschen die wahre Erfüllung seines Seins gibt. Man ist gerettet, wenn man diese Wirklichkeit des Neuen Himmels und der Neuen Erde erreicht hat, wo die tiefe

---

[191] Nietzsche mit seinem ambivalenten Angriff auf die Geschichte sollte hier erwähnt werden.
[192] Ich muß darauf bestehen, daß diese drei Wörter hier als Code für die beschriebenen Trends verwendet werden und in keiner Weise direkt mit dem Buddhismus, dem Christentum oder dem Hinduismus verbunden sind. Meine Reflexion ist ein kulturübergreifendes, nicht ein vergleichendes Unterfangen.

und authentische Natur aller Dinge in ihrem wahren Zustand erstrahlen und die universale Harmonie, die jetzt verschleiert, verzerrt oder morsch ist, offenbar werden wird – welcher Unordnung sie auch immer angehört: der individuellen, der kosmischen oder der göttlichen. Unsterblichkeit ist nicht etwas, was zum eigenen Wesen gehört, sondern etwas, das zur erlösten Struktur des transformierten Universums gehört. Sie muß nicht nur erobert, sondern so geschaffen werden. Sie ist eine neue Schöpfung. Die Beispiele dafür reichen von Paulus und den Kirchenvätern bis zu Abhinavagupta und den Tantrikern. Sie überschreiten religiöse Grenzen, denn als ihr Ursprung könnte jene persönliche Erfahrung bezeichnet werden, daß mein Sein eine Mischung von Geist und Materie ist, die bisher noch nicht ihre vollständige Verschmelzung erreicht hat, und daß diese Integration der eigentliche Sinn der Wirklichkeit ist.

Wenn *nirvāna* das Ideal der Erlösung ist, dann ist die historische Entwicklung der Welt ein absolut zweitrangiger Prozeß, nur insofern von Bedeutung, als er das Selbst direkt berührt, einen leiden läßt oder genügend zu essen und zum Leben gibt, so daß man das wahre Ziel des eigenen Lebens verfolgen kann.[193] Wenn im Gegensatz dazu *sotēría* das Ideal der Erlösung ist, wirkt die historische Entwicklung der Welt direkt auf meine eigene Verwirklichung und auf jene all meiner Mitgeschöpfe ein. Das Engagement im historischen Prozeß der Transformation der Menschheit ist das Mittel der Erlösung.[194]

Traditionelle Religionen neigten dazu, das Heil als *nirvāna* zu verstehen, in einer mehr oder weniger radikalen, qualifizierten Weise. So betrachteten traditionell orientierte Christen diese Welt vielleicht nicht als Hindernis, aber als Mittel, um die andere, wirkliche, zu erlangen. Moderne Bewegungen wie der Marxismus und der Humanismus neigten dazu, Heil in einer mehr oder weniger radikalen, qualifizierten Weise als *sotēría* zu interpretieren. Die große Krise unserer Zeit liegt darin, daß *nirvāna* für einen großen Teil der Welt unglaubwürdig geworden ist, vor allem für jenen Teil der Menschheit, der mit der Ideologie der modernen Wissenschaften in Berüh-

---

[193] Die Beobachtung, die gewöhnlich von Europäern, die nach Indien kommen, gemacht wird – daß die Bevölkerung egoistisch und unsensibel für die Belange des allgemeinen Wohls, der Arbeit und der Zivilisation sei –, kommt von der Tatsache her, daß all diese Angelegenheiten letztlich nicht ernst genommen werden. Es wird alles improvisiert, je nach den Umständen, ohne irgendeine der Überzeugungen der westlichen Arbeitsethik.
[194] Die Ernsthaftigkeit der lateinamerikanischen „Theologie der Befreiung" ist oft in traditionalistisch christlichen Kreisen als bloße Sozialarbeit oder Verwässerung der transzendenten Natur des christlichen Gottesreiches unterschätzt worden. Es hängt alles davon ab, ob dieses Reich Gottes bereits hier ist, ob es erwartet wird oder in Zusammenarbeit zwischen Mensch und Gott aufgebaut wird – das heißt, ob Erlösung als *nirvāna* oder *sotēría* verstanden wird. Gandhis *satyagraha* für ein Rāmraj (ein göttliches Reich) geht in die gleiche Richtung.

rung gekommen ist. Gleichzeitig hat auch *sotēría* für einen großen Teil der Menschheit, der gegenwärtig mit der Ausweglosigkeit der panökonomischen Ideologie konfrontiert ist, seine Glaubwürdigkeit eingebüßt. Führt irgendein Weg aus diesem Dilemma? Gibt es eine transhistorische Erfahrung, die über das nichthistorische *nirvāna* und das historische *sotēría* hinausgeht? Wenn *nirvāna* grundlegend transzendent ist und *sotēría* immanent, könnte *moksha* das Schlüsselwort für diese nichtdualistische Interpretation des Problems sein. Die Völker der Welt dürsten nach einer integralen Befreiung, nicht nur von den Ketten einer ungerechten Gesellschaftsordnung, sondern auch von den Begrenzungen eines einschränkenden selbstsüchtigen Ego.

Mit einem Wort, das transhistorische Bewußtsein sorgt sich nicht um die Zukunft, denn Zeit wird nicht als linear oder als Anhäufung und Anreicherung von Augenblicken der Vergangenheit erfahren, sondern als Symbol für etwas, was nicht ohne den Menschen existiert, aber auch nicht mit ihm gleichgesetzt werden kann. Es ist weder die Stadt Gottes noch die Stadt des Menschen, die der transhistorische Mensch zu bauen sich anschickt. Er würde sich vielmehr darauf konzentrieren, den Mikrokosmos, der der Mensch individuell und kollektiv ist, zu vollenden, indem er den Makrokosmos insgesamt spiegelt und transformiert.

Solange sie voneinander getrennt sind, genügen diese drei Arten des Bewußtseins nicht, um die Last des Menschseins zu tragen. Nicht unähnlich dem androgynen Charakter des Menschen (trotz der Unterscheidung zwischen Mann und Frau) sind diese drei Arten des Bewußtseins im menschlichen Leben miteinander verwoben, wenn auch kairologisch verteilt.

Mein Essay sollte die These einleuchtend machen, daß die ausschließliche Vorherrschaft des Mythos der Geschichte auf der einen Seite und des historischen Bewußtseins auf der anderen zu Ende geht. Der Mensch läßt sich auf ein neues Wagnis ein, von dem wir nur wissen, daß wir umso freier handeln werden, je mehr wir der inneren Dynamik unseres tiefsten Wesens gestatten, sich selbst zum Ausdruck zu bringen, ohne bereits im voraus das zu entwerfen, was wir tun und sein sollen. Wir nehmen schöpferisch teil an der wahren Existenz der kosmotheandrischen Wirklichkeit.

NACHWORT

Wir mögen eine gewisse Vorstellung davon bekommen, was es heißt, in einer nichthistorischen Welt zu leben, wenn wir das kosmische Bewußtsein vieler noch lebender indischer Weiser betrachten: Hier bildet Geschichte nicht den Hintergrund für ein Leben im Kampf um eine bessere Zukunft, in Sorge um das, was morgen sein wird, oder in Angst um das, was wir mit unseren Mitmenschen im täglichen Handeln auf dem Marktplatz machen werden.

Historisches Dasein andererseits ist vermutlich am besten in dem von Zeitungen, Rundfunk und Fernsehen belieferten Medienumfeld wiedergegeben. Der „Held" von heute, der Mensch der Medienkultur, ist der besorgte Bürger, der wissen will, was gestern unter den „Großen" vor sich ging ... unter jenen überlebensgroßen Gestalten, die über die Titelseiten oder durch die TV-Nachrichten schreiten, die ihre Spuren auf dem Gebiet der Politik, des Sports, der Finanzen oder vielleicht auch der sogenannten Kunst und Kultur hinterlassen, heuzutage vor allem auf der Bühne oder auf dem Bildschirm.

Der Mensch der heutigen Medienkultur, dieser „Informationskonsument", ist der gewöhnliche Bürger der „megalopolis" – natürlich durch Satelliten und Computernetzwerke verbunden mit allen anderen Bürgern in all den anderen Metropolen der Welt. Er strebt mächtig danach, zu wissen, „was läuft", und ist dennoch gänzlich uninteressiert an dem, was innerlich vorgeht, was im inneren Universum geschieht, in jenen geheimen Winkeln der Wirklichkeit, zu denen die menschliche Seele Zugang hat oder von denen sie wenigstens eine dunkle Ahnung bekommt, wenn sie tief genug in die kosmische Dimension der Wirklichkeit eindringt, die ich in diesem Buch zu beschreiben versuchte. Menschliche Versammlungen, sogar religiöse Versammlungen – die „ecclesia" (Kirche) – neigen im großen ganzen dazu, an der Oberfläche der Geschichte zu gerinnen – beim Versuch, die sozialen Bedingungen des Menschen oder jene kommenden Zustände – genannt Himmel, Utopie oder wie auch immer – zu verbessern. Der Mensch ist das aktive und passive Subjekt der Geschichte. Das ist alles. Ich kritisiere nicht, ich beschreibe nur.

Das kosmische Bewußtsein, das man noch immer entdecken – ja leben – kann, ist heute von ganz anderer Art. Du lebst einfach mit den Sternen, den Bergen und den Tieren, mit den Geistern der Vergangenheit und der Zukunft. Du erlebst all die Gesichter und Facetten des kosmischen Ringens mit. Bist du krank? Deine eigenen Unpäßlichkeiten sind nicht eigentlich Fehlfunktionen deines Organismus, sondern somatische Widerspiegelungen von kosmischen Störungen mit vielfältigen Ursachen, von denen eine natürlich auch eine Virusinfektion sein kann. Fühlst du dich wohl? Eine Wanderung in den Bergen mit diesem Bewußtseinsstand ist nicht weniger als ein Spaziergang unter den Milchstraßen, ein Teilhaben an der Dynamik des Universums und ein völlig neues Zeitmaß. Die Lilien auf dem Feld zu betrachten, ist dann nicht eine romantische Geste (wie man die Schönheit eines Gemäldes bewundern könnte), sondern bedeutet – mit den eigenen Händen, den Augen, dem Verstand – die Schicht der Wirklichkeit zu berühren, die jenen verborgen bleibt, die alles sehen können und doch nichts betrachten.

In einem solchen Leben muß man nirgendwo hingehen, denn die Bewegung des Universums ist nicht linear. Es gibt nichts zu erreichen, denn was man zu tun hat, ist, Zeuge zu sein und so an der wahren Bewegung der Sphären teilzuhaben, sie sogar zu bewirken. Dennoch gibt es eine große Aufgabe zu erfüllen: den Mikrokosmos, als den wir uns bezeichnen, zu vollenden, uns selbst zu „verwirklichen" im Sinne der klassischen indischen Spiritualität. Sorge um die Ewigkeit ist nicht gleichbedeutend mit Angst vor der Zukunft.

Das „Ende des Menschen" ist dann nicht individuelles Glück, sondern volle Teilhabe an der Verwirklichung des Universums – in der man auch seine „eigene" Freude (die man natürlich nicht im Sinne des Privateigentums „besitzt") findet. Man braucht sich nicht um sein eigenes Heil oder um seine Vollendung zu kümmern. Man läßt leben, man läßt sein. Man hat nicht so sehr das Bedürfnis, in die Natur einzugreifen, als vielmehr sie zu fördern, mit ihr zusammenzuarbeiten und sie „sein zu lassen". In dieser Vision ist das Göttliche einfach notwendig. Die Natur ist nicht eine blinde Kraft, sondern hat einen göttlichen Kern, einen Herrn oder gar einen Schöpfer (wenn man in dieser Weise glaubt). Es ist wichtig wahrzunehmen, daß, der Natur zu folgen, nicht heißt, blinden mechanischen Kräften zu folgen, sondern einem göttlichen Plan zu gehorchen oder vielmehr einer göttlichen Wirklichkeit, die sich uns in der Gestalt (in den Gestalten) all dessen offenbart, was wir Natur nennen.

Vielleicht ist es der Einsiedler, der versucht, die Welt der Geschichte zu verlassen, der das Spiel vom sozialen Erfolg und der historischen Zukunft nicht mitspielt. Er ist dennoch mit der Wirklichkeit verbunden, auch mit der menschlichen Wirklichkeit. Die Fallgrube der religiösen Orden liegt darin, daß sie Zeit und Ewigkeit nicht im Gleichgewicht halten, wie es sich im Leben ihrer Mitglieder zeigt: Das reine, kosmische Ideal des einzelnen Mönchs, der Raum und Zeit transzendiert, wird oft dadurch unterlaufen (um nicht zu sagen: pervertiert), daß die Oberen sich um die Zukunft und das Fortdauern des Ordens sorgen (vergleichbar dem „nationalen Sicherheitswahn" moderner Staaten).

Die kosmotheandrische Berufung ist auch ein Ruf zum Entdecken eines Lebensstils, der nicht ausschließlich historisch ist. Du verschiebst nicht alles auf die Zukunft, du wirst nicht in die Welt der Hilfsmittel (die unwiderstehliche Versuchung der Technologie) verwickelt. Soll ich dies transhistorisches Bewußtsein, mystisches Gewahrsein nennen? Es ist ein Bewußtsein, das die Zeit aufhebt – oder vielmehr: das die Fülle der Zeit erreicht, da die drei Zeiten gleichzeitig erfahren werden. Dann fügt sich das ganze Universum zusammen, dann bin ich ebenso Zeitgenosse von Christus wie von Platon; das Ende der Welt ist bereits gekommen oder ist vielmehr immer im Kommen . . . zusammen mit seinem Beginn. Dann berührt meine Individualität alles und jeden und dennoch *bin* ich immer mehr: *aham brahman*. Das Ende der Welt wird kommen, bevor einer von euch stirbt, sagte Christus. „Heute noch wirst du mit mir im Paradies sein." Dann (das heißt jetzt) erhalten Auferstehung und Wiedergeburt einen Sinn. Der Sinn des Lebens ist weder etwas, aus dem du eine Karriere machen kannst, noch etwas, dessen Entdeckung du auf die Zeit nach dem Tod verschieben kannst. Dies ist das Paradoxe: Ich bin umso mehr ich selbst, mein Selbst, je mehr mein Ego verschwunden ist. Ich bin dann jedermann und alles – aber sozusagen aus einem einzigartigen Blickwinkel.

Wenn wir an der Entfaltung des Lebens teilhaben, wenn wir an der kosmischen Entfaltung aller Kräfte des Universums mitwirken, die Entwicklung der Zeit mitverfolgen, mit den dynamischen Faktoren des Lebens spielen, uns an den Geheimnissen des Erkennens und nicht weniger am Mysterium des Lebens freuen, wenn wir nicht von den Aktivitäten des kommenden Tages verfolgt, sondern mit dem in der Gegenwart gewährten Sein beschenkt erwachen, nicht zum Preis einer Niederlage anderer vorwärtskommen wollen oder uns durch irgend etwas „Außer"-gewöhnliches von anderen „unterscheiden" wollen, als ob das Gewöhnliche nicht genug wäre, wenn wir uns einfach in der göttlichen Gegenwart bewegen, uns, wie die Alten zu sagen pflegten, der Systole (Zusammenziehen) und Diastole (Erweiterung) der Welt bewußt sind, die Angleichung und Entfremdung des Kosmos auf der makro- und der mikrokosmischen Ebene spüren, wenn wir den Sternen und Atomen Sensibilität entgegenbringen, Spiegel des Universums sind und es ohne Verzerrung reflektieren, aber auch am eigenen Leib die Unordnung der Welt erleiden, selbst das Laboratorium sind, in dem die Antikörper oder Medikamente geschaffen werden, indem wir uns der Kräfte des Bösen und der Tendenzen der Geschichte bewußt sind, uns aber auch nicht von ihnen erdrücken lassen, wenn jeder von uns die Dämonen in seinem eigenen Leben überwältigt, die Lieder der Vögel, die Klänge der Wälder und sogar all die menschlichen Geräusche als Teil der Lebendigkeit der sich ausdehnenden Wirklichkeit versteht, wenn wir leben, ein- und ausatmen, indem wir nicht einfach irgendwohin gehen (und nie ankommen), sondern einfach sind, leben und gleichzeitig auf allen Ebenen der Existenz da sind: der tempiternale Ausbruch des Abenteuers zu SEIN . . . – *das ist transhistorische Existenz.*

EPILOG

Aspekte einer kosmotheandrischen Spiritualität

ANIMA MUNDI – VITA HOMINIS – SPIRITUS DEI

Spiritus Domini replevit orbem terrarum.
Sap. 1, 7.[1]

Die Erde ist lebendig. Sie ist die Mutter. Die Vereinigung von Himmel und Erde bringt alle Geschöpfe zur Welt: Sie gibt ihnen das Leben und erhält sie am Leben. Unzählige Geister und Kräfte bewohnen die Welt. Diese Welt ist übervoll von Göttern. Das ganze Universum ist die Schöpfung, die Nachkommenschaft eines göttlichen Lebens, das seine Lebenskraft auf den ganzen Kosmos ausdehnt. Das Leben ist nicht allein dem Menschen vorbehalten, sondern der Mensch hat teil am Leben des Universums. Der Mensch ist, eben weil er lebendig ist, Mikrokosmos genannt worden. Das Modell ist der Makrokosmos, nicht umgekehrt, und dieser Makrokosmos ist ein Lebewesen. Er trägt ein Prinzip der Einheit, ein lebendiges Prinzip, eine Seele in sich. Die natura naturans, *die erzeugende Natur, ist das eigentliche Leben der* natura naturata, *der erzeugten Natur. Alle drei Welten – Himmel, Erde, Mensch – nehmen am gleichen Abenteuer teil. Was auf der subatomaren Ebene beginnt, die Aneignung eines Dinges durch das andere zum Zweck des Überlebens, findet seinen Höhepunkt im Trinken des* Soma *und im Essen der Eucharistie. Alles unterliegt jener ursprünglichen Dynamik, die wir Opfer nennen: unser Teilnehmen am allgemeinen Stoffwechsel, der das Leben lebendig sein resp. werden läßt und durch den die ganze Wirklichkeit Bestand hat.*

1. ANIMA MUNDI

Diese und ähnliche Vorstellungen begleiteten die Menschheit seit dem Erwachen des menschlichen Bewußtseins überall und zu allen Zeiten und

---

[1] „Der Geist des Herrn erfüllt den Erdkreis." Die Septuaginta spricht vom *pneuma* des Herrn, der die *oikumene,* die Welt und all ihre Bewohner erfüllt.

sind auch heute nicht ganz von der Bühne verschwunden. Beinahe zwei Drittel der Weltbevölkerung leben noch immer mit ihnen, und sogar im sogenannten „entwickelten" Drittel sehen wir rund um uns viele Beispiele und ein Wiederaufleben solcher traditioneller Einsichten. „Tiefenökologie", psychologische Erneuerung, die „Gaia-Hypothese", das Wiederaufleben des Interesses an schamanistischen Praktiken, die Göttinnenspiritualität, die neue Wertschätzung des sogenannten Polytheismus, die Geburt „neuer" Religionen, der späte Respekt vor den Wegen der Urvölker, aber auch viele Versuche, die Unzulänglichkeiten des Szientismus dadurch zu überwinden, daß den Naturwissenschaften neue kosmologische Einsichten aufgepfropft werden – all dies ist in letzter Zeit zutage getreten. Der gemeinsame Schwerpunkt dieser Bewegungen liegt, trotz der verschiedensten Formen und Verdienste, in einer beträchtlichen Unzufriedenheit mit der technokratischen Atmosphäre, die seit dem Schwanengesang der Romantik in den abendländischen Wissenschaften vorherrscht. Es bleibt allerdings die Gefahr aller populären Bewegungen bestehen, nämlich daß sie nur allzu bereitwillig oberflächliche Clichés, extreme Haltungen und einseitige Reaktionen aufkommen lassen.

Aus der Sicht der Religionsgeschichte scheint das Leben auf der Erde zwischen zwei Polen des symbolischen Verständnisses hin und her zu pendeln: Der erste Pol ist die Festigkeit und damit die zentrale Stellung der Erde; der zweite ist die Empfänglichkeit und, dem entsprechend, das Ausdehnungsvermögen der Erde. Zwei der vielen Wörter für *Erde* in der indischen Tradition können vielleicht dazu dienen, diese Zweidimensionalität auszudrücken. Die Welt ist *bhūmi*, das, was vor uns existiert, was die ganze Natur, alle Dinge dieser Welt „zur Welt bringt" (engl. „natures all of nature"). Die Erde ist aber auch *prithvī*, das, was sich in einem ständig wachsenden Horizont vor uns ausbreitet, was alle Schritte, die wir unternehmen, und alles Wachstum, das in uns geschehen kann, empfängt.

Die Erde ist der Boden; sie ist fest, *terra firma*, fester Grund. Sie ist das, was festgelegt, in Gang gebracht, uns gegeben ist, die Grundlage, von der alles andere ausgeht. Die Erde steht, gerade weil sie stabil und fest ist, als ursprüngliches Symbol für die Mitte, die unerschütterliche Achse, das Herz der symbolischen Matrix für Orientierung und Zentriertheit, das M. Eliade so lebhaft geschildert hat. Der heilige Baum, der geweihte Fels, die Säule, die Nabe, der Berg in der Mitte usw. – all dies sind kosmologische Symbole, die den Menschen auf das Höchste, die göttliche Ganzheit, das Eine konzentrieren und ausrichten. Die meisten Zweige der Philosophie akzeptieren den Kosmos als etwas Vorgegebenes. Sie gehen auch davon aus, daß die Phänomene, die die Welt ausmachen, der Ausgangspunkt für das Denken sind, so sehr sich ihre Interpretationen dieser Phänomene oder der Tatsache des Vorgegebenseins auch voneinander unterscheiden: Die Welt kann einfach eine große Illusion sein, oder sie kann tatsächlich alles sein, was es gibt; aber in jedem Fall muß die Welt zuerst als das akzeptiert werden, was sie „ist". Die christlichen Scholastiker betrachteten die Welt als wichtigste Quelle des Wissens (*quod in intellectus est, primo in sensus erat.* „Was im Verstand ist, war zuerst in den Sinnen."). Die zentrale Stellung des Kosmischen in den realistischen und empiristischen Philosophien ist bemerkenswert. Bis heute war die treibende Kraft der deutschen Philosophie die Suche nach dem *Grund* oder gar nach dem *Urgrund*, der Essenz aller Dinge. Die Transzendentalphilosophie muß das, was transzendiert werden soll, zuerst erkennen. Bevor wir von der *lokottara* reden können, muß die *laukika*, das Weltliche, erst aus sich selbst heraus verstanden werden. Die Offenbarung als Quelle des Wissens, die auf den ersten Blick die kosmologischen „Gesetze" zu umgehen scheint, bezieht die kosmische Dimension meist als Sakrament, Symbol oder Erscheinung des Heiligen ein.

Die Erde begründet aber die Wirklichkeit nicht nur, sie bringt Wirklichkeit hervor. Sie ist fruchtbar; sie ist der Schoß der Lebewesen. Sie empfängt den Samen des Göttlichen und verwandelt ihn in reiches Leben. Die Erde ist der Ort, wo, und die Art, wie das Göttliche seine Güte und seine Macht dem Menschen gegenüber manifestiert. Die Erde sammelt die mannigfaltige Welt in ihrer Hürde; ihr obliegt es, alle Wesen zu umfangen und für alle Raum zu finden. Durch Veränderung wachsen und leben wir. Die Erde als Ursprung der Veränderung wird zum Reich des Vertrauens. Nur im Vertrauen kann der Bauer seinen Samen säen, der Fischer seine Netze auswerfen. Nur aus der Hoffnung heraus kann der Bergmann schürfen, nur im Vertrauen verlassen wir uns darauf, daß die Sonne tagtäglich aufgeht und daß die Elemente des Kosmos auch morgen die gleichen Eigenschaften aufweisen werden wie gestern, die Luft weiterhin Radiowellen überträgt, das Kupfer wie bisher Elektrizität leitet und so weiter.

Wenn wir dieser doppelten Symbolik der Erde gegenüber nicht sensibel sind, wenn wir nicht mehr wahrnehmen, daß beides miteinander verwoben ist, kann es leicht geschehen, daß die Festigkeit der Erde fälschlicherweise mit Substanz, Undurchlässigkeit oder Undurchdringbarkeit verwechselt wird. Dann wird sie zur Mauer, die beide Welten voneinander abschottet, und ihre Empfänglichkeit verkommt schnell zur Manipulierbarkeit, Wahrscheinlichkeit und bloßen Verfügbarkeit.

Daß die Erde eine Seele hat, bedeutet, daß sie lebendig ist, daß sie die unmittelbare Ursache ihrer eigenen Bewegungen in sich trägt. Dies ist ein guter Anfang und ein klassischer Zugang – vorausgesetzt, daß wir die Ursache nicht von der Wirkung trennen. Nicht durch kausales Denken wird uns das Leben bewußt. Die Seele ist nicht die „Ursache" für die Lebendigkeit der Erde. Der Ausdruck „eine Seele haben" ist irreführend, gerade weil er die Zweiteilung aufrechterhält, die wir zu überwinden suchen. Die Erde ist nicht ein toter Körper, der durch eine Seele belebt wird.

Der Mythos von der *anima mundi* will einfach sagen, daß die Erde ein lebendiger Organismus ist, daß sie über eine Spontaneität verfügt, die nicht bloß mechanisch einem Muster oder verschiedenen Mustern folgt, die ein für allemal festgelegt sind. Der Mythos verweist auf eine gewisse Freiheit, die nicht eine bloße Laune oder ungezügelte Schrulligkeit ist, sondern auch ein Maß an Vorhersehbarkeit sowie, sozusagen von „außen" gesehen, einen Zwischenraum von Unbestimmtheit umfaßt. Der Ausdruck *anima mundi* besagt gerade nicht, daß die Erde eine *anima* (Seele) hat, sondern daß sie ein *animal* (Lebewesen), also *animiert* ist, im ursprünglichen Sinne von beseelt. Der Bedeutungswandel im Wort „animal" (zu Tier) verrät den siegreichen Einfluß der cartesianischen Auffassung. Diese beraubt die Tiere systematisch ihres *animus* und damit ihres wahren Seins als belebte Dinge.[2]

2. LEBEN ALS ZEIT DES SEINS

Dank eines faszinierenden Paradoxons ist die heutige säkulare Mentalität wieder vermehrt auf eine Dimension der *anima mundi* aufmerksam geworden, die während der letzten Jahrhunderte der abendländischen Kultur vernachlässigt wurde. Das Paradox liegt darin, daß die Neuzeit auf eines der traditionellsten Merkmale des Lebens reagiert, nämlich auf die *Zeit*.

Der tiefgreifendste Aspekt des Säkularen besteht, abgesehen von soziologischen und historischen Möglichkeiten und über diese hinaus, in der positiven und entscheidenden Bedeutung, die es der Zeit beimißt.[3] Das *saeculum*, das heißt die zeitliche Welt, ist das wirkliche Universum. Die wirkliche Welt ist zeitlich, und Zeitlichkeit ist ihr wahres Charakteristikum.

Beginnend mit Aristoteles[4], in etwas veränderter Weise im Mittelalter[5] und schließlich akzeptiert in der Renaissance[6], war das besondere Charakteristikum des Lebens die Eigenbewegung. Nur Lebewesen waren „auto-mobil".

---

[2] *Anima* heißt auch „Luft", „Atem" und „Geist". Cf. das griechische *anemos*, „Wind" und Sanskrit *aniti*, „er atmet", aber auch *ātman* und *prāna*.

[3] Cf. R. Panikkar, *Worship and Secular Man*. New York (Orbis) 1973, besonders pp. 9–13.

[4] Cf. R. Panikkar, *El concepto de naturaleza*. Madrid (CSIC) 2nd Ed. 1971, p. 200 ff. für eine detailliertere Untersuchung der Natur der Selbst-Bewegung.

[5] Cf. *inter alia*, D. Thomas, *Sum. theol.* I, q. 18, a. 1.

[6] In diesem Kontext ist es interessant, die revolutionären Folgen von Galileis Theorien zu sehen, die davon ausgingen, daß die lebendigen Himmelskörper notwendigerweise den gleichen Gesetzen folgen wie irdische Dinge.

Bewegung wurde aber vorwiegend in räumlichen und weniger in zeitlichen Begriffen verstanden. Unsere heutige säkulare Denkweise ist bereit, Zeit und Leben wieder miteinander zu verbinden.

Daß die Welt zeitlich ist, heißt folgerichtig, daß sie nicht eine tote Struktur, ein bloßes, vom Verfließen der Zeit nicht berührtes Skelett ist. Wie wir aus dem Lexikon des Hesychius von Alexandria ersehen können, definierten bereits die alten Griechen Leben (*zōē*) als *chronos tou einai*, als Zeit des Seins. Gerade die Zeitlichkeit des Universums zeigt uns, daß es lebendig ist; es kennt Jugend, Reife und Alter, Gebrechlichkeit und sogar den Tod. *Zōē* wurde im klassischen griechischen Denken dem *thanatos*, dem Tod, gegenübergestellt.

Wir können hier einen Augenblick innehalten, um einen wichtigen Zusammenhang wiederherzustellen, der oft übersehen wird. Das Sein wurde nur zu oft als der allem zugrunde liegende und damit unbewegliche Grund alles Existierenden verstanden. Das Sein ist angeblich unwandelbar, immerwährend, unveränderlich, ewig und letztlich göttlich. Die Dinge verändern sich, weil sie noch nicht sind, was sie sein „wollen". Sie wollen einerseits das Sein, das ihnen andererseits im gleichen Maße fehlt. Sie wollen es, gerade weil es ihnen fehlt. [Im Englischen ein Wortspiel, das im Deutschen keine Entsprechung hat: *They want (desire) Being, precisely because they want (lack) Being*, Anm. d. Ü.]. Die Zeit ist möglicherweise der „Fluß" des Seienden, aber Seiendes kann nur entweder ins Sein oder ins Nichts fließen. Wenn es ins Nichts fließt, verschwindet mit ihm auch die Zeit. Wenn es ins Sein fließt, „wird" die Zeit, falls das Seiende nicht vom Sein verschluckt wird (wobei die räumliche Metapher irreführend sein kann), zum Fluß des Seins selbst. Dies ist es, was die Griechen *zōē*, Leben, nannten. Dieses Leben ist das eigentliche Leben des Seins.

Das heutige Bewußtsein hat die tiefe innere Beziehung zwischen Sein und Zeit betont. Zeit ist nicht etwas, was dem Sein zufällt, sondern das Sein ist an sich zeitlich. Die Dinge fahren nicht auf etwas dahin, das wir Zeit nennen, als glitten sie einen Schneehang hinunter. Zeitlichkeit gehört zum Wesen der Dinge, und man kann ein Seiendes nicht von seiner konkreten „Zeit" trennen, ohne es zu zerstören. Ein Ashoka des 20. Jahrhunderts oder ein mittelalterliches Flugzeug sind *non sequiturs*, Widersprüche in sich selbst. Es gibt diese Dinge nicht, mehr noch, es kann sie gar nicht geben, denn in einer Zeit, die nicht die ihre ist, wäre ein Ashoka kein Ashoka und ein Flugzeug kein Flugzeug.

Die menschliche Zeiterfahrung bietet uns ein gutes Beispiel dafür, daß die Evolution unseres Bewußtseins spiralförmig verläuft: Wir kommen darauf zurück, daß Zeit Leben ist. Das Wort *Zeit* beinhaltete ursprünglich eine vorwiegend qualitative Intuition, in dem Sinne, daß jedes Seiende seine eigene Zeit hatte. Zeit war die besondere Art und Weise, in der jedes Ding dauert. Als man entdeckte, daß deren Dauer ein quantitatives Muster zugrunde liegt, begann man, die Zeit mit ihrem quantitativen Parameter zu identifizieren. Dabei ging man davon aus, daß zwischen der „gemessenen Zeit" und der umfassenderen Wirklichkeit der Zeit eine Übereinstimmung besteht. Die „physikalische Zeit" wurde zu einem bloßen Feld (einem Ort) abgewertet, auf dem materielle Phänomene auf völlig mechanistische und deterministische Weise ihre Möglichkeiten entfalten – zur vierten Raumdimension. Das heutige abendländische Bewußtsein (einschließlich der heutigen Wissenschaft) gewinnt die Einsicht zurück, daß Zeit ein Teil der Wirklichkeit selbst ist. Zeitlichkeit ist eine besondere Art des menschlichen Daseins und als solche nicht einfach eine Schnellstraße, auf der sich der Mensch fortbewegt, sondern Teil seiner eigenen Konstitution. Die Vergangenheit wird nicht zurückgelassen, sondern in der Gegenwartszeit angesammelt; die Zukunft ist nicht einfach das, was auf uns zukommt, sondern wirkt in gewissem Maße (als Hoffnung) auch in der Gegenwart – und so weiter.

Was unser heutiges Bewußtsein wieder zu entdecken beginnt, ist die innige Verbindung zwischen Leben und Sein auf der tiefsten Ebene. Leben ist die wahre Dynamik des Seins. Lebende Dinge bewegen sich, und ihre Bewegung ist zeitlich. Sobald etwas stirbt, steht die Zeit für dieses Ding still, hört auf zu sein. Dinge sind, insofern sie sich bewegen; und sie bewegen sich, insofern sie zeitlich sind („sich in der Zeit bewegen" – ungenau ausgedrückt), das heißt insofern sie lebendig sind.[7] Leben ist die wahre, den Dingen innewohnende Zeit, wie bereits die Griechen wußten.

Dieses allgemeine, universale Leben, *zōē*, sollte klar von *bios* unterschieden werden, mit dem das individuelle Leben gemeint ist – genau umgekehrt, als die moderne Wissenschaft den Ausdruck verwendet, aber in Übereinstimmung mit der Verwendung im Wort „Biographie". In *zōē* klingt das „Leben der Geschöpfe" an, wie Kerényi es in seiner grundlegenden Unterscheidung formuliert hat.[8] Genau dieses Leben ist Zeit, Zeit des Seins, wie die alten Griechen sagten, oder „Seelenzeit", wie Plotin es auffaßte.[9] Auch

---

[7] Dies sollte nicht als Versuch verstanden werden, den Unterschied zwischen sogenannten unbelebten Körpern und sogenannten Lebewesen zu verwischen. Cf. meine Unterscheidung zwischen immanenter und wesentlicher Bewegung in R. Panikkar, *Ontonomía de la Ciencia.* Madrid (Gredos) 1961, p. 121 ff., und *El concepto de naturaleza, op. cit.,* p. 166.

[8] K. Kerényi, *Dionysos.* Princeton, N. J. (Princeton University Press) 1976, p. XXXII. Kerényi zitiert auch Hesychios *(sic)* und Plotinos *(sic).*

[9] Cf. *Enneaden,* III, 7, 11, 41–47: „Time, then, is contained in differentiation of life; the ceaseless forward movement of life brings with it unending Time; and life, as it achieves its stages, constitutes past Time. It would be sound, then, to define Time as the life of the Soul in move-

Gott ist in diesem Sinne, wenn er ein Lebewesen ist, ein zeitliches Wesen. Ewiges Leben bedeutet nicht unzeitliches *bios*, sondern genaugenommen unbegrenztes, immerwährendes Leben: *aiōnios zōē*, wie die Evangelien es nannten: kosmisches Leben, *säkulares* Leben.[10] Während Griechenland Leben als Seinszeit begreift, nimmt das klassische Indien Zeit als Lebensatem der Wirklichkeit wahr. Es ist die Zeit, die die „Dinge zur Reife bringt und alle Dinge umfängt". Die Zeit ist „der Herr, der in den Dingen Veränderung bewirkt". „Die Zeit erschuf die Erde." „In der Zeit liegt Bewußtsein." Und, in expliziter Weise: „In der Zeit ist Leben" (*prāna*).[11]

Um der Idee von Leben Ausdruck zu verleihen, verwendet die Sanskrit-Tradition meistens die Wörter mit *pran:* einatmen, weiters: leben, und *jīv,* am Leben sein, lebendig sein usw. *Prāna* umfaßt die Bedeutungen von Atem, Geist, Lebenskraft und leitet sich von der Wurzel *prā,* füllen, ab.[12] Manchmal wird Leben mit dem Plural ausgedrückt, im Sinne einer Zusammenfassung von allem, was atmet, von allem Lebensatem. Leben ist das, was alles füllt und erfüllt, was ist. *Jīvanam* ist das Substantiv, das von der Wurzel *jīv* abgeleitet ist.[13] Andere Wörter sind *asu,* das vitale Stärke, aber auch Atem bedeutet, und ähnlich *āyus,* Lebenskraft, aber auch Lebensspanne, Lebenszeit.[14]

3. PERSÖNLICHE BEZIEHUNGEN

Der Mensch hat die Bedeutung beinahe aller Wörter, die Lebensfunktionen bezeichnen, für sich allein in Anspruch genommen. Wir sollten aber die einzigartigen Eigenschaften des menschlichen Lebens nicht mit dem eigentlichen Sitz des Lebens gleichsetzen. Wir sollten auch nicht Unterschie-

---

ment as it passes from one stage of experience to another. For Eternity is life in repose, unchanging, self-identical, always endless complete; and if there is to be an image of Eternity – Time", S. Mackennas Übersetzung, durchgesehen von G. H. Turnbull in *The Essence of Plotinus.* New York (Oxford University Press) 1934, p. 107. Der griechische Text kann nachgelesen werden in der Ausgabe von P. M. Henry und H. R. Schweizer, *Plotini Opera,* Vol. 1. Oxford (Clarendon) 1964, p. 356.

[10] Diese Formulierung kommt allein in den Evangelien 16mal vor und 26mal in den übrigen Büchern der christlichen Schrift.

[11] Zu diesen und anderen indischen Texten cf. R. Panikkar, „Time and History in the Tradition of India: Kala and Karman." in UNESCO, *Cultures and Time.* Paris (UNESCO Press) 1976, pp. 63–88.

[12] Cf. griechisch *plērēs,* lateinisch *plenum,* Sanskrit *pūrna,* „füllen" und *priparti,* „er nährt".

[13] Cf. im alten Sanskrit *jyā-jī* und lateinisch *vivus, vita,* „leben".

[14] Verwandt mit dem griechischen *aiōn* und dem lateinischen *aevus.* Das eigentliche Wort *aiōn* – von dem *saeculum* herkommt, die zeitliche Welt und die Ewigkeit – bedeutet ursprünglich „la force qui anime l'être et le fait vivre." Von dorther bedeutet es die Welt als ein Lebewesen, voller Lebenskraft, *aiōn.* Vgl. E. Benveniste, „Expression indoeuropéenne de l'éternité" in *Bulletin de la Société linguistique de Paris,* No. 38 (1937) 11.

de verwischen, um die Ähnlichkeiten hervorzuheben. Wir können nicht sagen, die Erde verfüge über Intelligenz, wenn wir darunter das wichtigste Unterscheidungsmerkmal des Menschen verstehen. Aus demselben Grund können wir auch nicht behaupten, die Erde habe einen Willen. Aber wir werden dem zustimmen müssen, daß die Erde ein Bewußtsein *sui generis* und eine einzigartige Form von Verlangen oder Triebkraft hat. Es ist entscheidend, hier sowohl die Verschiedenheit von jenen Phänomenen als auch die Kontinuität mit ihnen, die wir von innen her erfahren und der wir eine anthropomorphe Bedeutung geben, zu betonen.

Das Leben der Erde zu entdecken, bedeutet zugleich, sich auf eine persönliche Beziehung mit ihr einzulassen. Offensichtlich kann die Beziehung zur Erde, wie jede persönliche Beziehung, nicht mit wissenschaftlichen Kriterien gemessen werden. Wir können ein Ich-Es-Wissen über die Erde haben, so wie wir uns über jeden Menschen ein objektives Wissen aneignen können. Wir werden aber nie das Leben hinter irgendeiner Art von Objektivierung entdecken. Objektives Denken beschränkt sich auf eine Reihe äußerer Kriterien, um das Leben vom Tod unterscheiden zu können. Wir können ausschließlich das Empfindungsvermögen der Tiere als Kriterium für Leben bezeichnen und in der Folge die meisten Pflanzen als nicht lebend betrachten. Wir können die Grenzen auch anderswo ziehen. Aber auch dann werden wir durch bloßes Messen von Bewegungen das Leben nicht erfahren – ebensowenig wie die Zeit. Die persönliche Beziehung zur Erde ist, wie gesagt, eine Beziehung *sui generis*. Sie ist anders als der Umgang mit Menschen oder der Austausch mit Tieren oder als die besondere Verbindung mit Pflanzen. Dennoch handelt es sich um eine ganz andere Beziehung als jene, die durch Abstraktion oder bloße Objektivierung hergestellt wird. Eine Rose ist nicht wie ein Stein, aber ein Stein ist auch nicht wie die Zahl Fünf.

Erstens gibt es besondere Arten von Beziehungen zu Dingen, die auf einer tieferen Stufe stehen als die Pflanzen, wie Steine, Berge, Kristalle und Edelsteine. Es braucht keine hochentwickelten psychischen Fähigkeiten, um solche Beziehungen einzugehen. Man muß auch nicht an Amulette, Reliquien, Bilder oder Ikonen glauben. Dies sind spezielle und ambivalente Arten von Beziehungen, und sie können uns besser verstehen lassen, worum es hier geht. Die Art von Beziehung, die wir zu beschreiben versuchen, ist aber einfacher und viel allgemeingültiger. Ich nehme auf genau jene grundlegende menschliche Haltung Bezug, die diese Beispiele überhaupt möglich macht. Die Liebe zu materiellen Dingen ist eine universelle Erscheinung und eine, die sich nicht mit „Nützlichkeit" oder rein ästhetischen „Gründen" erklären läßt. Unsere Beziehung zur Welt der materiellen Dinge ist tiefer und menschlicher, als wir verstandesmäßig erklären können. Es geht nicht darum, daß ich gerne einen alten Anzug oder ein Paar alte Schuhe trage, einfach weil sie bequemer sind. Es geht auch nicht nur darum, daß meine Gestalt und mein Geruch so auf diese Kleidungsstücke übertragen worden sind, daß der alte Isaak sich täuschen lassen könnte. Die Analyse unserer Empfindungen kann nicht auf Psychologie und Chemie reduziert werden, obwohl diese beiden Wissenschaften uns ein Grundmuster anbieten, das uns helfen kann, mit dem „Wie" dieses Vorgangs besser zurechtzukommen.

Unsere Freundschaft und Nähe zu Dingen ist eine allgemeingültige Erscheinung. Dinge haben für uns ein Gesicht; sie haben ihre besondere, ganz eigene Sprache; sie bewirken, daß wir uns wohl oder unbehaglich fühlen.[15] Welche weiteren Erklärungen auch immer wir uns zurechtlegen, sie ändern nichts an der ursprünglichen Tatsache, daß wir nicht nur auf Menschen, sondern auch auf Dinge in einer ganz persönlichen Art reagieren. Physikalisch-chemische Reaktionen ziehen vielleicht Bienen zu Blumen hin und Männer zu Frauen, und möglicherweise senden Menschen oder Orte besondere Schwingungen aus – Tatsache bleibt, daß die Anziehung als solche nicht auf angebliche Wirkursachen beschränkt ist.[16] Weshalb sollte eine Farbe, ein Ton oder ein Geruch überhaupt jemanden anziehen oder abstoßen – einmal abgesehen von allen psychologischen Erklärungen?

4. LEBEN UND WORT

Auf dem Hintergrund einer traditionellen Kultur, sei es im Abendland, in Indien, China oder Afrika könnten wir einfach sagen, der Beweis oder der Ausdruck für diese persönliche Beziehung zu Dingen besteht darin, ihnen einen eigenen Namen zu geben. In diesem Kontext wird der Name nicht einfach als Zeichen verstanden, sondern als das eigentliche Bindeglied zwi-

---

[15] Wenn ich hier eine persönliche Erinnerung einfügen darf: Aus Gründen, die mit meinem gleichzeitigen Studium der Philosophie zu tun hatten, begann ich während eines Jahres aus rein theoretischem Interesse Chemie zu studieren. Ich *wußte* alles (und bestand auch tatsächlich fünf sehr knifflige Prüfungen mit Auszeichnung), aber eigentlich *verstand* ich nichts. Die Materie schien noch geheimnisvoller als das Sein. Im Jahr darauf lernte ich wahrscheinlich nur wenig Neues, verbrachte aber die meiste Zeit im Labor. Dort war es, daß mir die Materie Einblick in ihre Geheimnisse gewährte; wir schlossen Freundschaft. Danach konnte ich die schwierigsten chemischen Analysen fast allein schon durch das Erraten der jeweiligen Reaktionen ausführen. Mein theoretisches Wissen war wohl nicht überflüssig, aber mir scheint, ich machte damals ohnehin nicht groß Gebrauch davon. Was ich äußerlich gewußt hatte, erfuhr ich jetzt innerlich. Der heilige Thomas spricht von *cognitio per connaturalitatem*.
[16] Vedische und tantrische Rituale haben eine besondere Methode, um Götter und Betende „anzuziehen", indem sie die symbolische Kraft der kosmischen Elemente und künstliche Objekte verwenden.

schen den Dingen (dem Benannten) und dem Benennenden. Der richtige Name berührt die Seele des Dinges.

Wir können die Behauptung aufstellen, „Leben" bedeute ausschließlich menschliches Leben; wir können den Grundsatz vertreten, „Zeit" sei ausschließlich der Maßstab für materielle Bewegung im Raum. *Begriffe* können wir manipulieren, weil wir sie für den heuristischen Gebrauch selbst geschaffen haben, mit *Wörtern* hingegen können wir dies nicht tun, denn sie haben eine eigene Geschichte, die überliefert worden ist. Wörter sind außerdem mit Konnotationen verbunden, die sich unserer Macht entziehen; wir können ihnen nicht diktieren, was sie unserer Meinung nach bedeuten sollen. Begriffe sind der Erkenntnis dienende Zeichen, die wir benutzen, um Objekte zu bezeichnen. Wörter hingegen sind Symbole, denen wir im Austausch zwischen Menschen und Dingen begegnen.

Die Dinge, die wir benennen, sind – im Unterschied zu den Objekten, denen wir ein Etikett, also Begriffe umhängen, um sie zu identifizieren – Wesenheiten, die bereits durch etwas in unser Leben getreten sind, was mehr ist als bloße Empfindung, Wahrnehmung oder abstraktes Wissen. Sie stehen in einer lebendigen Beziehung zu uns – gerade dies macht ihre Einzigartigkeit und ihre Unverwechselbarkeit, ihre Unübertragbarkeit aus. Wir wissen aus Erfahrung, daß nicht irgendein Name genügt – nicht, wenn wir jene Dinge authentisch benennen wollen, die Kette und Schuß in unserem Lebensgewebe geworden sind.

Das Zerbröckeln kultureller, religiöser, politischer und anderer Mauern in unserer Zeit läßt auf der ganzen Welt einen pluralistischen Wind wehen, dessen Wirkungen auch hier erkennbar sind. Leben gilt nicht mehr als menschliches Vorrecht, ja es kann nicht einmal mehr ausschließlich Tieren und Pflanzen vorbehalten werden. Die alte „panzoische" Einsicht – die globale Durchdringung des Lebens – gewinnt wieder an Stoßkraft, allerdings auf einer neuen Ebene der Spirale. Vier Wissenschaften vom Leben können unterschieden werden: *Zoologie* oder die Wissenschaft vom universalen Leben, *Biologie* oder die Wissenschaft vom Leben der Pflanzen und Tiere, *Psychologie* oder die Wissenschaft vom Leben des Menschen und *Theologie* oder die Wissenschaft vom reinen Leben.

Einem möglichen Einwand soll hier begegnet werden. Dies hilft zugleich, unseren eigenen Standpunkt zu klären. Man kann sagen, daß wir, die Menschen, es sind, die wir unsere Gefühle und Haltungen auf jene Dinge projizieren, mit denen wir uns auseinandersetzen. Wir personifizieren, wir vermenschlichen die Welt, während in Wahrheit die Dinge einfach da sind, empfindungslos und passiv. Wenn wir diese Einstellung ernst nehmen, müssen wir hinzufügen, daß dann nicht nur Gott, sondern auch alle „anderen" Menschen Projektionen unseres Egos sind. Dies würde letztlich zu einem durchgängigen idealistischen Solipsismus führen.[17] Nur das Ego existiert, alles andere ist eine Projektion dieses Ichs, eine Schöpfung des Verstandes oder des universalen Geistes. Dies ist sicherlich der radikalste Einwand, denn er steuert geradewegs auf die letzten Konsequenzen zu. Wir entdecken darin den zugrunde liegenden monistischen Einwand.

Die Antwort kann auf verschiedenen Ebenen gegeben werden, je nachdem, auf welcher Ebene der Einwand sich bewegt. Wir wollen uns nur mit der Ebene der materiellen Dinge auseinandersetzen, die enger mit unserem Thema verknüpft ist. Wir können die Möglichkeit nicht ausschließen, daß es sich um unsere eigenen Projektionen handelt. Dies gilt außerdem nicht nur für „unbelebte" Dinge, sondern auch für „lebendige" Menschen. Vieles von dem, was wir in anderen sehen, haben wir in sie hineingelegt. Dies gilt auch für die natürlichsten und gegenseitigen menschlichen Beziehungen wie die zwischen Liebenden und jene zwischen Eltern und Kindern: Der/ die *Andere* ist zu einem großen Teil unsere Schöpfung. Wir projizieren Geschöpfe.

Zum großen Teil hängt alles von unserer Initiative ab. Diese Tatsache entkräftet aber das dementsprechende Faktum nicht, daß wir unsererseits projizierte Wesen sind. Wir sind uns eines doppelten Faktors bewußt: a) des eigenartigen Widerstands des anderen und b) der Initiative des anderen. Diese zwei Faktoren müssen auseinandergehalten werden, denn es ist unsere gewöhnliche Erfahrung, daß wir manchmal dazu neigen, viel von uns selbst auf andere zu projizieren, trotz des Widerstandes oder der „schlechten Schwingungen" des anderen. Wie kommt es, daß ich in bestimmten Fällen mehr und besser „projiziere" als in anderen? Weshalb werde ich von einigen meiner Projektionen angezogen und klammere mich an sie, während ich von anderen abgestoßen werde oder davor zurückschrecke?

Eine rein quantitative Antwort ist nie endgültig. Wenn wir zum Beispiel sagen, ein Kreis von acht Elektronen sei der stabilste und Körper tendierten deshalb zu einem Zustand größter Stabilität, läßt dies die Frage offen, weshalb Plancks Konstante die und die Größe hat und nicht eine andere oder weshalb das Universum diese besondere entropische Tendenz aufweist usw. Die letzte Frage ist nicht die nach dem *Wie*, sondern die nach dem *Warum*

---

[17] Der idealistischen Linie *Descartes – Hegel – Husserl* sollten wir die Linie *Jacobi – Feuerbach – Ebner* entgegenstellen. Es war vermutlich F. H. Jacobi, der als erster dem cartesischen Prinzip des Ich sein eigenes Prinzip der „Quelle aller Gewißheit" entgegensetzte: „Du bist, und Ich bin." *Sämtliche Werke*, Vol. VI, 1968, p. 292. Andere Namen, die hier mitgenannt werden können, sind J. G. Hamann, W. von Humboldt, M. Buber, F. Rosenzweig, E. Rosenzweig-Huessy usw.

des *rebus sic stantibus*. Weshalb gibt es das Sein, und weshalb „ist" es, *wie* es ist?

Wir können diese Leibnitzsche Frage in einer etwas intellektuelleren Art formulieren, um dem möglichen Einwand zu begegnen, die Frage habe keinen Sinn, denn wenn es kein Sein gäbe, gäbe es auch mich nicht, der diese Frage stellt. Wir müssen das Problem nur anders formulieren: Wie kommt es, daß wir – obwohl wir wissen, daß niemand da sein würde, um die Frage nach dem Nichtsein anstelle des Seins zu stellen – diese Frage dennoch stellen und wissen, daß wir fragen? Wir essen die verbotene Frage! Weshalb gibt es ein Lebewesen, das nach dem Nichtsein fragen kann, im vollen Bewußtsein, daß es diese Frage bestimmt nicht stellen könnte, wenn eine der beiden Seiten des impliziten Dilemmas zuträfe? Die Welt des Menschen scheint jenseits von Sein und Nichtsein zu liegen. Aber dies nur in Klammern.

Eine persönliche Beziehung ist, wie wir gesehen haben, nicht einseitig. Sie verlangt nach einer Antwort und registriert auch eine konkrete Initiative der anderen Seite. Nochmals: Es geht mir nicht um paranormale Phänomene irgendwelcher Art, so interessant diese auch wären und soviel Licht sie auch auf unsere Frage werfen könnten. Die Sache ist einfacher und viel gewöhnlicher. Die Dinge verhalten sich uns gegenüber nicht gleichgültig, obwohl wir im allgemeinen ihre „persönliche" Reaktion nicht messen können. Es ist aber eine alltägliche Erfahrung, daß es Dinge gibt, die uns ansprechen, und andere, die uns abweisen. Es gibt Dinge, die wir mögen, weil wir davon überzeugt sind, daß sie uns mögen, obwohl wir vielleicht nicht über die geeignete Grammatik verfügen, um dies auszudrücken. Kurz gesagt, die Welt auf den Horizont des Meßbaren oder auf den rein subjektiven Bereich unserer Projektionen zu reduzieren, käme einer Verarmung unserer *Lebenswelt*, unserer Umgebung gleich. Ortega y Gassets berühmte Definition des Menschen – *Yo soy yo y mi circunstancia*, „Ich bin ich selbst und meine Umwelt" – sollte als anthropologische Aussage im engeren Sinn verstanden werden. Die Umwelt gehört zu mir, sie beeinflußt mich nicht nur, sondern ist Teil meiner selbst, wenn nicht mehr als das.

Nicht nur Zeit und Raum im allgemeinen, sondern konkrete zeitliche und räumliche Dinge bestimmen mein Leben und mein Sein; sie sind Teil meines Lebens und Seins. Nicht nur meine Freunde und die Menschen, mit denen ich lebe und rede, enthüllen mein Wesen und formen mich, auch die Welt um mich herum bestimmt mich und *ist* ich. Ich bin ebenso sehr ein passives Element wie ein aktiver Faktor. Unser Sein besteht nicht nur in dem, was wir unsere Individualität zu nennen pflegen.

Die Menschen des Altertums verfügten über eine ganze Sprache für die lebendige Welt; aber wir, als moderne Menschen, haben diese Sprache als primitiven Unsinn interpretiert oder, im besten Fall, als dichterische Freiheit für den Ausdruck sentimentaler Gefühle. Sie haben von Göttern, Geistern, Tugenden und Kräften gesprochen. Sie verfügten über eine hochentwickelte Sprache, um Qualität auszudrücken, genauso wie die heutige Wissenschaft über eine ganze Bandbreite ausgeklügelter Begriffe für Quantität verfügt. Für den Ungebildeten besteht der Unterschied zwischen Wasser und mit Sauerstoff angereichertem Wasser (Wasserstoffsuperoxyd) darin, daß das erste reinigt und das zweite desinfiziert. Für den Gebildeten ist der Unterschied der zwischen den Formeln H_2O und H_2O_2; ein zusätzliches Sauerstoffatom ist mit im Spiel.

Ich rede nicht einer Rückkehr zur mittelalterlichen Physik das Wort. Dieser Epilog lenkt unsere Aufmerksamkeit auf die *Dinge* und versucht, die Möglichkeit einer persönlichen Beziehung zu ihnen herauszuschälen. Ich behaupte nicht, daß Besitz, Bindung und übermäßige Liebe zu den Dingen die Haltungen seien, die wir uns aneignen sollten. Es ist im Gegenteil eine gewisse Askese, die uns immer sensibler werden läßt für die persönlichen Facetten jedes Dinges. Wenn ich eine Rose nicht schätze, weil sie mein ganzer Garten sein kann, wird auch mein Garten mich höchstwahrscheinlich nie ansprechen oder eine wirkliche Quelle der Freude und des Trostes sein. Wenn ich im Überfluß versinke und die Dinge achtlos behandle, weil ich zuviel davon habe, werde ich nie ihren Wert oder ihre Einzigartigkeit entdecken und ihr wahres, persönliches Gesicht kennenlernen. Ein einziges Taschenmesser für den Entdecker, ein einziger Edelstein für die Liebenden, eine Reliquie für den Gläubigen, ein Regen zur richtigen Zeit für den Bauern, ein ruhiges Meer für die Fischersleute oder die letzte Pesete für den Bauern – das sind mehr als bloß „natürliche" Phänomene. Sie tragen Eigennamen, und sie sind mit dem ganzen Universum verbunden.

Schauen wir uns ein Beispiel an, das überall in der Welt vorkommt. Wenn Dürre herrscht im Land, nimmt man seine Götter, Heiligen und Madonnen ins Gebet. Man fleht sie an, man bedrängt sie mit Bitten, man macht Prozessionen und Bittlitaneien. Wenn die Anthropologen dies als Magie, die Psychoanalytiker als psychologisches Ventil und die Theologen als Aberglauben bezeichnen, verfehlen sie den Kern der Sache und begehen den methodischen „katachronen" Fehler, solche Phänomene mit fremden Kategorien zu beurteilen. Es kann sehr wohl sein, daß jene „Eingeborenen", die mit Gelehrten und Akademikern in Kontakt gekommen sind, nicht mehr vollständig der Welt dieser Phänomene angehören. Sie repräsentieren die Übergangsstufe ihrer Mythen. Sie sind ein Beispiel für das, was in größerem Maßstab mit der „Modernität" geschieht – ob wir es wollen oder nicht: Sie beurteilt ganzheitliche, überzeitliche und qualitative Ereignisse aufgrund kausaler, historischer und quantitativer Deutungsmuster – und geht so entweder von einer falschen Voraussetzung aus oder überhaupt am Kern der Sache vorbei.

Es geht mir nicht darum zu beurteilen, ob jene recht haben, die innerhalb einer Kultur leben, oder jene, die sie von außen beobachten. Ich will nur sagen, daß die Insider das Organisieren von Prozessionen, das Singen von Liedern, das Sprechen von Gebeten nicht als kausale Faktoren verstehen, die auf meteorologische Kräfte einwirken, um Regen zu machen. Sie wissen sehr genau, daß Regen aus den Wolken kommt und daß Wolken eine besondere Form von kondensiertem Wasser sind. Aber sie glauben, daß es zwischen dem Regen, dem eigenen Verhalten und der ganzen Situation des Kosmos eine metakosmische und übermenschliche Verbindung gibt. Sie glauben, daß das Gleichgewicht des Kosmos äußerst zerbrechlich ist und daß sie selbst in diesem Zusammenspiel eine wichtige Rolle spielen. Sie stehen in einer persönlichen Beziehung zu den Dingen und zum Kosmos insgesamt.

Wir wollen diese verblüffende Feststellung, daß auch die Dinge eine Beziehung zu uns haben – und daß diese Beziehung eine gegenseitige und somit eine persönliche ist –, etwas genauer analysieren.

Es fällt uns leicht einzugestehen, daß wir zu unserem Haus oder zu unserem Ochsenkarren ein persönliches Verhältnis haben. Etwas schwieriger scheint es zu akzeptieren, daß es sich dabei um eine gegenseitige Beziehung handeln könnte. Aber dies ist genau das, was ich meine. Das Wort, das ich hier verwenden möchte, *Spuren*, war im christlichen Mittelalter voll von theologischen Konnotationen; erst in letzter Zeit bekam es vor allem die Bedeutung von „Fingerzeigen" für Detektive. Wir hinterlassen unsere Spuren auf den Dingen, und die Dinge hinterlassen Spuren in uns. Dinge sind „spürbar" und haben ein „Gespür"; sie können die Eindrücke unserer Beziehung zu ihnen bewahren, da wir sie wie Schätze in unserem Gedächtnis (in unseren Erinnerungen) bewahren können. Dinge reagieren verletzlich, empfindsam, offen und empfänglich auf die Art und Weise, wie wir sie behandeln. Genauso wie wir einen nagelneuen Wagen von einem gebrauchten unterscheiden können, handelt es sich bei diesen Spuren nicht nur um physische Narben. Die Dinge können Spuren des vorigen Besitzers tragen; die Volksweisheit nennt diese Dinge „second hand", und tatsächlich ist die Be-handlung durch dieses wichtige menschliche Organ häufig an den Dingen sichtbar.

Die Beispiele vom Haus und vom Ochsenkarren sind einleuchtend. Wir treten in jemandes Haus ein oder fahren auf seinem Ochsenkarren und empfinden unmittelbar, ob diese Dinge eine Verlängerung für den Körper ihres Besitzers sind – und uns sein Wesen enthüllen – oder bloß ein unpersönlicher Gegenstand zur Nutzung und Ausbeutung. Ich rede hier nicht von Gespenstern in irischen Häusern, sondern von dem, was solche Vorstellungen möglich macht. Ich plädiere nicht unbedingt für das Verehren von Reliquien, aber ich meine, das Küssen von Ikonen im liturgischen Rahmen oder das Beweihräuchern des *murti* sind mehr als bloß psychologische Handlungen.

Die Lehre vom *vestigium trinitatis* und von der *imago dei (eikona toû Theoû)* sind mehr als bloße Theologumena für das Wissen um Gott; sie enthüllen uns auch unsere eigene Natur und unser unabdingbar auf Beziehung ausgerichtetes Wesen. Das Buch Deuteronomium nennt, wie die Veden, im gleichen Atemzug die Ehefrau, den Ochsen, das Feld und den Sklaven. Wir können dies so verstehen, daß der Sklave auf die Stufe des Feldes degradiert wird oder daß der Ochse auf die Ebene der Frau gehoben wird: Alles ist eine Hierogamie, eine Heilige Hochzeit! – das Patriarchat nicht ausgenommen.

Das grundlegende Merkmal jeder Ich-Du-Beziehung ist, daß wir uns selbst nicht mehr in einer ausschließlich aktiven Haltung sehen, sondern lernen, auch passiv zu sein; daß wir nicht nur damit beschäftigt sind zu produzieren, sondern auch damit, den Regen zu erwarten und zu empfangen, von dem wir in unserem Beispiel gesprochen haben. Wir müssen mehr bereit sein zuzuhören. Ein anderes Beispiel, das heute oft noch dringender ist, als Regen zu machen: Jedermann ist heute daran interessiert, Frieden zu schaffen und zu vermitteln. Wieviele aber sind bereit, Frieden anzunehmen und zu empfangen?

In diesem Zusammenhang mag eine interkulturelle Reflexion am Platz sein. Einer der grundlegenden Züge des hellenistischen Denkens, der von der ganzen abendländischen Welt übernommen und erweitert wurde, ist der Vorrang, der dem „Sehen" mit dem ganzen Bedeutungsfeld dieses Wortes und seinen sinnverwandten Wörtern (Vision, Intuition, Aspekt, Erleuchtung, Klarheit, Einsicht usw.) eingeräumt wird, um die Funktion des Intellekts zu bezeichnen, der verstehen will. Sehen aber bedeutet immer eine aktive Haltung der Sinne und des Verstandes. Offenbarung hat nur bei einem sehenden Wesen einen Sinn. Man muß den Vorhang zur Seite schieben, damit die Wahrheit gesehen, ent-deckt werden kann. Einer der grundlegenden Züge im indischen Denken ist andererseits, daß dem „Hören" mit seinem ganzen Bedeutungsumfeld der Vorrang eingeräumt wird, um jene Überzeugung zu vermitteln, die die Fähigkeit zum Verstehen weckt. Die Metapher des Hörens für das Verstehen geht davon aus, daß wir zuhören, empfangen, einfach bereit sind, den Ton in uns eindringen zu lassen, so daß sich uns seine Bedeutung erschließt.

Sicherlich sollten wir diese Tendenzen nicht als ausschließliches Merkmal der jeweiligen Kultur auffassen. Auch die abendländische Tradition weiß um die Bedeutung des Hörens für den Glauben, welche Rolle das Hören auf das Wort Gottes und auf die innere Stimme spielt. Genausowenig streitet die indische Kultur die Bedeutung der Vision (*darsana*) ab, sowohl im Sinne des Anwesendseins vor dem Heiligen als auch im Sinne des Begreifens der Wahrheit. Dennoch ist der jeweils entgegengesetzte der dominierende soziokulturelle Faktor. Für Griechenland ist das Auge durchdringender als das Ohr, für Indien ist das Hören subtiler als das Sehen.

Um einen Stein oder eine Pflanze, eine Maschine oder ein Argument „sehen" zu können, muß ich auf meinem Weg zum Verstehen ein aktiv Handelnder sein, der seine Augen auf den Gegenstand richtet. Will ich andererseits dasselbe Ding „hören", muß ich, wenn dies der Weg zum Verständnis ist, ein passiv Handelnder sein, der die Töne empfängt, die vom „subjektiven Gegenstand" ausgesandt werden. Die erste Richtung führt zum Experiment (wir sehen uns die Dinge an); die zweite zur Erfahrung (die Dinge sprechen zu uns); die erste eher zu aktivem Eingreifen, die zweite eher zu passivem Teilhaben. Es braucht zwar Licht, damit der Stein gesehen werden kann, aber das Sehen ist meine Handlung. Es braucht Luft, damit der Stein gehört werden kann, aber ich muß ganz still sein, wenn ich hören will. Verstehen (*under-standing*) bedeutet hier, sich dem Ton (dem Sprechen . . .) all dessen zu „unter"stellen, das verstanden werden soll.

5. EINE NEUE KOSMOLOGIE

Bisher haben wir die Betonung auf die Beziehung zu individuellen Dingen gelegt. Dies ist aber nicht alles. Es bleibt uns immer noch die Aufgabe, eine umfassende Beziehung zur Erde zu schaffen, zum Planeten Erde als Ganzem, und zur ganzen astrophysischen und subatomaren Wirklichkeit als einem Universum.

Sehr erstaunlich ist die Tatsache, daß uns einerseits eine neue Kosmologie fehlt, wir sie andererseits aber dringend brauchen. Wir wissen, daß wir ohne Kosmologie nicht auskommen; wir wissen aber auch, daß uns heute keine einzige überzeugende Anwärterin zur Verfügung steht. Die heutige Wissenschaft im allgemeinen und die Physik im besonderen lehnen es – zu Recht – ab, uns ein vollständiges Weltbild vorzulegen, uns eine ausdrückliche Kosmologie anzubieten. Aber trotz der nüchternen Forderungen der besten Wissenschaftler beliefert uns die Alltagsphantasie und die populärwissenschaftliche Literatur dauernd mit einem Sammelsurium „interessanter" Mosaiksteinchen zu einem wissenschaftlichen Weltbild – ein weiterer Beweis *ad hominem*, daß der Mensch nicht nur ein logisches Wesen ist, sondern ebenso ein mythopoetisches Wesen.

Die Entdeckung, daß die gleichen „natürlichen" Gesetze sowohl in der astrophysischen als auch in der subatomaren Welt gelten, bestärkt uns in der Vorstellung von einem einheitlichen Kosmos, der mathematische Unterbau aber, der sich als eigentliche Einheit anbietet, erscheint als leblose formlose Uniformität. Und der Rückgriff auf vorwissenschaftliche Vorstellungen, wie die von der Erde als großem Tier, von Städten mit ihren eigenen Schutzengeln oder Pflanzen mit besonderen Geistern, befriedigen den modernen Menschen nicht. Die Idee von der Welt als Ganzheit kann auch eine glänzende Abstraktion sein und nicht mehr, eine Art theoretischer Punkt Omega, kaum mehr als eine verstandesmäßige Hypothese, um unser Denken zu koordinieren. Aber nochmals: Es genügt auch nicht, sich von einfachen ökologischen Überlegungen leiten zu lassen, so viel Achtung solchen Motiven im Hinblick auf die verheerenden materiellen und wirtschaftlichen Auswirkungen unserer Technologie auf die physische Umwelt auch entgegengebracht werden muß.

Überdies fürchte ich, daß eine zu starke Betonung des pragmatischen Aspektes nur zu noch raffinierteren, noch subtileren Formen einer Ausbeutung der Erde führt. Am Anfang geschah sie brutal und ohne große Bedenken, jetzt mit Vorsichtsmaßnahmen, Wiederverwertung und gutem Zureden – aber noch immer beuten wir die Erde aus, als ob wir weiterhin ihre Herren und Meister wären.

Die abendländische Welt der Neuzeit hat die Bedeutung des Wortes *Gott* gründlich von allen Anthropomorphismen gereinigt. Sie hat auch versucht, Gott aus dem ontologischen Zusammenhang zu lösen. Im selben Prozeß hat der Mensch der Erde ihre Lebendigkeit entzogen. Genauso ist die Erde für tot, der Himmel als verlassen erklärt worden. Der moderne Mensch scheint vergessen zu haben, was die Veden, die Bibel und die chinesischen Klassiker bestätigt haben: daß Himmel und Erde ein gemeinsames Schicksal haben. Wenn der Himmel verschwindet, wird die Erde vom Lebewesen zu bloßer Materie und Energie; dann sind die Naturkräfte nicht mehr lebendige Geister und Qualitäten, sondern bloße „Attribute" der Natur.

So wichtig diese Bereinigung der Vorstellungen über Himmel und Erde auch gewesen sein mag, sie hatte einen unerwarteten Nebeneffekt; der Mensch ist zu einem isolierten Wesen ohne Partner, höhere oder niedrigere, geworden. Der Himmel wurde zum menschlichen Projekt, zu einer mehr oder weniger heuristischen Vorstellung; und der Kosmos wurde zu wenig mehr als einer Voraussetzung der menschlichen Existenz. Aber weder dem Himmel noch dem Kosmos wird eine eigene Wirklichkeit zugestanden. Dies ist der radikale Humanismus unserer Zeit. Er hat den Menschen zu einem isolierten *Dasein* gemacht – das weder ein *Da* hat, auf dem es ruhen kann, noch ein *Sein,* ein Seiender, um zu sein.

In gewissem Sinne führt ein solcher Prozeß zu einer sehr positiven Errungenschaft. Vielleicht mußte der moderne abendländische Mensch tief in diese Erfahrung qualvoller Isolierung und Einsamkeit eintauchen, um auf einer neuen Ebene der Spirale, auf einer höheren Stufe des Bewußtseins zu entdecken, daß alle drei Dimensionen – das Göttliche, das Kosmische und das Menschliche – zur Wirklichkeit gehören und sich gegenseitig durchdringen, so daß alles anthropomorphe Merkmale, aber auch göttliche und materielle Dimensionen hat. Ein gänzlich von Anthropomorphismen befreiter Gott wäre nicht wirklich, genausowenig wie es ein gänzlich entmenschlichtes Universum geben kann. Sowohl das Kosmische als auch das Göttliche sind unverzichtbare Dimensionen der Wirklichkeit, die nicht vom Menschen bestimmt werden können, obwohl sie sich im Menschen begegnen, genauso wie der Mensch sich in ihnen wiederfindet.

6. EINE KOSMOTHEANDRISCHE SPIRITUALITÄT

Vielleicht kann ich hier einige Meilensteine auf dem Weg zu diesem neuen Bewußtsein einer Spiritualität des Irdischen skizzieren. Aus heuristischen Gründen werde ich in Abschnitte aufteilen, was einfach ist und einer einzigen einfachen Vision entspricht. Um mich kurz zu halten, werde ich nicht alle Verästelungen dieser Vision ausführlich darlegen.

Erstens: Diese kosmotheandrische Einsicht muß spontan auftauchen. Eine neue Unschuld ist hier gefordert. Weder gesetzliche Vorschriften noch moralischer Zwang genügen, so wichtig diese menschlichen Disziplinen in ihren eigenen Bereichen auch sein mögen. Spiritualität läßt sich letztlich nicht mit Hilfe von Gesetzen oder Befehlen durchsetzen. Sie muß in den Tiefen unseres Seins frei aufkeimen. Der richtige Boden dafür ist der Mythos.

Zweitens: Eine solche Spontaneität bringt es mit sich, daß diese Spiritualität so weit als möglich unabhängig bleiben muß von philosophischen und wissenschaftlichen Hypothesen. Die Authentizität eines Mythos erweist sich an seinem metaphilosophischen und metawissenschaftlichen Charakter. Ein Mythos ist polyvalent und polysemantisch. Für viele Menschen sind Gott und Wissenschaft heute nicht mehr Mythen, sondern Ideologien. Die Spiritualität, um die es uns hier geht, bleibt von solchen Ideologien unberührt; sie wirkt, ob wir nun der einen Ideologie folgen, oder einer anderen.

Drittens: Die Erde steht weder niedriger noch höher als der Mensch. Der Mensch ist weder der Herr dieser Welt noch einfach ein Geschöpf, Produkt eines kosmischen Schoßes. Die Erde ist aber auch dem Menschen nicht „gleich". Gleichheit geht davon aus, daß es eine höhere Gattung gibt, von der beide Arten genau gleiche Exemplare sind. Mensch und Kosmos sind aber im Gegensatz dazu Endresultate und damit weder auf einander noch auf eine höhere Einheit zurückführbar. Die Beziehung ist nichtdualistisch. Beide sind unterschieden, aber untrennbar. Mein Kopf unterscheidet sich von mir, aber er kann nicht von mir getrennt werden. Er würde aufhören zu sein, was er ist – und für mich gilt dasselbe. Der Kopf ist im wesentlichen der Kopf eines Leibes, ihm zugehörig. Die Metapher vom Körper kann immer noch wirkungsvoll sein: Wir behandeln unseren Körper nicht als etwas anderes, auch wenn wir sein Anderssein entdecken: *aliud non alius*.

Viertens: Unsere Beziehung zur Erde ist Teil unseres Selbstverständnisses. Es handelt sich um eine konstitutive Beziehung. Zu sein heißt sowohl *in* als auch *bei* der Welt zu sein. Ich behandle meinen Magen nicht unabhängig von meinem Körper oder von mir selbst. Ich bin überzeugt, daß das, was für den Magen das Beste ist, auch für mich das Beste ist – obwohl ich manchmal zu sehr das Maximum statt des Optimums im Blick habe und mich überesse oder zuviel trinke. Mit unserer Beziehung zur Erde ist es ähnlich, sobald das volle Bewußtsein erwacht ist. Wir brauchen weniger eine pragmatische Wiederverwertung als vielmehr eine lebendige Symbiose, eine gegenseitige Verjüngung, eine Spiralbewegung. Wenn es im Universum entropische Phänomene gibt, dann gibt es auch syntropische – die vitalen.

Auf dem Höhepunkt des europäischen Individualismus bestand die größte Sorge darin, die eigene Seele zu retten. Eine reifere Spiritualität entdeckte, daß die Aufgabe, unsere eigene Seele zu retten weder eine Aufgabe noch wirkliche Rettung ist, da eine solch individualistische Seele gar nicht existiert: Wir sind alle miteinander verbunden, und ich kann das Heil nur dadurch erreichen, daß ich das ganze Universum in dieses Unternehmen *einbeziehe*. *Auctis augendis* würde ich sagen, daß die kosmotheandrische Spiritualität uns bewußtmacht, daß wir nicht uns selbst retten können, ohne die Erde in dieses Unternehmen *einzubeziehen* – und, *minutis minuendis*, auch Gott.

Fünftens: Mit dieser Art von Spiritualität ist die „panmonetäre" Ideologie überwunden. Man lebt nicht bloß, um zu essen, sondern wenn wir richtig essen, leben wir und lassen andere leben, und das Leben fließt. Wir arbeiten nicht, um Geld zu verdienen oder uns Bequemlichkeiten zu leisten, sondern weil das menschliche Tätigsein ein Teil des menschlichen und kosmischen Lebens ist und den ganzen Organismus am Leben erhält. Das Anhäufen (von Geld) setzt ein eigenartiges Verhältnis zur Zeit voraus. Geld verleiht Macht, aber vor allem Macht über die ungewisse Zukunft. Die kosmotheandrische Spiritualität sieht Erfüllung nicht so sehr irgendwo in der Zukunft, sondern in einem größeren Raum, der alle „drei Zeiten" umfaßt.

Sechstens: Diese Spiritualität überwindet die Aufspaltung in eine sogenannte Naturmystik als niedrigere Form einer Vereinigung mit der Welt und in eine theistische Mystik als angeblich höhere Form einer Vereinigung mit Gott. Natur ist nichts, wenn sie nicht *naturata* (gezeugte Natur) ist, gleichermaßen bleibt Gott eine Abstraktion, wenn er nicht *naturans* (der Erzeuger) ist. Wenn ich auf den höchsten Berg steige, werde ich Gott dort finden, aber ebenso werde ich, wenn ich in die Tiefen einer unaussprechlichen (apopathischen) Gottheit vordringe, dort die Welt finden. Und in beiden Fällen werde ich das Herz des Menschen nicht verlassen haben. Die „Erschaffung" der Welt bedeutet nicht unbedingt, daß der „Schöpfer" verschwunden ist. Die „Inkarnation" Gottes andererseits bedeutet nicht ausschließlich „Vermenschlichung" in einem einzigen Individuum. Die ganze Wirklichkeit hat sich auf das gleiche einzigartige Abenteuer eingelassen.

Schließlich wird diese Spiritualität eine weitere offene Wunde des modernen Menschen heilen: die Kluft zwischen dem Materiellen und dem Spirituellen, und, damit verbunden, die Kluft zwischen dem Säkularen und dem Heiligen, zwischen Innen und Außen, zwischen dem Zeitlichen und dem Ewigen.[18] Es geht nicht um das Verwischen von Unterschieden, sondern darum, sich der gegenseitigen Abhängigkeiten und Ergänzungen bewußt zu werden. Der Mensch hat nicht ein doppeltes Bürgerrecht – eines hier unten und eines dort oben oder für später. Er oder sie ist hier und jetzt Bewohner oder Bewohnerin einer authentischen Wirklichkeit, die viele Wohnungen hat und viele Dimensionen aufweist, die aber das menschliche Leben nicht in Abteilungen aufgliedert, nicht in der Zeit oder im Raum, für das Individuum oder die Gesellschaft. Dienst an der Erde ist Gottesdienst, genauso wie Gottesliebe auch Menschenliebe ist.

Alles, was uns zu tun bleibt, ist, dies in unserem eigenen Leben durchzubuchstabieren.

---

[18] Vgl. die Worte Jesu, wie sie das (koptische) *Thomasevangelium* (22) berichtet: „Wenn ihr die zwei zu eins macht, und wenn ihr das Innere wie das Äußere macht, und das Äußere wie das Innere, und das Obere wie das Untere, und wenn ihr das Männliche und das Weibliche zu einem einzigen macht, damit das Männliche nicht (mehr) männlich und das Weibliche nicht (mehr) weiblich sei, und wenn ihr Augen an Stelle eines Auges macht, eine Hand an Stelle einer Hand, und einen Fuß an Stelle eines Fußes, und ein Bild an Stelle eines Bildes, dann werdet ihr in das [Königreich] eingehen." Deutsch: Robert M. Grant & David Noel Freedman, *Geheime Worte Jesu. Das Thomas-Evangelium.* Frankfurt a. M. (Scheffler) 1960, p. 211.

DER AUTOR

Raimon Panikkar
ist katholischer Theologe und emeritierter Professor für Religionsphiloso-
phie und -theologie an der Universität von Santa Barbara (Kalifornien) und
lebt heute in Europa an der Grenze zwischen ehemals islamischer und
abenländisch-christlicher Kultur, am Südrand der Pyrenäen.
Geboren 1918 in Barcelona als Sohn einer spanischen Mutter (katholisch)
und eines indischen Vaters (hinduistisch), lebte und studierte er in Spanien,
Deutschland, Italien und Indien; Promotion in Chemie, Theologie und
Philosophie. Er lehrte an den Universitäten von Madrid, Rom, Cambridge
und Harvard sowie an den indischen Universitäten von Mysore und
Varanasi.
Raimon Panikkar gehört zu jenen spirituellen Meistern, die mit Leben und
Werken ein vertieftes Verständnis der Religionen ermöglicht haben. Seine
zahlreichen, in verschiedenen Sprachen veröffentlichten, zum Teil welt-
berühmten Abhandlungen und Bücher behandeln Themen zur Begegnung
der Kulturen und Religionen. In deutscher Sprache erschienen u. a.: Den
Mönch in sich entdecken, München 1990; Der Weisheit eine Wohnung
bereiten, München 1991; Der neue religiöse Weg, München 1990;
Trinität, München 1993.

DAS BUCH

Der Mythos von der Geschichte als bestimmende Grundlage unserer Wahrnehmung von Wirklichkeit geht zuende. Dies bedeutet aber nicht das Ende
des Menschen, des Menschlichen, sondern weist auf eine neue Ebene in der
Spirale der Bewußtseinsentwicklung.
Mit seiner kosmo/the/andrischen Vision lädt Raimon Panikkar auf dem
Hintergrund eines offenen Horizonts zu einer radikalen Neuorientierung
der menschlichen Erfahrung ein. Seine Analyse führt spiralförmig durch
die Entwicklung des menschlichen Bewußtseins mit ihren drei kairologischen Momenten: Im Urbeginn empfand der Mensch sich als integrierter
Teil der Natur und erfuhr das Göttliche in der Natur: seine Welt war der
Theokosmos. Im weiteren Verlauf verstand der Mensch sich als über der Natur stehend; er entdeckte die alles strukturierenden Gesetze, die sich in sei-

nem Denken widerspiegelten, und erfuhr das Göttliche in der Vernunft, im Geistigen; seine Welt war der *Anthropokosmos*. Diese Epoche der Geschichte geht nun ihrem Ende entgegen und mündet in die transhistorische Epoche ein. Jetzt ist die Zeit der *kosmotheandrischen* Vision.

Um die gewaltigen Herausforderungen unserer Zeit zu bewältigen, brauchen wir eine umfassende Sicht der Wirklichkeit, die keine Religion, Kultur oder Teilwirklichkeit unberücksichtigt läßt. Es gilt, eine neue Unschuld, eine *Ein*-falt im ursprünglichen Sinn des Wortes zu erringen, die sowohl die Einheit als auch die Vielfalt alles Seienden erfaßt. Aus der kosmo/the/andrischen Intuition heraus läßt sich die Wirklichkeit als ein Text lesen, in dem die drei Dimensionen des Kosmischen, des Göttlichen und des Menschlichen ineinander verwoben sind; sie vereinigt alle Kräfte des Universums – von den elektromagnetischen bis zu den göttlichen, von den Kräften der Engel bis zu jenen des Menschen. Die kosmotheandrische Vision ruft auf zur inneren Entdeckung eines Lebensstils, der sich nicht mehr ausschließlich am geschichtlichen Denken – und damit an der Zukunft – ausrichtet, sondern sich der mystischen Erfahrung öffnet, die ganz in der Gegenwart lebt.

edition solidarisch leben

„Inspiriert von den verschiedenen Theologien
der Befreiung möchten wir in den gesellschaftlichen und
kirchlichen Auseinandersetzungen die An-den-Rand-Gedrängten
zu Wort kommen lassen. Diese Bücher sollen zu einer
befreienden, solidarischen Lebenspraxis herausfordern."

Franz Nuscheler/Ernst Fürlinger (Hg.)
**WENIGER MENSCHEN DURCH
WENIGER ARMUT?**

Bevölkerungs-
wachstum –
globale Krise und
ethische
Herausforderung

*192 Seiten, kart.,
22,5 × 15 cm,
ISBN
3-7025-0314-5
öS 228,–
DM 29,80/sfr 29,80*

Die enorme Zunahme der Bevölkerung in den Ländern der südlichen
Erdhälfte ist ein wesentlicher Bestandteil des Krisenszenarios unserer Tage.
Kann es gelingen, das Bevölke-
rungswachstum durch die Beseitigung ungerechter wirtschaftlicher
Strukturen zu stoppen: weniger
Menschen durch weniger Armut?
Eine fundierte und zugleich ver-
ständliche Einführung in eines der
drängendsten Probleme unserer
Zeit.

Claus Biegert/Elke Stolhofer (Hg.)
**DER TOD, DER AUS DER
ERDE KOMMT**

Zeugnisse nuklea-
rer Zerstörung –
Ureinwohner der
Erde beim World
Uranium Hearing

*164 Seiten, kart.,
22,5 × 15 cm,
ISBN
3-7025-0307-2
öS 228,–
DM 29,80/sfr 29,80*

Die Nutzung der Atomenergie
wirft ihre Schatten: Atombomben-
tests machen ganze Regionen un-
bewohnbar; der Uranbergbau läßt
riesige Mengen strahlenden Ab-
raums zurück; die Wiederaufberei-
tung nuklearen Abfalls ist mit un-
wägbaren Risiken verbunden.
In diesem Buch sind wesentliche
Aussagen und Berichte von Betrof-
fenen aller Kontinente und Wis-
senschaftern, die beim World-Ura-
nium-Hearing vorgetragen wurden, zusammengefaßt.

edition solidarisch leben

Sturmius Wittschier
MÄNNER SPIELEN MANN

Dramen mit Gott und Vater

192 Seiten, kart., 22,5 × 15 cm, ISBN 3-7025-0315-3 öS 228,– DM 29,80/sfr 29,80

In unseren Lebenswelten ist die Verwüstung der guten Männlichkeit in ungeahntem Ausmaß anzutreffen. Wesentliche Ursache sind die patriarchalen Schizophrenien und deren Kernsyndrom, der Gott-und-Vater-Knoten – ein Produkt unserer hellenistisch, jüdisch-christlichen Welt. Der Autor fordert einen Männerexodus über den Weg der Trauer und Empörung zu einer Kultur ganzheitlicher Menschen und ebensolcher Beziehungen.

Robert J. Schreiter
ABSCHIED VOM GOTT DER EUROPÄER

Zur Entwicklung regionaler Theologien

244 Seiten, kart., 22,5 × 15 cm, ISBN 3-7025-0290-4 öS 278,– DM 39,80/sfr 39,80

Bis in unsere Zeit galt es als selbstverständlich, die Theologie der christlichen Kirchen Europas und Nordamerikas als universal gültig für Menschen aller Kulturkreise anzusehen. Der amerikanische Theologe Robert J. Schreiter reflektiert in diesem Buch die Entwicklung regionaler und kontext-bewußter Theologien in der sogenannten „Dritten Welt", die eine grundsätzliche Herausforderung auch für die Theologien des Westens bedeuten.

Kuno Füssel/Franz Segbers (Hg.)
„... SO LERNEN DIE VÖLKER DES ERDKREISES GERECHTIGKEIT"

Ein Arbeitsbuch zu Bibel und Ökonomie

ca. 230 Seiten, kart., 22,5 × 16 cm, ISBN 3-7025-0324-2 öS 281,– DM 36,–/sfr 36,–

Immer mehr Menschen leiden am Zustand unserer Wirtschaft: Verelendung im Süden, Verarmung auch zunehmend im Norden und Zerstörung der Natur in weltweitem Ausmaß lassen nach der Moral dieser Wirtschaft fragen. Die AutorInnen befragen neutestamentliche Texte nach ihrem Umgang mit wirtschaftlichen Themen. Der Umgang der Bibel mit der Ökonomie kann Impulse geben für den eigenen Umgang mit der Ökonomie heute.